Salomon Ranisch

Historischkritische Lebensbeschreibung Hanns Sachsens

Zur Erläuterung der Geschichte der Reformation und deutschen Dichtkunst

Salomon Ranisch

Historischkritische Lebensbeschreibung Hanns Sachsens
Zur Erläuterung der Geschichte der Reformation und deutschen Dichtkunst

ISBN/EAN: 9783743679146

Hergestellt in Europa, USA, Kanada, Australien, Japan

Cover: Foto ©ninafisch / pixelio.de

Weitere Bücher finden Sie auf **www.hansebooks.com**

Historischkritische
Lebensbeschreibung
Hanns Sachsens
ehemals berühmten Meistersängers
zu Nürnberg
welche zur Erläuterung der Geschichte
der Reformation und deutschen Dichtkunst
aus Licht gestellet hat
M. Salomon Ranisch
erster Prof. des Friedrichsgymnas. zu Altenburg
der deutschen Gesellschaften zu Königsberg, Jena und Altdorf,
wie auch der Gesellschaft der freyen Künste zu Leipzig Mitglied.

Altenburg, in der Richterischen Buchhandlung. 1765.

Dem Hochgräflichen Herrn
Präsidenten,
Dem
Vorsteher, Aufseher
und Secretair,
wie auch
den gesammten Vornehmen und
andern Ehren= und ordent=
lichen Mitgliedern
der
Deutschen Gesellschaft zu
Altdorf
widmet
diese geringe
Lebensbeschreibung
aus schuldigster Dankbegierde
für seine gnädige und hochgeneigte
Aufnahme
mit gebührender Ehrfurcht und Hochachtung
der Verfasser.

Hochgebohrne,
Hochwohlgebohrne,
Gnädige Herren,

Nach Geburt, Stand und Würden höchst und hochzuehrende Herren,

Jn Hoffnung Eurer Huld, zu kritisch-
 bösen Zeiten,
Stell ich den Lebenslauf Hanns Sachsens
 hier ans Licht.
Die Vorsicht, dünkt mir, hieß dieß Ehrenmaal bereiten,
Wenn bey der Wahrheit Schmuck uns
 auch die Kunst gebricht.
Selbst Pflicht und Amt befahl, die Wissenschaft zu lehren,
Die der Vergessenheit ihn itzt, einst Euch
 entreißt,
Und seines Namens Spott zwang mich, ihn
 nur zu ehren,
Wie, wer ihm gleicht, sich wünscht, daß ihn
 die Nachwelt preist.
        Die

Die Kühnheit wagt sich gar, dieß Werk
Euch zuzuschreiben,
Die ihr den Sänger schon als Landsmann
liebt und kennt,
Und Deutschlands Poesie zu fördern und zu
treiben,
Von edler Ruhmbegier, als Patrioten,
brennt.
Ich hatte schon das Glück, jüngst Beyfall zu
genießen,
Als Abriß und Entwurf die Blödigkeit
Euch schickt,
Und, noch die leichte Müh der Arbeit zu
versüßen,
Ward ich durch Euren Preis gereizt, be-
lohnt, geschmückt.
Hier kömmt er, wie er war, nach Wunsch
und Pflicht beschrieben,
Empfangt ihn, als ein Pfand der größten
Dankbegier:
Auch der geringste Platz, wohin Ihr nach
Belieben
Ihn stellt, ist Ehre gnug dem Bürger und
auch mir.
Setzt ihn, wohin Ihr wollt, zu den bestaub-
ten Schriften,
Die Nürnberg, Luthers Volk und noch
der Dichter ehrt:
O könnt er mir zugleich ein stetes Denkmaal
stiften,
Das meines Herzens Trieb noch graue
Enkel lehrt!

Indeſſen

Indessen, bis ich Euch in Salem kennen
    lerne,
Wo Sachsens edler Geist noch schönre Lie-
    der singt,
Ruff ich zu Gottes Thron, vom Pegnitzstroh-
    me ferne,
Für der Gesellschaft Wohl, die Altdorf
    Ehre bringt.

Graf Heinrich lebe lang, frey von Gefahr
    und Leide,
Und Gottes Vorsicht geb zu seinen Rei-
    sen Glück:
Er feyre die Geburt mit jährlichgrößrer
    Freude,
Und kehr nach aller Wunsch in Greizens
    Flur zurück.

Es lebe Will beglückt, es leben Alte Glieder,
Die um der Deutschen Sprach und Dicht-
    kunst sich bemühn:
Es sey Ihr Vaterland noch oft den Festtag
    wieder,
Und Gott laß Schul und Stadt und die
    Gesellschaft blühn.

Geschrieben
den 16. Februar.
1765.

                                               Inhalt.

Inhalt des ganzen Werks.

Vorbericht.
Von der Veranlassung dieser Lebensbeschreibung. Seite 1

Erster Theil.

Erstes Hauptstück
Von den Quellen dieser besondern Geschichte. S. 7

Zweytes Hauptstück
Von Hanns Sachsens Geburt und Kindheit. 12

Drittes Hauptstück
Von Hanns Sachsens Jugend, wo zugleich von der erlernten Meistersängerkunst überhaupt und insonderheit von ihrer Blüthe zu Nürnberg gehandelt wird. 18

Inhalt des ganzen Werks.

Viertes Hauptstück
Von Hanns Sachsens Wanderschaft und mehreren Uebung der erlernten Meistersängerkunst. S. 31

Fünftes Hauptstück
Von Hanns Sachsens Niederlassung in Nürnberg, getriebenem Handwerke, gedoppelter Ehe, und übrigen Lebensgeschichte. 39

Zweyter Theil.

Erstes Hauptstück
Von der Zeit, darinne Hanns Sachs von 1494 bis 1576 gelebet hat. S. 51

Zweytes Hauptstück
Von Hanns Sachsens Lutherthume, und zwar

§. 1. Von desselben frühzeitiger Annehmung. 63

§. 2. Von seinem Lobgedichte auf D. Luthern und dessen Reformation. 65

§. 3. Von seinen prosaischen Dialogen oder Religionsgesprächen. 75

§. 4. Von einer gemisbrauchten und verworfenen Stelle aus einem dieser Gespräche. 89

§. 5. Von seinen Reimen unter den Weisagungen vom Pabstthume. 94

§. 6. Von seinen geistlichen Liedern, insonderheit dem einzeln gedruckten: O Gott Vater, du hast Gewalt 2c. und einer kleinen Sammlung Psalmen. 101

§. 7. Von

Inhalt des ganzen Werks.

§. 7. Von seinem Leichengedichte auf D. Luthers Tod. 112
§. 8. Von seinem Leben und Wandel. 115

Drittes Hauptstück

Von seinen Gedichten überhaupt, und zwar

§. 1. Von der Zeit ihrer Verfertigung. 116
§. 2. Von den verschiedenen Arten derselben. 120
§. 3. Von ihrem Inhalte. 123
§. 4. Von ihrer Menge. 127
§. 5. Von den Melodien seiner Bar und Lieder. 130
§. 6. Von ihren Quellen. 133
§. 7. Von der Ausgabe einzelner Stücke. 143
§. 8. Von ihrer vollständigen Sammlung und deren neuen Auflagen. 152
§. 9. Von den eigenen Handschriften derselben. 172
§. 10. Von ihrem Gebrauche. 174
§. 11. Von ihren Tugenden. 181
§. 12. Von ihren Fehlern. 184

Viertes Hauptstück

Von seinem noch gewöhnlichem Liede, Warum betrübst du dich mein Herz ꝛc. und zwar

§. 1. Von dem Verfasser des Textes. 190
§. 2. Von dem Setzer der Melodie. 197
§. 3. Von der Zeit seiner Verfertigung und Aufnahme. 202
§. 4. Von seinen Uebersetzungen. 204
§. 5. Von seinen Erklärungen. 228
§. 6. Von seinen Lobsprüchen. 229

§. 7. Von

Inhalt des ganzen Werks.

§. 7. Von seinen Wirkungen. S. 235
§. 8. Von seinem Inhalte und von seiner Einleitung. 237
§. 9. Von seinen Tadlern und Verächtern. 241
§. 10. Von seinen Verbesserern. 246

Fünftes Hauptstück
Von seinen Verdiensten um die Meistersängerkunst. 259

Sechstes Hauptstück
Von seinen Abbildungen nebst den Aufschriften und Künstlern. 268

Siebentes Hauptstück
Von seinen Verehrern. 284

Achtes Hauptstück
Von seinen Verächtern. 295

Neuntes Hauptstück
Von der Anwendung dieser Geschichte. 315

Anhang.

Elogium Adam Puschmanns auf Hanns Sachsen. 317

Vor-

Vorbericht.

Von der Veranlassung dieser Lebensbeschreibung.

Als ich im Begriffe war, auf die Akademie zu gehen, so ward an einem Sonntage das bekannte Lied Warum betrübst du dich mein Herz 2c. in der Kirche gesungen. Je stärker ich dessen Kraft damals in mir empfand, desto mehr beklagte ich bey mir selbst, daß sein Verfasser nicht im bessern Andenken stünde. Das Vertrauen auf die göttliche Vorsehung, welches dieser Gesang gleich zur rechten Zeit in mir so ungemein vermehrte, schien mir einen Dank zu verdienen. Da nun wenige

wenige auch armer Studirenden, welche nicht unbankbar oder unwissend scheinen wollten, die Schule zu Chemnitz, nach eingeführter Gewohnheit, die allein zur Erhaltung ihrer Blüthe nicht wenig beytrug, ohne öffentlichen Abschied verließen; so erkühnte ich mich, das Lob seines Dichters, des nicht genug bekannten Hanns Sachsens, zum Inhalte meiner Abschiedsrede zu erwählen. Ich rühmte ihn, so gut ich konnte, doch nicht ohne Beyfall und Rührung, womit eine große Versammlung seinem Lobe zuhörte, und am Ende der Handlung sein erwähntes Lied anstimmte (a). Ich erhielt nicht nur von verschiedenen Gönnern geistlichen und weltlichen Standes viele so unerwartete als ansehnliche Geschenke, sondern auch von einem Hochedlen Rathe

---

(a) Es geschah den 9. Jun. 1740. Das Progr. des sel. Rectors, M. Daniel Müllers, handelte von der Dichtkunst überhaupt, und war das letzte unter mehr als 200, welche dieser treufleißige Schulmann von 1707 bis 1741 geschrieben hat. Sein Leben hat nicht nur dessen Nachfolger Hr. M. Hager in einem gleichen Progr. aufgezeichnet, sondern es ist auch ein Auszug desselben und eine Anzeige seiner Schriften im 3ten Stücke der biedermannischen Actor. Scholast. S. 300 enthalten. Nicht weniger verdient er eine Stelle im Gelehrten-Lexico, wo noch dazu seine 1696 in Leipzig gehaltene Disp. de testimoniis gentilium de Christo, einem andern ältern Daniel Müller S. 737 des 3 Theils zugeschrieben ist.

Vorbericht.

Rathe meiner Vaterstadt sogleich bey meinem Abzuge das *thielische* Stipendium, und erkannte in diesen besondern Wohlthaten gute Anzeichen, daß mein Vertrauen auf Gott nicht vergebens seyn würde. Je glücklicher aber dieser Versuch gelungen war, desto leichter erweckten die verschiedenen Urtheile anderer Gelehrten, welche ich hernach theils hörte, theils las, in mir den Vorsatz, mit der Zeit die Geschichte seines Lebens auf eine solche Art zu beschreiben, wie sie den Liebhabern unserer Religion und der deutschen Dichtkunst vieleicht angenehm wäre. Kaum war ich in Leipzig angelangt, so nahm der in der Kirchengeschichte vorzüglich erfahrne Prof. *Kappe*, unter dessen Rectorate ich in das Verzeichniß der akademischen Bürger eingeschrieben ward, aus der zu meiner Empfehlung überreichten Einladungsschrift Gelegenheit, sich lange mit mir von H. S. zu unterreden. Er schenkte mir den größten Theil derjenigen Gebühren, welche ich für meine Aufnahme entrichten sollte, weil ich, wie er lächelnd sagte, den ehrlichen Mann gelobet hätte, und ermahnte mich bey dem Abschiede zur Aufzeichnung allerhand Nachrichten, welche dessen Leben und Schriften beträfen. Dieses günstige Urtheil bestätigte der große Kenner der Geschichte auch der deutschen Gelehrsamkeit Prof. *Christ* gar nachdrücklich, als ich ihm bey dem Besuche seiner *plautinischen* Vorlesungen aufwartete, und er in dem gleichfalls

A 2 über-

Vorbericht.

übergehenen Zeugniſſe meines Lehrers den Namen ſeines ſtets hochgeſchätzten Landsmanns erblickte. Eine gleiche Neigung gegen dieſen Dichter ſowohl, als deſſen Lobredner ſpürte ich, da ich bald hernach veranlaſſet ward, in die Rednergeſellſchaft des ſel. D. Schelhaffers zu treten, welcher mich um dieſer Vertheidigung willen auch noch in Hamburg ſeiner beſtändigen Gewogenheit zu würdigen fortfuhr. Am allermeiſten aber unterſtützte mein Vorhaben der um die deutſche Sprache, Beredſamkeit und Dichtkunſt hochverdiente **Herr Prof. Gottſched** ſowohl diejenige Zeit über, da ich mich unter deſſen Aufſicht nach den Beyſpielen geſchickter Mitglieder in der Redekunſt zu üben das Glück hatte, als auch hernach, ſo oft ich das geliebte Leipzig in den Tagen unſerer jährlichen Ruhe beſuchen konnte. Hierzu kam, daß ich von einer Zeit zur andern durch ſo angenehme als vortheilhafte Zufälle ſtärker gereizet, und, wenn mich auch gleich die Abwartung meines Beruffs und die Ausgabe anderer Schriften in mancherley Beſchäftigungen zerſtreuet hatten, doch immer wieder durch die Ermunterung gelehrter Männer, deren rühmliche Bekanntſchaft ich dieſem Meiſterſänger verdanke, erinnert ward, in der einmal angefangenen Arbeit fortzufahren. Endlich aber habe ich mich gar genöthigt geſehen, meinen Vorſatz, ſo gut es möglich geweſen iſt, auszuführen, da nicht nur der **geneigte Verfaſſer**

Vorbericht.

faſſer des **Wörterbuchs** der **ſchönen Wiſſenſchaften** dieſe Lebensbeſchreibung unter meinem Namen bereits angekündiget, ſondern auch die berühmte deutſche Geſellſchaft zu **Altdorf** mir ſchon durch meine Aufnahme die größte Belohnung aller darauf gewandten Mühe voraus ertheilet hat. Was ich alſo ſeit mehr als 9 Jahren zufälliger Weiſe nach und nach zuſammen getragen, und durch Beyhülfe jüngerer Liebhaber der Dichtkunſt bey müßigen Stunden in Ordnung gebracht habe, ſtelle ich nunmehr ans Licht, in der guten Abſicht, eine derjenigen Pflichten (a), zu welcher die Mitglieder der deutſchen Geſellſchaften mir ſelbſt

---

(a) Es ermuntert dazu inſonderheit **Morhof** in dem 1682 herausgegebenen und 1700 wieder aufgelegten **Unterrichte von der deutſchen Sprache und Poeſie.** c. 6, S. 277. der andern Ausgabe. Man möchte ſich wohl die Mühe nehmen, alles dasjenige, das hiervon iſt, (er redet von der Meiſterſängern) wie gering es auch ſeyn mag, aufzuſuchen, und beyzubehalten: Denn ſolches bisweilen einen unvermutheten Nutzen in der **Hiſtorie** geben kann. Und Hr. J. Andr. **Fabricius,** voritzt Rector zu Nordhauſen, ſagt mit einer allgemeinen Beſchuldigung, welche freylich am beſten durch dergleichen Schriften widerlegt werden kann, im zweyten Bande ſeiner **Hiſtorie der Gelahrheit,** welcher 1752 zu Leipzig herausgekommen iſt, im 22ſten Hauptſtücke S. 738. daß ſol-

selbst verbunden scheinen, zu erfüllen, zugleich
aber auch in der ungezweifelten Hoffnung, daß
billige Leser diesen, obgleich geringen Beytrag
zur Geschichte der Reformation und deutschen
Poesie nicht vor der Prüfung mit dem bisher
insgemein nur verachteten Dichter verachten
werden.

solche Untersuchungen eine Arbeit vor die
deutschen Gesellschaften wären, wofern sie
anders sich damit abgeben wollten und
könnten.

Erster

Erster Theil.

Erstes Hauptstück
Von den Quellen dieser besondern Geschichte.

Vor allen Dingen erfordern die Gesetze der Ordnung, daß ich die Quellen anzeige, aus welchen der Inhalt dieser Geschichte hergeleitet ist. Sehr viele Schriftsteller des vorigen und jetzigen Jahrhunderts haben von H. S. gehandelt; es ist aber von den meisten nur beyläufig, von andern mangelhaft und auch zum Theil unrichtig geschehen. Hieher gehören nun diejenigen Gelehrten, welche von der deutschen

Poesie Regeln oder von den berühmten Poeten unsers Vaterlandes Nachricht gegeben: ferner welche die Geschichte der Liederdichter entworfen, oder bey der Erklärung der Lieder die Dichter selbst beschrieben: endlich welche Wörterbücher der Geschichte überhaupt, oder der Geschichte der Gelehrsamkeit insonderheit verfertiget haben. Alle diese Bücher, so viel mir ihrer bekannt geworden sind, habe ich zwar zu Rathe gezogen, um daraus das Wahre sowohl als das Falsche anzuführen; aber vornehmlich verdienen Wagenseil (a), der ehemals berühmte Prof. zu Altdorf, der ungenannte Sammler der poetischen Meisterstücke (b), Herr Schöber, (c) belobter Bürgermeister und Liebhaber alter Schriften zu Gera, und der bereits 1754 zu Nürnberg verstorbene Diak. M. Hirsch (d), mit Ruhme

(a) Dessen besonderes Buch von der Meistersingerkunst befindet sich in dem zu Altdorf 1697 gedruckten Werk: de civitate Noribergensi.

(b) Siehe das 3te Stück. Sie sind zu Rostock 1724 herausgekommen.

(c) Dessen Beschreibung ist in das 8ste Stück der Hamburgischen Berichte aufs Jahr 1741 von S. 485 bis 488 eingerücket worden. Er war nicht nur 1723 selbst in Nürnberg gewesen, sondern hatte auch daher allerhand Schriften erhalten, die ihm zu diesem Aufsatze Anlaß gaben.

(d) Dessen Sendschreiben von seinem Leben wird in dem Hamburgischen Briefwechsel der Gelehrten

dieser besondern Geschichte.

me genennet zu werden, weil sie die Geschichte seines Lebens nicht nur am wahrhaftesten zu erfahren die beste Gelegenheit, sondern auch am glaubwürdigsten zu beschreiben die lautere Absicht gehabt haben. Es haben demnach sowohl der Verbesserer des jöcherischen Werkes, Herr Past. Dunkel (*a*), als auch die für die Ehre ihres Vaterlandes löblichst bemühten Lehrer der altdorfischen Akademie, Herr Prof. Will (*b*)

und

lehrten aufs Jahr 1751 im 36sten Stücke von S. 561. bis 566. gelesen. Die Ursache dieses Aufsatzes war die Aufforderung der Hamb. Berichte 1751. S. 396 und 397, wo es also heißt: Man hat von diesem Oberhaupte der so genannten Meistersänger so wenig zuverlässiges, daß es sich der Mühe wohl verlohnte, seine Lebensumstände genauer zu untersuchen. — Vielleicht haben die Nürnberger zuverläßigere Urkunden in Händen, und sie werden wohl thun, wenn sie das Vaterland und die übrigen Lebensmerkwürdigkeiten dieses Mannes aus denselben etwas besser ans Licht zu stellen, sich nicht verdrießen lassen.

(*a*) Im 2ten Theile des 1sten Bandes der historisch-critischen Nachrichten, welcher zu Köthen 1753 herausgekommen ist, von S. 297 bis 311 n. 459, desgleichen im Anhange des 2ten Bandes. S. 751.

(*b*) Im 3ten Theile des nürnbergischen Gelehrten Lexici, welcher 1757 zu Altdorf gedruckt ist, von S. 439 bis 445.

und Herr D. Riederer (a), Wagenseils und Hirschens Nachrichten vorzüglich gerühmt, mit Vortheile gebraucht, und aufs fleißigste mit gelehrten Entdeckungen vermehret. Allein wie selten sind zum Theil die gemeldeten Anzeigen und Bücher? Wie wenigen kommen so viele hier und da zerstreute Anmerkungen zu Gesichte? Ja, wie viele nicht unnützliche Erinnerungen und angenehme Zusätze lassen sich theils zur mehrern Aufklärung dieser besondern Geschichte, theils zur Prüfung herrschender Vorurtheile, beyfügen? Doch die ältesten und allerbesten Zeugen seiner Begebenheiten sind H. S. selbst, und einer seiner Schüler, Adam Puschmann. Jener hat nicht nur in seinen Werken sich hier und da selbst merkwürdige Denkmäler aufgerichtet, sondern auch bey höherem Alter mit einer vollständigen Erzählung seines Lebens (b) die poetischen Bemühungen beschlossen; und dieser hat bald nach dem Tode seines Lehrers ihm zu Ehren ein Lob-

(a) In der Abhandlung von Einführung des teutschen Gesangs in die evangelisch-lutherische Kirche überhaupt, und in die nürnbergische besonders, die eben daselbst 1759 ans Licht kam, vornemlich von S. 286 bis 291.

(b) Sie machet in des 5ten Buches 3tem Theile auf der 154sten Seite der zu Kempten besorgten Ausgabe, welche ich allezeit im Gebrauche auf diese Art aufführen werde, den Beschluß, und führet die Aufschrift: Summa aller meiner Gedicht von 1514 bis ins 1567ste Jahr.

Lobgedicht in drey Meistergesängen (a) verfertiget, davon ich so wohl bey Hrn. Prof. Gottsched, als auch bey dem Hrn. Bürgermeister Schöber Abschriften gesehen, und dessen Abdruck ich am Ende anzuhängen für nützlich gehalten habe. Uebrigens erinnere ich vorher, daß ich jetzt keine Lobschrift, sondern eine Geschichte schreibe, in welcher ich zwar die Gesetze einer historischen Schrift durch kein übertriebenes Lob seiner Verdienste und Tugenden überschreiten; aber doch auch einer unschuldigen Liebe so viel, als die strenge Wahrheit verstattet, wie ich hoffe, mit Erlaubniß aller billigen Leser, einräumen werde. *Lucius Actius*, ein Trauerspieldichter des alten Roms, mochte aus lächerlicher Eitelkeit seine Bildsäule in noch so großer Gestalt in den Tempel der Musen setzen (b); er blieb doch klein von Person, und machte sich noch darzu bey allen, die ihn kannten, zum Gespötte. Ich habe nicht die geringste Lust und gar keine Ursache, meinen Meistersänger anders als nach der Vorschrift einer kritischen Gerechtigkeit nur in seiner natürlichen Größe der gelehrten Welt aufzustellen.

(a) Siehe den Anhang, wo das Elogium selbst seines Inhalts wegen abgedruckt ist.

(b) Siehe Plin. Histor. Nat. XXXIIII, 5.

Zweytes Hauptſtück
Von Hanns Sachſens Geburt und Kindheit.

Hanns (*a*) Sachs (*b*) ward in der bereits gerühmten Reichsſtadt Nürnberg (*a*) zur

(*a*) Nicht **Michael** war ſein Vornamen, wie in *Mart. Cruſii Homiliis Hymnod.* S. 287. nach einem vom Herausgeber *Io. Chr. Oleario* ſelbſt angezeigtem Druckfehler geſagt wird.

(*b*) Nicht Sachſe, wie ihn die meiſten der fränkiſchen Mundart zuwider nennen. Andere Gelehrte, auch Dichter ſeines Vor- und Zunamens, ſ. in *Semleri Bibl. Geſn. Epit.* S. 413. in *Fabricii Bibl. Lat. Medii Aevi* Vol. 4, S. 394. und 6, S. 422, desgleichen in des Hrn. Abts Carpzovs zu Helmſtädt 1762 gehaltenen *Diſp. de Saxone Grammatico*. Von einem Buchdrucker beyder Namen handelt der jüngſtverſtorbene *Lic.* von Seelen in der Nachricht von dem Urſprunge der Buchdruckerey zu Lübeck 1740. S. 78. Er führet von einem, nach Art eines großen Patents, ſehr anſehnlich mit rothen und ſchwarzen Buchſtaben gedruckten Gedichte, welches aus 173 Verſen beſteht, und dem ganzen Rathe daſelbſt 1589 zu Ehren geſtellet iſt, den Schluß an: ob aber gleich dieſer Buchdrucker Hanns Sachs heißt, und ſeine Verſe auch in unſers Dichters Schreibart abgefaſſet ſind; ſo können doch beyde nicht eine Perſon ſeyn. Hr. D. Rie-

(a) zur Zeit eines großen Sterbens 1494 *(b)* den 5. Nov. gebohren, und entweder nur nach Gewohnheit der mit der Taufe eilenden Papisten, oder zugleich wegen mehrerer Gefahr des Todes an eben demselben Tage getauft. Seine beyden Eltern wurden von der damals herum gehenden Seuche angesteckt, obgleich nicht, wie viele, dahin gerissen; ihn aber verschonte die göttliche Güte auch in der zartesten Kindheit *(c)*, zum Beweise, daß sie diejenigen, welche sie künftig zu ihrem Dienste gebrauchen wolle, auch in den größten Gefahren bey dem Leben zu erhalten

D. Riederer vermuthet, daß er vielleicht ein Sohn oder Verwandter eines ihm bekannten Melchior Sachsens, der um 1550 in Erfurth diese Kunst trieb, gewesen sey, und sich durch dieses Probestück bestens zu empfehlen gesuchet habe.

(a) Nicht in Lübeck, wie ein Ungenannter, welcher eben dieser nur genannte Gelehrte gewesen seyn soll, in den lübeckischen Anzeigen 1751 im 13 und 14ten Stücke gemeynet hat, die ich aber nicht zu sehen Gelegenheit gehabt habe.

(b) Nicht 1486, wie der ältere *Carpzov* in der unten zu beschreibenden Predigt, *Olearius* in seinen Anmerkungen zu M. *Crusii Hom. Hymn.* und im evangelischen Liederschatze, *Serpilius* in den 1705 von einem andern zu Jena herausgegebenen continuirten Liedergedanken S. 23. und mehrere einander nach geirret haben.

(c) Alle diese Umstände lehret der Anfang seines poetischen Lebenslaufs.

erhalten pflege. Ob sein Vater gleich nur ein gemeiner Bürger, ein Schneider (a), war; so erzog er ihn doch in jenen Zeiten der Unwissenheit so wohl, als nicht alle Kinder vornehmer Eltern in unsern aufgeklärten Tagen erzogen werden. Er führte ihn nicht nur zu Hause in der Furcht Gottes zu allen guten Tugenden an (b), sondern trug auch für seine öffentliche Unterweisung so viel Vorsorge, daß er ihn nach dem gewöhnlichen Schicksale armer Kinder seines Standes, im 7ten Jahre seines Alters (1501.) in die lateinische Schule schickte (c). Nun bedauert er zwar, daß in dem damals noch herrschenden Pabstthume und bey dem nur wieder hervorstrahlenden Lichte der Gelehrsamkeit der Gebrauch derselben Zeit schlecht gewesen wäre; gleichwohl bestätiget die anderswo (d) eingerück-
te

(a) Er sagt es beyläufig in einem Gedichte, welches im II. 4. 133 steht.
(b) Er rühmet es nicht nur mit Worten in einer gleich folgenden Stelle, sondern beweist es auch zugleich mit einer trefflichen Wirkung, da er im I; 3. 480 sagt, wie er im 13ten Jahre seines Alters den Lastern der Jugend widerstanden habe,

Als stark ich was, und viel ich kund,
Weil ich in mein kindlichen tagen
Hett von mein eltern hören sagen,
Wie solch Laster wären unrecht.

(c) Siehe den Lebenslauf.
(d) In einem Gedichte, welches zur Aufschrift hat: Die Werck Gottes sind alle gut, wer sie im
Geist

und Kindheit. 15

te Anzeige der damals darinne gelehrten Dinge das Urtheil D. Zeltners (a), daß gegen das Ende des 15ten Jahrhunderts in den Schulen zu Nürnberg verschiedene neue Anstalten zur Ver-

Geist erkennen thut, und im IV. 1. 252 stehet. Es fängt sich also an:

Als ich in meiner Kindlichen Jugent
Wurd zogen auf gut sitten und Tugent,
Von mein Eltern auf zucht und ehr
Dergleich hernach auch durch die lehr,
Der Preceptor auf der hohen Schul
So sassen auf der Künsten Stul,
Der Gramatica und Rhetorica
Der Logica und Musica,
Arithmetica, Astronomia,
Poetrey und Philosophia,
Da mein sinnreich Ingenium
Die Lehr mit hohem fleiß annumb,
Da ich lehrt Griechisch und Latein
Artlich wol reden, war und rein,
Rechnen lehrt ich auch mit verstand
Die außmessung mancherley Land,
Auch lehrt ich die Kunst der Gestirn
Der menschengeburt Judicirn,
Auch die erkentnuß der Natur
Auf Erden mancher Creatur,
Im Lufft, Wasser, Fewer und Erden
Darzu mit hertzlichen begerden,
Begriff Gesangeskunst subtil
Manch süß liebliches Seytenspil,
Lehrt auch endlich die Poeterey
Darinn an Tag zu geben frey
Maniches Höflichs Gedicht, u. s. w.

(a) In dem zu Nürnberg gedruckten Leben Sebald Heydens, Rect. bey St. Sebald. S. 6 und 7.

Verbesserung gemacht worden wären. Nur zu beklagen war es, daß unser 9 jähriger Knabe (1503.) durch ein hitziges Fieber in seinem Fleiße gestöhret, und dieser hoffnungsvolle Jüngling hernach im 15ten Jahre genöthiget ward, die Bücher mit anderm Werkzeuge zu verwechseln. Uebrigens mag es die Schule zu **Sebald**, oder zu **Lorenz**, oder im **Aegidienkloster**, oder zum **heiligen Geiste** gewesen seyn (*a*), worein er so lange Zeit, es sey unter was für Lehrern (*b*)

es

(*a*) Sollte durch einen Zufall irgend einer seiner Lehrer namentlich in seinen Schriften gefunden werden; so ließ sich die von ihm besuchte Schule näher bestimmen. Daß alle diese Schulen schon im Pabstthume geblühet haben, lehret vollständig die im 4ten Stücke des 5ten Bandes der *Actor. Schol.* befindliche Nachricht Hirschens, S. 351 sqv. welche von Zeltnern und vom *Fabricio* im 3ten Theile seiner Historie S. 93. bestätiget wird. Auch die zu St. Aegidien kann es besonders gewesen seyn, weil bereits, wie mir Hr. Prof. Will aus *Conr. Herdegenii Chron. Norimb. Msc.* meldet, 1464 im Kloster daselbst eine Schule angerichtet, und nachdem sie durch eine grausame Pest ziemlich ausgeleeret war, von dem Abte Radenecker im Jahre 1500 erneuert worden ist.

(*b*) Ich vermuthete anfänglich von ihm, wie Zeltner von Heyden, daß er den belobten Joh. Fridell, welcher um diese Zeit Prof. Poeseos in schola frequentissima Spiritus St. gewesen ist, gehöret habe. *Cochlaeus* aber scheint mir so wenig

es wolle, gegangen ist; so gereichen doch diese Nachrichten allen zu großer Ehre. Er selbst aber hatte den Vortheil davon, daß er die Anfangsgründe der Sprachen und Künste, insonderheit der Dicht- und Singekunst lernte, die natürlichen Gaben seines Verstandes, seines Witzes und seiner Stimme übte, ja unvermerkt einen Grund zu derjenigen Wissenschaft legte, welche ihn hernach, trotz einen Gelehrten, oder vielmehr vor vielen seiner studirenden Zeitgenossen, in seinem Leben berühmt, und nach seinem Tode, daß ich so rede, unsterblich gemacht hat. Solchergestalt bleiben öffentliche wohl eingerichtete Schulen allezeit große, obgleich von den meisten unerkannte Wohlthaten so wohl Gottes, als weiser Obrigkeiten. Eine gute Erziehung und eine getreue Unterweisung sind die geschicktesten Mittel, durch die Besserung der Jugend der Besserung der Zeiten vorzuarbeiten, welche aber durch gemeinschaftlichen Fleiß mit einander verbunden werden müssen. Ja der Besuch auch der lateinischen Schulen nützet gar oft witzigen Kindern gemeiner Eltern, die zur Erlernung

nig als Burkhard Matthesius, des bekannten Predigers älterer Bruder, sein Lehrer gewesen zu seyn, weil jener erst 1510 (folglich für ihn zu spät) nach Nürnberg beruffen, und dieser in eben diesem Jahre zum 1sten Rector der erneuerten Schule zu Sebald gesetzet worden ist.

B

lernung eines Handwerks bestimmt sind. Denn nicht nur dieses Beyspiel lehret, sondern auch die tägliche Erfahrung bekräftiget noch itzo, daß dergleichen Bürger hernach geschickt sind, sowohl zu ihrem eigenen desto größerm Ruhme, als auch zum allgemeinen Besten ganzer Städte und Zünfte in ihrer Art, zu Kriegs und Friedenszeiten, desto heilsamere Dienste zu leisten.

Drittes Hauptstück
Von Hanns Sachsens Jugend, wo zugleich von der erlernten Meistersingerkunst überhaupt und insonderheit von ihrer Blüthe zu Nürnberg gehandelt wird.

§. 1.

Was für ein großer Lehrer der Kirche, habe ich oft bey mir gedacht, würde H. S. geworden seyn, wenn er bey der Schule geblieben wäre! Doch die Vorsehung Gottes, welcher die Herzen aller Menschen in seiner Gewalt hat, und bey aller ihrer Freyheit nach seinem Willen aufs weiseste lenket, ist ohne Zweifel bey der Erwählung des Standes vornehmlich im Spiele, weil die Folgen davon auf die ganze Zeit des Lebens, ja in die Ewigkeit selbst, einen in den kindischen Jahren gänzlich verborgenen, aber

gar

gar großen Einfluß haben. Wir wollen also diesen Jüngling erst aus der Schule der freyen Künste in die Werkstatt eines Schumachers begleiten (a). Der edle Geist, der nicht ein Vorrecht hoher Geburt, oder ein Eigenthum des vornehmen Standes, sondern ein freyes Geschenk des Schöpfers und eine Frucht der guten Erziehung ist, wird sich auch in ihm als einem Schumacher von erster Jugend an nicht undeutlich zeigen, und aller Mängel ungeachtet, die ihm immerfort angehangen haben, bey unparteyischen Lesern eine nicht geringe Verwunderung erwecken. Hätte er weiter nichts als das itzt genannte Handwerk gelernt, so würde sein Name schon längst verloschen seyn. Doch er begriff zugleich die Meistersängerkunst, und beschämt durch ihre mit seiner ohnedieß sauern Arbeit noch verbundene Uebung viele Studirende, die sich fälschlich rühmen, der Gelehrsamkeit obzuliegen, und nicht einmal die erwählte Hauptwissenschaft mit nöthigem Fleiße treiben, wodurch sie doch künftig der Welt dienen, und ihr Brod erwerben wollen. Sein Lehrmeister dieser Kunst war *Leonhard Nunnenbeck* (b), ein Leinweber und

(a) siehe den Lebenslauf.

(b) nicht *Sunnebeck*, wie ihn fälschlich nach *Carpzoven Avenarius* im evangelischen Liedercatechismo, der 1714 zu Frankf. und Leipzig herausgekommen ist, S. 120. genennet hat.

Meistersänger in Nürnberg (a), dessen genossenen Unterricht er nicht nur durch sein ganzes Leben sich zu Nutze gemacht, sondern auch noch mit

(a) Da die im Lebenslaufe befindlichen Worte von der erlernten Kunst hinter der Beschreibung seines Handwerks und seiner Wanderschaft stehen, so hat sich der sel. Hirsch eingebildet, als ob H. S. erst zu München mit diesem Meister bekannt geworden wäre, und ihm sind andere in dieser Meynung gefolget. Allein es hebt diesen Zweifel ein dreyfaches Zeugniß unstreitig. Es gedenket dieses Umstandes erstlich H. S. selbst in einem Liede auf die 12 Meister zu Nürnberg, worinne die Singschule mit einem Garten verglichen wird, der von einem wilden Thiere, dem Neide, verwüstet worden sey, mit folgenden Worten:

Der zwölfte war auch an Künsten frey,
Ein Leinweber, hieß Leonhard Nunnenbeck.

Dieses Lied stund ganz in einer zu Leipzig in der traubottischen Bibliotek befindlichen Handschrift von etlichen Meistergesängen, welche ein Breßlauer bey seinem Meister 1639 zusammengetragen hatte. Junker hatte sie abgeschrieben, und Tenzel hat erst die Verse davon, die zu den 12 Meistersängern gehören, im May 1697 S. 422. 423. das übrige aber S. 431 und 432. eingerückt. Wagenseil, der eben diese 12 Meister S. 515, wiewohl in einer andern Ordnung anführet, gedenket Nunnenbeck's nicht, H. S. aber läßt den ersten Veit Pognern weg. Ferner rechnet Val. Voigt, Bürger zu Magdeburg, 1558 in einer an des Churfürsten Johann Friedrichs hinterlassene Prinzen gerichteten und von Tenzeln im Nov. 1691 einge-

und der erlernten Meistersängerkunst. 21

mit ehrfurchtsvoller Dankbarkeit als ein 66 jähriger Greis (a) gerühmet hat. Indem ich aber dieser ehemals holdselig genannten, doch itzt bey ihrem nahen Untergange fast vergessenen Kunst Erwähnung thue, so kann ich nicht umhin, eine kurze Beschreibung derselben (b) einzurücken, damit ich meine Leser zur Fortsetzung der angefangenen Geschichte desto besser vorbereite.

B 3 §. 2. So

eingerückten Zueignung S. 934. Leonhard Nunnenbeck unter dieselben. Auch bestätiget es Puschmann im *Elogio*. Unter den Neuern ist außer Hrn. Schöbern der Verfasser der Ehrenrettung H. S. in den 1760 zu Frankfurth und Leipzig herausgekommenen müßigen Stunden dieser Meynung. Sonst eignet ihm Wagenseil unter den Meistertönen, welche zu seiner Zeit und sonderlich zu Nürnberg gesungen zu werden pflegten, S. 535 einen kurzen Ton mit 12, S. 537 den abgeschiedenen Ton mit 20, und S. 539 die Hammerweis mit 27 Reimen zu. Desgleichen gedenket Omeis in der Reim- und Dichtkunst, die zu Nürnberg 1712 gedruckt ward, S. 35 eines seiner alten Lieder von der Zerstöhrung Troja, welches er in einem Gesangbuche dieser Art gehabt habe.

(*a*) s. das letzte Gedicht im I. z. 532.

(*b*) Ich bin vornehmlich Wagenseilen gefolgt. Wer weitläuftigere Auszüge dieses Buchs lesen will, wird sie in Tenzels monatlichen Unterredungen 1697 im May, in des Gelehrten *Critici* zten Theile, in des Universallex. XX Theile, in des Hrn. Cap. Haymanns 4ten Stücke der 1sten Abtheilung der

Ear-

§. 2. So sehr diese Kunst heut zu Tag verfallen ist, und verachtet wird, so hoch ward sie zu den mittlern Zeiten der Unwissenheit in unserm Vaterlande geachtet, und so fleißig ward sie getrieben. Ihr Alterthum, gesetzt auch, daß es in Ansehung ihrer besondern Verfassung nicht die Regierung der Ottonen, oder noch weniger Carls des Großen, erreichen sollte, machet sie so ehrwürdig, als ihre Beschäftigung. Ihre Gesetze empfehlen ihren Liebhabern, die Dichtkunst der Ehre Gottes und dem Ruhme der Helden zu widmen. Ihre ersten Stifter, wer sie auch gewesen seyn mögen, wollten durch dieses gesell-

---

kurzen Nachrichten von Gesellschaften c. 12. in Fabricii Allgem. Hist. 2 Bande S. 713. ja auch vornehmlich in dem 11ten Stücke der Critischen Beyträge finden, wo zugleich andere hieher gehörige Schriftsteller angeführet werden. Auch soll der Nürnbergische Hr. Consulent Laz. Carl von Wölckern 1739 im 5ten Stücke der *Singularium Norimb.* besonders hiervon gehandelt haben. Da aber Wagenseil verschiedene Nachrichten, welche insonderheit die Geschichte betreffen, aus M Cyriaks Spangenbergs Handschrift von der Musica und von dem Aufkommen der Meistersänger entlehnet hat, so füge ich nur noch bey, daß diese Nachrichten zu erst Enoch Hanemann in seine Anmerkungen zu Martin Opitzens Buch von der deutschen Poeterey (S. 126. der 8ten Ausgabe) eingerücket, und Tenzel von dieser *Prosodia germanica* im Nov. 1691. der monatl. Unterredungen Bericht ertheilet hat.

gesellschaftliche Band die fleißige Betrachtung der heiligen Schrift und die heilsame Ruhe der Bürger in den großen Städten befördern. In dieser Absicht vereinigten sich erst Vornehme und Gelehrte, hernach Personen des geringern Standes. Kaiser und Päbste, welche die Künste und Wissenschaften ihrer besondern Vorsorge würdigten, schützten und bestätigten sie nicht nur, sondern beschenkten sie so gar, zum Beweise des gnädigen Wohlgefallens, welches sie an diesen löblichen Bemühungen fanden. Wie die Ritter des römischen Reichs nach den Ländern am Rhein, Franken, Bayern und Schwaben in 4 Ordnungen eingetheilet wurden, so ward auch diese beliebte Kunst in den vornehmsten Städten der erwähnten Länder getrieben. Oeffentliche Oerter, welche entweder wegen ihrer Größe den nöthigen Raum, oder wegen ihrer Heiligkeit ein besonderes Ansehen hatten, schienen den Gesellschaftern die geschicktesten Plätze zu seyn, wo sie ihre Zusammenkunft hielten. Niemand haßte, niemand verfolgte sie als die Geistlichen des Pabstthums, und es kann leicht seyn, daß ihnen diese Laien zu klug schienen, oder ihre Laster zu kühn bestraften. Denn wem ist es zu allen Zeiten schwerer gewesen, Laster zu sehen, und keine Spottschriften zu schreiben, als einem Juvenal (*a*), und den Poeten überhaupt

---

(*a*) I. 13. heißt es:
Difficile est, Satyram non scribere.

haupt (a)? In ihren Versen selbst zählten sie die Sylben mehr, als daß sie dieselben nach ihrer Aussprache kurz oder lang gebraucht hätten; vermieden aber manche Fehler der Gedanken und Worte genauer, als die Dichter der jetzigen Zeit; änderten auch die Gebände, wie es bey ihnen hieß, das ist, die Verbindung der Zeilen nach Belieben auf mancherley Weise. Ueberhaupt wenn wir diese Nachrichten mit der poetischen Geschichte anderer Völker vergleichen; so sind die Meistersänger wohl die wahrhaftesten Nachkommen der celtischen Barden, und die ältern Vorfahren der deutschen Gesellschaften. So groß aber die Vorzüge sind, welche die letztern, weil sie aus lauter gelehrten Mitgliedern bestehen, vor jenen besitzen, so wenig können wir jenen diesen Theil des Vorzugs absprechen, daß sie mit mehrerem Rechte, obgleich nicht in solcher Vollkommenheit, Nachfolger eines Davids, Pindars und Horaz genennet zu werden verdienen, weil sie die Dicht- und Singekunst nach alter Gewohnheit mit einander vereiniget haben. Was aber ihre Erhaltung und Fortpflanzung anbetrift, so sind insonderheit die Umstände, wenn

---

(a) Herr Past. Fuchs schreibt von sich als einem Knaben, der zum Poeten gebohren war, in dem 1sten seiner Gedichte:

Ich faßt auch wohl manch Blattsatyrisch ab,
So oft ein Nachbars Kind mir was zu spotten gab.

wenn und wie die niedern Handwerker ihre Lehrlinge in dieser besondern Wissenschaft unterrichtet haben, noch werth, daß ich sie beyden zur Ehre anführe. Nicht alle Mitglieder, sondern nur diejenigen, welche wenigstens einmal das Kleinod bekommen hatten, waren fähig, diesen Unterricht zu ertheilen. Wenn sie nun mit ihrem Gewerbe bey Tage beschäftiget gewesen waren, so brachten sie die Abendzeit damit zu, daß sie den Knaben in den Feyerstunden die Tabulatur, das ist, die Regeln ihrer Poesie, und die schwerern Probestücken lehrten. Einige Zeit hernach stellten sie dieselben den übrigen Meistern zur Prüfung dar, und wenn sie sowohl ihrer Geschicklichkeit als ihrer Aufführung wegen für tüchtig erkannt wurden, so nahm man sie in die Gesellschaft auf. Zu dieser außerordentlichen Mühe reizte sie nicht etwann die Hoffnung eines besondern Gewinnstes, welchen sie dafür zum Lohne empfiengen. Nichts als die Liebe zum Vaterlande und zu ihrer Kunst bewog sie, unter den Knaben, wenn sie nicht um Unterricht gebethen wurden, die geschicktesten Köpfe selbst aufzusuchen, zur Erlernung des Gesanges zu ermuntern und die beschwerliche Arbeit der Unterweisung zu übernehmen. Umsonst hatten sie ehemals gelernet: umsonst lehrten sie auch wieder andere, nur daß es dem Meistergesange nicht an Liebhabern, noch den Städten an geschickten und tugendhaften Bürgern fehlen möchte.

Welch

Welch eine löbliche Dankbegierde und nachahmungswürdige Großmuth bezeigten nicht dergleichen in den Augen vieler Hohen und Gelehrten itzt geringegeachteten Seelen!

§. 3. Unter den Städten nun, wo sich die Liebhaber des deutschen Meistergesanges befanden, war zwar Mäynz gleichsam die hohe Schule, vor den übrigen aber wird nebst Straßburg, Nürnberg (a) vorzüglich gerühmt. In dieser letztern Stadt ist diese Kunst je und allezeit im Schwange gegangen. Noch gegen das Ende des 17ten Jahrhunderts war sie daselbst üblich; aber in unsern Tagen, da sie schon in den allermeisten Städten gänzlich untergegangen ist, erhalten sie noch wenige Verehrer, mit deren Tode sie auch daselbst ihr Ende erreichen möchte (b). Der erste Ort ihrer Versammlung war

---

(a) s. Wagenseils S. 515. c. IV.

(b) Es bezeuget solches nicht nur Hr. Prof. Gottsched in der Beschreibung seiner Reise nach Wien, welche als ein Progr, 1749 heraus kam, sondern auch ohnlängst Hr. Prof. Will in seiner schriftlichen Beantwortung dieser Frage: Noch jetzt sind drey solche Meister daselbst, welche aber weder neue Lieder zu dichten, noch alle alte Weisen zu singen, noch Schüler zu ziehen geschickt sind. Aus diesen Nachrichten erhellet, daß es falsch sey, was im 5ten Bande der Neuen Staats- und Reisegeographie S. 1188. von der noch itzt daselbst fortdauernden Blüthe gemeldet wird.

war ehemals in der Marthakirche (a); im vorigen Jahrhunderte aber ward sie in die Kirche der heiligen Katharina verlegt. Dieser Umstand der Zeit, da diese Verlegung bereits nach der Reformation geschehen ist, lehret deutlich, daß die letztere Kirche wohl nicht deswegen zu dieser christlichen Uebung erwählet worden ist, weil die heilige Katharina von den Papisten, wie ehemals die Minerva von den Heyden, für die Beschützerinn der freyen Künste gehalten wurde, und daß mehr die Gelehrsamkeit als die Wahrheit Wagenseilen (b), welcher diesen Umstand von der Marthakirche nicht wußte, diesen

(a) Es bestätiget dieses ein Lied nach Wills schriftlicher Anzeige, welches Wolf Bautner 1620, den 12. Mart. unterschrieben hat, in folgenden Worten:

Weil wir nun gar ein lange Zeit
Sind bey Sanct Marte gwesen,
Und man dieselb Kirch gmeiner Stadt
Zu besserm Nutz thät wenden
So hat ein hohe Obrigkeit
Uns die Kirche erlesen,
Sanct Catharina an dem Ort
Unser Gesang zu vollenden.

(b) Er sagt, daß von Alters her die so genannte Katharinenkirche vielleicht um der angezeigten Ursache willen gebraucht worden, S. 540. und im Comment. de ciuit. Norib. c. XII. p. 87. Was aber die heilige Katharina an sich betrifft; so heißt sie auch bey den neuern Griechen im vorzüglichen Verstande βασιλεια eine Poetinn, und über ihrem Leben,

sen Einfall an die Hand gegeben habe. Hier kamen also die sich übenden Freunde mit Erlaubniß des Raths erstlich an den Sonn- und Feyertagen Nachmittage, hernach fast nur um die hohen Feste zusammen, und itzt sollen sie, wie ich höre, nur noch in der Vorstadt Wöhrd allezeit 8 Tage nach Pfingsten zu singen pflegen. An diesem Verfalle ist außer den allgemeinen Ursachen der Mangel der Liebhaber Schuld gewesen, welche bey dem Eingange in ihre Kirche ein Paar Kreuzer aufwenden wollten. Diese Einkunft war aber nöthig, theils dem Küster, welcher die Kirche öffnen und schließen mußte, ein Trinkgeld zu geben, theils den Sänger selbst, wel-

ben, welches ein unbekannter Athanasius griechisch beschrieben hat, ist die Ueberschrift gesetzet: Μαρτύριον τῆς ἁγίας ἐνδόξε μεγαλομάρτυρος παρθένε καὶ πανσόφε Αικατερίνης (also wird sie hin und wieder bey den Griechen geschrieben) τῆς ῥητορίδα καὶ ῥήτορος das ist, der Martyrertod der heiligen hochberühmten Blutzeugin, der Jungfrau und in aller Weisheit erfahrnen Katharina, der Dichterinn und Rednerinn. Da diese noch ungedruckte Handschrift sich in der schönen Büchersammlung Se. Hochwürden Hrn. D. Güblings zu Chemnitz befindet; so rühme ich diese mir mitgetheilte Nachricht, wie viele andere bey jener Abschiedsrede so wohl als bey dieser Schrift erzeigte Proben der Gewogenheit, und wünschte, daß der hochgelehrte Besitzer verschiedener dergleichen Lebensbeschreibungen die nöthige Ruhe erhalten möchte, seinen Vorsatz durch ihre Ausgabe zu vollziehen.

und der erlernten Meistersängerkunst. 29

welcher sich hören ließ, zu belohnen. Unter den berühmten Meistersängern befinden sich auch in den ältern und neuern Zeiten einige, welche von dieser Stadt insgemein benennet worden, sind. Selbst unter den 12 vermeyntlichen Erfindern dieser Kunst folgt auf den bekannten Verehrer des weiblichen Geschlechts Frauenlob und Mügeling alsbald der gelehrte M. Nikolaus Klingsohr, welcher sich auf seiner Reise nach Eisenach eine Zeitlang daselbst aufgehalten haben soll (a). Ferner sind 12 alte Meister dieser Stadt bekannt, deren Namen in dem oft angeführten Buche (b) erzählet sind, und deren erfundene Töne noch von den Nachkommen an diesem Orte gesungen wurden. Insonderheit hat sich der aufgeweckte Christoph Hafner (c) durch seine Reise zum Könige Friedrich dem III. nach Dännemark, desgleichen der fleißige George Frey (d) durch die abgeschriebenen Sammlungen der besten Gesänge, und vornehmlich der künstliche Rector Ambrosius Metz-

(a) s. Wagenseil S. 510. und des Fabricii 2 Theil seiner A. H. S. 737. wo er ausdrücklich, ich weiß nicht, ob mit Rechte, der nürnbergische Meistersänger genennet wird.

(b) S. 515. und 534.

(c) S. 492.

(d) S. 502.

Metzger (a) durch die so wohl in Verse als Töne gesetzte Erzählung der meisterlichen Freyung der Sänger ein beliebtes Andenken erworben.

§. 4. Doch alle diese Nürnberger reichen lange nicht an den Ruhm H. S. zu dessen Geschichte ich nach dieser Ausschweifung zurücke kehre. Dieß einzige muß ich noch vorher anmerken. Bey Betrachtung dieser Nachrichten weis ich nicht, ob ich H. S. selbst oder seine Vaterstadt oder seinen Lehrmeister für glücklicher halten soll. Er selbst war glücklich, daß er in Nürnberg gebohren war, wo er in dieser damals belobten Kunst gute Anweisung genießen konnte. Aber auch sein Geburtsort so wohl als sein Meister war glücklich, weil jener in ihm einen Bürger erzog, welcher ihm so viel Nutzen als Ehre brachte, und dieser in ihm einen Schüler unterrichtete, der sich, wie wir sehen werden, um diese Kunst am meisten verdient machte, und seines Lehrers Mühe durch die edelsten Arten der Beloh=

(a) S. 547. Wenn sich ein Singer eine Zeit lang auf den Schulen zu jedermanns Vergnügen hören lassen und sonst in seinem übrigen Leben untadelhaft verhalten, kann er um die Freyung anhalten, das ist, daß er auf offner Singschule freygesprochen und für einen Meister erkläret werde. Die ganze Handlung und das erwähnte Gedicht befindet sich an dem angezeigten Orte.

und der erlernten Meisterſängerkunſt. 31

Belohnung vergolt. Allein welche ſind dieſe?
Er erfüllte von erſter Jugend an bis ins höchſte
Alter diejenigen Pflichten, zu deren Ausübung
ihn Nunnenbeck geſchickt und er ſelbſt bey ſeiner Aufnahme (a) in die Geſellſchaft ſich ver-
bindlich gemacht hatte.

Viertes Hauptſtück
Von Hannſ Sachſens Wanderſchaft und
mehreren Uebung der erlernten Mei-
ſterſängerkunſt.

Die erſten Früchte des erhaltenen Unterrichts zeigte der junge Sachs auf ſeiner Wanderſchaft, welche er im 17ten Jahre
ſeines Alters (1511) nach ausgeſtandner Lehre an-
trat und 5 Jahre fortſetzte (b). Er gieng über
Regensburg, Paſſau und Salzburg hinunter
bis nach Hall in Tyrol. Zu Inſpruck, daß ich
auch dieſes beyläufig erinnere, ward er des Kai-
ſers Maximilians des erſten Waldmann (c).
Hier-

(a) Die bey der Aufnahme eines Lehrlings gewöhnlichen Gebräuche ſtehen im Wagenſeil, S. 546.
und 547.

(b) Siehe den Lebenslauf.

(c) Er erzählet es im I. 4. 789. in einem Gedichte
über die unnütze Fraw Sorg. Desgleichen enthält

Hierauf begab er sich auf der andern Seite durch Bayern über München nach Franken, und hielt sich vornehmlich zu Würzburg und Frankfurth auf. Alsdenn wandt er sich in die Gegend des Rheins, und kam über Coblenz und Cölln bis Achen. Niemand wundere sich, daß ich dem Nürnberger so aufmerksam nachgehe. Er reisete nicht nur als ein Geselle, sein Handwerk zu treiben und die Welt kennen zu lernen, welches schon an sich rühmlich genug gewesen wäre, sondern auch als ein Beflissener der oft erwähnten Kunst. Wo er hörte, daß Meistergesänge üblich waren, da begab er sich hin, und lernte aufs geschwindeste Bar und Töne (*a*), das ist, Lieder und Melodien in großer Anzahl. Wo er hinkam, half er entweder die Singschule verwalten, oder er sang den geübtern Meistern ein neues Lied zur Beurtheilung vor, welches er selbst gedichtet,

ja

hält ein anderes Gedicht S. 862. eben dieses Buchs eine kurze Lehr von einem Waidmann, welche er aus Erfahrung desto besser giebt.

(*a*) Die Nachricht selbst erzählt er im Lebenslaufe, meine Auslegung gründet sich aber auf den Sprachgebrauch der Meistersänger. Morhof erklärte das Wort Bar sowohl seinem Ursprunge als seiner Bedeutung nach gleich in der 1sten Ausgabe seines Unterrichts recht; Da aber Wagenseil hernach ein wenig von jener Meynung abwich, so hat man in der Vorrede der 2ten Auflage beyde Meynungen zu vereinigen gesucht.

ja wohl gar in Töne gesetzet hatte (a). Noch im hohen Alter erinnerte er sich mit Freuden, daß er aus herzlicher Liebe zu seiner Wissenschaft sich des Spiels, des Trunks und der Buhlerey entschlagen, hingegen in der Uebung seines Nebenwerks das einzige Vergnügen und den unschuldigsten Zeitvertreib gefunden habe. Wie lehrreich ist nicht dieses Beyspiel für alle Wanderer seines Standes und Alters, ja ich möchte fast hinzu setzen, wie weit übertrifft dieser Meistersänger gar viele Studirende auf niedern und hohen Schulen, wie auch manche Gelehrte auf ihren Reisen, welche zur Vermehrung der Erkenntniß zwar angestellt, aber öfters zur freyern Vollbringung der Laster aufs schändlichste gemisbrauchet werden! Es ist z. S. eine wahre Ehre, daß er in diesen rohen Jahren, seiner eignen Freyheit überlassen, in der Fremde, die Lüste der Jugend überwunden, böse Gesellschaften geflohen,

(a) Siehe den Lebenslauf mit Vergleichung Wagenseils S. 533, wo er die Ordnungen der Liebhaber dieser Kunst also beschreibt. Wer die Tabulatur noch nicht recht versteht, wird ein Schüler, der alles in derselben weiß, ein Schulfreund, der etliche Tön, etwan 5 oder 6 fürsingt, ein Sänger, der nach andern Tönen Lieder macht, ein Tichter, der einen Ton erfindet, ein Meister; alle aber, so in der Gesellschaft eingeschrieben seyn, werden Gesellschafter genennet.

flohen, und die beſſere Erlernung ſeines Handwerks mit der mehrern Ausübung ſeiner Kunſt
nützlich verbunden hat. Doch wir müſſen die
vornehmſten Umſtände genauer beſtimmen. Im
18ten Jahre ſeines Alters, (1512.) da der junge Geſelle von den Begierden da und dort hin-
geriſſen, und von böſen Beyſpielen gar mächtig
verſucht ward, entſchloß er ſich (a) aus Betrachtung der Folgen, welche ſowohl die Tugenden als die Laſter haben, die Tugend nicht nur
ſelbſt zu lieben, ſondern auch andre zu ihrer Liebe zu reizen. Welch eine ſchöne Vorbereitung
eines

(a) Dieſen Entſchluß beſchreibt er in einem Gedichte,
welches I. z. 480. ſteht, und zweyerley Belohnung beyde der Tugend und der Laſter zur Ue-
berſchrift hat. Er iſt in einen Traum eingekleidet,
worinne ihn die Philoſophie ſo wohl in das dunkle
Thal der Laſter, als auch auf den hohen Berg der
Tugenden führt, und nachdem ſie ihm vorgeſtellet
hat, was aus beyden für ihre Liebhaber erfolge,
ſo entſchlüßt er ſich alſo:

Derhalb erwehl ich mir die Tugend
In meiner erſt blühenden Jugend
Zu dienen nach all mein Vermögen
Wo ich mein Lebn nicht kan fügen,
Allzeit in ihren werthen Dienſt
Sprich ich ihn doch ihr Lob auffs mind'ſt
Die Laſter beſchreib und beklag
Schend, ſchmiech, rüg, verfolg und verjag
Was ich zeither je hab gedicht
Iſt all mein Herz darauff gericht
Daß Tugend wieder grün und wachs,
Das wünſcht von Nürenberg H. S.

eines zukünftigen Dichters! Im 15ten Jahre, (1513.) als er zu Wells in Oberösterreich arbeitete, faßte er eigentlich den ernstlichen Vorsatz, sich der Dichtkunst statt anderer Ergetzungen künftig hin zu ergeben (*a*). Welch ein seltner Vorsatz eines jungen Handwerksgesellen! Und im 20ten, (1514.) da er sich zu München aufhielt, wagte er, wie er sich selbst ausdrückt, mit Gottes Hülfe zu dichten (*b*). So geht denn alles im Reiche, wie der Tugenden, so der Wissenschaften, Stuffen weise, und nichts geräth leicht durch einen Sprung. Seinen ersten Gesang widmete

---

(*a*) Auch diesen Vorsatz trägt er in einem Traume II. 2, 103. vor, worinne ein Gespräch, die Gaben der 9 Musen oder Kunstgöttinnen betreffend, von ihm erzählet wird. Die Erdichtung dieses sehr artigen Stückes ist diese. Unwissend, welche Art des Zeitvertreibes er sich erwählen soll, schläft er ein, und sieht diese 9 Weiblein, davon ihm die erste, Klio genannt, meldet, daß sie Apollo und Pallas ausgesandt habe, sich in Deutschland einige Diener zu bestellen. Weil sie nun an ihm merke, daß er andere eitle Kurzweil fliehe, so habe sie ihn mit darzu ersehen. Nachdem er hierauf seine Bereitwilligkeit, weder noch Mühe, noch nach Lohne zu fragen, angezeigt, aber auch zugleich seine Untüchtigkeit zu diesem Dienste vorgewendet hatte; so theilen sie ihm ihre Gaben aus, und er entschlüßt sich, von ihren Versprechungen gereizt, durch sein ganzes Leben die deutsche Poesie zu treiben.

(*b*) s. den Lebenslauf.

widmete er nicht, wie mancher Wollüstling, dem Ruhme seiner Buhlerinn, sondern dem Lobe der Gottheit, welcher auch die Dichtkunst zu erst gewidmet worden ist (*a*), und vornehmlich die Erstlinge christlicher Dichter geheiliget werden sollten. Er fieng sich an:

Gloria Patri Lob und Ehr,

weil damals, der hernach größtentheils von ihm vermiedene Fehler, lateinische Wörter unter die deutschen zu mischen (*b*), noch gewöhnlich war, und gieng nach dem langen Tone Marners (*c*), das ist, nach
einer

(*a*) Siehe außer andern, Martin Opitz von der deutschen Poeterey, wo dieses im 2 c. bewiesen ist, im 1sten Theil der trillerischen Ausgabe seiner Gedichte. S. 2.

(*b*) Die Ursache, warum einzelne lateinische Wörter oder auch wohl ganze lateinische Zeilen in die deutschen Verse vermischt worden sind, wird verschieden angegeben. Einige sagen, worzu auch Hr. Schöber im 1sten Beytrage zur Liederhistorie getreten ist, daß es ein vom Pabsthume vergönnter Versuch gewesen wäre, den deutschen Liedern den Weg zu bahnen. Hingegen Morhof im 2ten Theile c. 7. S. 328. hält dafür, daß man sich nach dem Triebe der damaligen Zeit gerichtet habe, weil man solche Art zu poetisiren für eine sonderliche Zierlichkeit gehalten hätte.

(*c*) Was hierdurch zu verstehen wäre, konnte Morhof S. 343. nicht sagen, aber er schloß mit Rechte, daß es eine gewisse Art von Tönen gewesen seyn müsse, die etwan einer, Marner genannt,
vor

einer Melodie, welche ein Edelmann dieses Namens aus Schwaben, der zugleich ein Meister dieser Kunst gewesen war, erfunden hatte. Seine erste Schule hielt er zu Frankfurth nicht lange darnach, und versuchte alsdenn in seiner Wissenschaft eine immer schwerere Probe nach der andern (a). Nachdem er solchergestalt seine Wander-

vor diesem erfunden habe. Nicht nur Harsdörfer gedenket derselben im Anfange des 1sten Theils der Gesprächspiele S. 45. sondern auch Wagenseil, welcher theils den völligen Namen, theils verschiedene Töne S. 536 von ihm erwähnt. Er hieß nicht Conrad, (wie Feller in der Vorrede zur deutschen Uebersetzung *Medit. Sacr. Gerhardi.* nach Tenzeln S. 944 haben soll,) sondern Hanns Ludewig Marner, ist unter den 12 vermeynten Erfindern der Zahl nach der 7te, und dieser lange Ton hat 27 Reime gehabt. Die übrigen Töne sind der goldene Ton mit 18 Reimen, der Hofton mit 20: die hier gedachte Melodie befindet sich gleichfalls im Wagenseil, weil das 3te Gesetz des meisterlichen Horts S. 554 nach diesem Tone geht. Auch hat sie Tenzel im Nov. 1691 seiner mon. Unter. aus der jenaischen Handschrift Voigts eingerückt; aber sie kommen nicht völlig überein.

(a) Daß er auch andere Gedichte zugleich verfertiget habe, beweist noch itzt ein Kampfgespräch von der Liebe vom 1sten May 1515, welches I. 3. S. 627 steht und die Aufschrift hat:

Ich bin genannt der Liebe streit
Sag von der Liebe Wun und Freud
Dazu von Schmerz und Traurigkeit
So in der Lieb verborgen leyt

derschaft bis ins 22ste Jahr (1516.) fortgesetzt und auf derselben noch viele andere Gegenden und Städte, zum Er. den Zierelberg bey Schwaß(*a*), Leipzig(*b*), Lübeck(*c*), Annaberg(*d*), Osnabrück(*e*), Wien (*f*), Erfurth (*g*) u. s. w. besehen hatte; so begab er sich, nach der schon vorher erhaltenen Erinnerung seines Vaters (*h*) wieder nach Hause, und wir kehren mit ihm zugleich an den Ort zurücke, wo er sich nicht nur das Recht erwarb, die erlernte Handthierung zu treiben, sondern auch die schönste Gelegenheit fand, seine geliebte Kunst zur möglichsten Vollkommenheit zu bringen.

(*a*) s. I. 3. 505.

(*b*) s. I. 3. 516.

(*c*) s. I. 3. 583. wo er erzählet, daß er als ein Jüngling daselbst an der See spatziren gegangen sey, und gebadet habe.

(*d*) s. I. 3. 603. desgleichen 663, wo er sagt, daß er das Bergwerk besehen habe.

(*e*) s. I. 3. 696.

(*f*) s. I. 4. 827. wo er beschreibt, wie er auf das alte Schloß bey Kalenberg gegangen sey.

(*g*) s. II. 4. 241. wo er eine lustige Geschichte von sich, in dem Schwanke vom Gaste im Sacke, erzählt.

(*h*) s. I. 3. 633. wo er dieses Umstandes gedenket.

Fünftes

Fünftes Hauptstück
Von Hanns Sachsens Niederlassung in Nürnberg, getriebenem Handwerke, gedoppelter Ehe, und übrigen Lebensgeschichte.

§. 1.

Nach seiner Zurückkunft machte der belobte Schumachergeselle sein Meisterstück, und verheirathete sich am Aegidientage 1519 mit Kunigunden Creutzerinn (*a*), der einzigen Tochter Peter Creutzers, welche aus dem Vaterlande des bekannten Cochläus (*b*), dem benachbarten Flecken nürnbergischen Gebieths, Wendelstein, gebürtig war. Er wohnte eine lange Zeit in einer der beyden Vorstädte Gostenhof oder Wöhrd, wo er zugleich einen kleinen Kram gehabt haben mag (*c*), zog aber hernachmals um 1540

(*a*) Siehe die Lebensbeschreibung und das Elogium.

(*b*) Hoffentlich werde ich Vergebung finden, wenn ich beyläufig von diesem großen Feinde D. Luthers, sonst Dobneck genannt, anführe, daß er eben von diesem Wendelstein, wo er 1479 gebohren war, den Namen Wendelsteiner und Cochläus erhalten habe. Von seinem Leben und Schriften handelt Hr. Prof. Will im 1sten Th. S. 202 bis 213 mit besonderm Fleiße.

(*c*) s. II. 3. 377 seiner Gedichte.

1540 in die Stadt, ohngefähr in die Gegend der Lorenzkirche (a), und der letzte Ort seines Aufenthalts war ein noch itzt bekanntes Haus im Mehlgäßlein am Spitalkirchhofe (b), wo das kleine Wirthshaus zum güldnen Bäre ist. Er trieb sein Handwerk mit so großem Eifer als Seegen, und befand sich in dem Anfange seiner Ehe in sehr gutem Wohlstande (c); doch scheint es, daß auch sein Glück unbeständig gewesen, und daß er entweder durch die Beschaffenheit der elenden Zeiten, oder auch bey Herannahung des Alters in Verfall seiner Nahrung gekommen sey (d). Er gieng in jüngern Jahren auf die Messe nach Frankfurth (e), als ein kluger Hausvater seinen Beruf abzuwarten, und
that

(a) Dieß erhellet aus der Beschreibung seines Ganges auf den Markt IIII. 2. 217.

(b) Dieses ließ sich Litzel, da er 1731 durch Nürnberg reisete, zeigen S. 622. und Will bekräftiget dessen Nachricht in seinem Lexico.

(c) Ich beruffe mich zum Beweise auf das bereits erwähnte Gedicht IIII. 1. 252, darinne er also schreibt:
Auch fiel mir zu in dieser Zeit
Groß Wolfahrt in mancherley stück,
Als Reichthumb, ehr, lob und groß glück,
Wolzogne Kind, ein treu Ehweib,
Schön, sterk, vnd auch gesunder Leib,
Jedermann hielt mich hoch vnd ehrlich,
Auch hielt ich mich dapfer vnd herrlich.

(d) s. I. 1. 205.

(e) s. V. 2. 134.

und übrigen Lebensgeschichte.

that, auch sonst in seinen Geschäften andere Reisen (a). Ob er aber aus Neugier einmal aufs Jubeljahr eine Wallfahrt nach Rom unternommen habe (b), und in dem Dienste des Staates eine kurze Zeit nach Italien in den Krieg gezogen sey (c); oder ob diese Erzählungen unter die poetischen Erdichtungen zu rechnen sind, getraue ich mir nicht, mit Gewißheit zu entscheiden. Genug er führte mit seiner Gattinn

---

(a) Siehe I. 5. 1022.

(b) Wenigstens sagt er es in einem Schwanke II. 4. 229 welcher vom Ursprunge des Weyhwassers handelt, 1559 gemacht ist, und sich also anfängt:

    Einsmals im gnadenreichen Jar
    Ich auch zu Rom vmb ablas war,
    Darzu mich nicht die Göttlich lieb
    Sonder allein der fürwitz trib
    Das ich mit guten Gferten kom,
    Zu beschawen die groß statt Rom,
    Vnd ihr groß gewaltig gebew,
    Ihr antiquität ich mich frew, u. s. w.

Daß dergleichen Jahre 1525 und 1550 gefeyert worden sind, folgt aus der bekannten Gewohnheit, alle 25 Jahre dergleichen zu feyern.

(c) Auch dieses sagt er deutlich in einem Kampfgespräche zwischen Wasser und Wein, welches 1536 verfertiget ist und im I. 4. 842. also lautet:

    Vor Jahren als ich im Welschland
    Zu Genua der statt genand
    Lag in dem keyserlichen heer
    Gieng ich spatziren an dem meer, u. s. w.

Sollten auch wohl die gleich vorhergehenden Worter von seiner Tapferkeit sich darauf beziehen?

tinn in die 41 Jahre eine vergnügte Ehe, zeugte auch mit ihr 2 Söhne und 5 Töchter (*a*). Nun soll einer von diesen beyden Söhnen seinem Beyspiele so wohl in Erlernung des Handwerks, als auch in der Liebe des Meistergesangs nachgefolget, auf seiner Wanderschaft bis nach Lübeck gekommen und daselbst gestorben seyn (*b*). Allein ich halte weder für nöthig, diese Muthmasung mit dem seligen Lic. von Seelen zu hegen, noch für gut, sie mit dem Hrn. Past. Dunkel (*c*) anzunehmen, da die Stellen, auf welche sie sich gründet, ohne Zweifel eine andere Erklärung erfordern, und nicht nur dieser Sohn, sondern alle 7 Kinder ihm im Tode vorgegangen sind. Doch hatte er das Vergnügen, von seiner ältesten Tochter 4 Enkel im Leben zu sehen. Jemehr hernach dieser 66 jährige Greis durch den für ihn immer noch zu frühen Hintritt seiner Ehegenossinn 1560 den 27. Marz betrübt wurde, desto mehr eilte er im nächsten Jahre den 12. August darauf, mit Barbara Harscherinn eine neue Verbindung einzugehen (*d*). Beklagte er nun die erste als betagter Wittwer (*e*), so besang

---

(*a*) Siehe den Lebenslauf.

(*b*) s. die Lübeckischen Anzeigen am angeführten Orte.

(*c*) s. die Nachrichten S. 111.

(*d*) s. den Lebenslauf.

(*e*) s. den wunderlichen Traum von seiner lieben Gemahel Kunegund Sachsin im III. 1. 530.

und übrigen Lebensgeschichte. 43

fang er die zweyte als neuverbundener Ehemann (a). Mit dieser lebte er bis in sein höchstes Alter, und setzte auch sein Handwerk so lange fort, als es die Schwachheit seiner Kräfte bey zunehmenden Jahren verstattete.

§. 2. Nun herrschet zwar in den allermeisten Schriften der Neuern (b), welche durch den gemeinen, aber falschen Ruff verleitet worden sind, die bekannte Meynung, daß er das anfänglich getriebene Handwerk nach der Zeit aufgegeben, und daß Amt eines Schulmeisters zu Nürnberg verwaltet habe. Ich weis wohl, daß im Anfange der Reformation gemeine Bürger bey dem ersten Mangel an gelehrten Leuten zur Verwaltung der öffentlichen Lehrämter in Kirchen und Schulen bisweilen (c) genommen, verschiedene kleine
Schulen

(a) Siehe das künstliche Frauenlob im V. 2, 246.

(b) Sehr viele s. in Litzels Beweise, welcher in des für die Schulgeschichte löblich bemühten Hrn. Bidermanns 8ten Stücke des 2ten Bandes der Nov. Act. Schol. S. 615 eingerückt, und daraus in Dunkels Nachrichten angeführt ist. Wer die Anzahl derer, welche diese Meynung geheget haben, vermehren wollte, könnte außer Iselins historischen, Zedlers Universal- und Jöchers Gelehrten Lexico, J. B. Carpzoven, Wimmern und mehrere darzu setzen.

(c) Verschiedene Exempel stehen in der sächsischen Priesterschaft, auch führet Hr. Dir. Richter in der Chronika der Stadt Chemnitz dergleichen an f. S. 197 des 2ten Th.

Schulen der weitläuftigen Stadt Nürnberg gewesen (*a*), und so gar die itzt so genannten Rectors ehemals nicht anders als Schulmeister (*b*) in einem noch rühmlichern Verstande genennet worden sind. Allein H. S. ist keinesweges, wie man es itzt und insgemein verstehet, ein Lehrer der Jugend weder im Christenthum, noch viel weniger in den Sprachen geworden, sondern dem Stande nach ein Schumacher bis an sein Ende geblieben. Der ganze Irrthum gründet sich auf die unrecht ausgelegten Worte (*c*), daß er sowohl auf seiner Wanderschaft, als auch zu Hause Schule gehalten habe, und ist daher entstanden, weil ihn Morhof (*d*) einen Bür-
ger-

(*a*) In Hirschens kleinem Buche von den Verdiensten der Stadt Nürnberg um den Catechismum Lutheri, welches 1752 daselbst herausgekommen ist, werden S. 16. die privat und gemeinen lateinischen und deutschen Schulen, die schon 1558 daselbst gewesen sind, erwähnt.

(*b*) Noch bis ins folgende Jahrhundert war dieser Titel gewöhnlich, und ein gewisser Jacob Spitz sollte 1657 Rector genennet werden, er sagte aber: ich bin ein Schulmeister vociret, ich will als ein Schulmeister sterben, s. D. Löbers Historie von Ronneburg S. 487.

(*c*) s. den Lebenslauf.

(*d*) Es heißt S. 341. von ihm, er ist erstlich ein Schuster seines Handwerks und hernach ein Bürgerschulmeister zu Nürnberg gewesen.

und übrigen Lebensgeschichte. 45

gerſchulmeiſter, **Wagenſeil** (*a*) aber und nach ihm **Omeis** (*b*) einen Schulmeiſter ſchlechtweg genennet haben. Daraus hat **Serpil** (*c*) und **Wetzel** (*d*) einen deutſchen Schulhalter erdichtet, ja **Schamelius** (*e*) ihn gar beydes anderwärts und auch in Nürnberg für einen deutſchen Schulmeiſter angeſehen: und dieſen ſonſt fleißigen Schriftſtellern ſind die andern ohne Prüfung gefolget. Allein ſchon die verſchiedenen Erzählungen dieſer neuern Gelehrten können uns wegen der gemeinen Auslegung Zweifel erwecken, und wir werden in dem 5ten Hauptſtücke des 2ten

(*a*) Er ſchreibt von ihm S. 517. alſo: er triebe, nachdem er von der Wanderſchaft wieder nach Hauſe gekommen, ſein Schuſterhandwerk geraume Jahre. All dieweil aber ſein Verſtand ſich weit *ultra crepidam* erſtreckte, iſt er hernach ein Schulmeiſter worden und hat dabey ſtets poetiſche Sachen gedichtet.

(*b*) Er nennet ihn einen ehelichen Bürger und Schumacher anfangs, hernach Schulmeiſter zu Nürnberg.

(*c*) In den continuirten Liedergedanken. S. 23.

(*d*) Im 3ten Th. der Lebensbeſchreibungen berühmter Liederdichter. S. 8.

(*e*) So wohl in der kurzgefaßten Hiſtorie der *Hymnopoearum* S. 122. als in dem Anhange ſeines evangeliſchen Liedercommentarii, deſſen erſte Ausgabe 1712, die andere aber 1737 zu Leipzig beſorgt iſt.

2ten Theils bestärket werden, in welchem Sinne dieser alte Ausdruck zu nehmen sey, und auf welche Weise alle diese Beschreibungen aufs leichteste verglichen werden können. Denn es ist nunmehr nach der höchsten Wahrscheinlichkeit von 3 übereinstimmenden Kennern der Sprache der Meistersänger, Hrn. Schöbern (a) Kitzeln (b) und Hirschen (c), denen der öfters wähnte Hr. Prof. Will (d) neuerlichst Beyfall giebt, dargethan worden, daß er nicht, nach der itzigen Weise zu reden, ein Schulmeister der gemeinen Bürgerskinder in Nürnberg gewesen sey. Warum sollten wir auch die gewöhnliche Meynung behaupten? Es finden sich ja für die Bestätigung der falschen Sage weder in seinen eigenen Gedichten, noch in den Werken seiner Zeitgenossen, noch in dem Lobgedichte Puschmanns die geringsten Beweise, sondern vielmehr deutliche Spuren des Gegentheils (e).

Auf=

(a) Siehe die im 1sten Hauptstück angeführte Nachricht

(b) S. den gleich vorher erwähnten Beweis.

(c) In dem gleichfalls angezeigten Sendschreiben.

(d) Er sagt mit deutlichen Worten: es ist falsch, wenn H. S. hier und da auch selbst von unsern Professorn Wagenseilen und Omeis für einen ordentlichen Schulmeister oder Kinderlehrer ausgegeben wird. S. 440.

(e) Bald sind die Anfangsbuchstaben H. S. S. am Ende der Gedichte bemerket, bald reimet er gar auf die letzten Worte Schumacher.

Außer den Unterschriften, auf welche sich Litzel mit Rechte bezieht, steht unter einem gewissen Bilde, dessen ich hernach wieder gedenken werde, daß er noch in seinem 78sten Jahre sein Handwerk getrieben habe. Ob ich nun gleich dem römischen Vertheidiger des hohen Alters (a) gern zugebe, daß gesunde Greise, dergleichen Cato, gewesen seyn soll, noch Kräfte, auch wohl bisweilen Lust haben können, die Jugend in wichtigen und angenehmen Dingen zu unterweisen; so glaube ich doch überhaupt, daß es sowohl für alte Schullehrer ein großes Glück, als für den ganzen Staat eine sehr heilsame Anstalt wäre, wenn es auch an andern Orten, wie ehemals in Athen (b), Prytanea gäbe, wo um das gemeine Wesen hochverdiente Männer auf öffentliche Unkosten unterhalten würden. Ich zweifle aber völlig, daß H. S. nach dieser Zeit ein Lehrer kleinerer Kinder geworden sey, weil zu junge Schüler sich für einen schon grauen Lehrmeister nicht wohl mehr schicken, und unser Greis in den letzten Jahren seines Lebens immer kränklicher, ja endlich gar selbst zum Kinde geworden ist. Seine Kräfte nahmen, nach Puschmanns Zeugnisse,

(a) Siehe des Cicero Gespräch vom Alter, c. 9.

(b) Zum Beweise darf ich mich nur auf die Worte in Diog. Laert. II. 5. beruffen, womit sich Sokrates zu dieser Strafe wegen seiner Verdienste verdammte: Ἀντὶ τῶν ἐμοῦ διαπεπραγμένων τιμῶμαι τὴν δίκην τῆς ἐν πρυτανείῳ σιτήσεως.

nisse, (a) am Verstande und Gehöre so sehr ab, daß er zuletzt an seinem Tische saß, für sich in der Stille nachsann, und gute Bücher, sonderlich die Bibel, vor sich liegen hatte. Wenn ihn aber jemand fragte, so sah er zwar die vor ihm stehende Person starr an; doch antwortete er nichts. In diesem Zustande blieb er bis zum Anfange des 1576sten Jahres, da er, nach einer schrecklichen Wasserfluth, deren auch die nürnbergischen Geschichtschreiber (b) gedenken, ich weis nicht, ob den 19 oder 20ten oder vielmehr den 25sten Jan. (c) im 82sten Jahre seines

(a) Siehe den 3ten Gesang.

(b) s. die historische Nachricht von dem Ursprunge und Wachsthum der Reichsstadt Nürnberg. S. 482. wo sie bey dem 18ten Jan. beschrieben ist.

(c) Der 19te Jan. des 1576sten Jahres steht auf dessen Bildnissen, und ist davon in die Bücher gekommen; der 20. in der hist. Nachricht; der 25. aber befindet sich in den Nürnbergischen Todtenregistern, wobey auch aufgezeichnet zu lesen ist, daß seine Leiche an der öffentlichen Todtentafel, worauf täglich die vorfallenden Leichen angeschrieben werden, also proclamirt worden.

Gestorben ist Hanns Sachs, der alte deutsche Poet,

Gott verleih ihm und uns eine frölige Urstet.

Dieses Zeugniß Hirschens erwähnt Dunkel und Will bestätigt es. Hieraus ist klar, daß er weder

und übrigen Lebensgeschichte.

nes Alters selig entschlief, und hierauf den 27. Jan. ohne Zweifel mit der gewöhnlichen Ehre der vornehmsten Meistersänger (a) begraben ward.

§. 3. Dieß sind die merkwürdigsten Schicksale und vornehmsten Umstände seines Lebens überhaupt, welches er theils selbst, theils andere von ihm

der den 15. Sept. 1567, wie Olearius im 4 Th. seines Liederschatzes S. 10. sagt, noch den 15. October desselben Jahres, wie Serpilius in den continuirten Liedergedanken, Avenarius im schmalkaldischen Register der Liederauctorum, Schamelius, Wimmer, des Zedlerischen Lexici zu geschweigen, angeben, noch endlich auch den 20. Febr. des recht angezeigten Jahres, wie, nach des Theoph. li Sinceri. *Historic. Critic. etc.* S. 402. M. Modelius zu *Eberi Calendario Hist.* auf diesen Tag verzeichnet hat, gestorben sey. Folglich ist er 9 Jahre älter geworden, als ihn außer den angezeigten Schriften auch Wetzel machet.

(a) Nach Wagenseils Anzeige S. 555. waren alle Gesellschafter, wenn ein Meistersänger mit Tode abgegangen war, schuldig, ihn zu Grabe zu begleiten, war aber ein Merker gestorben, so verfügten sich, nachdem der Sarg in das Grab versenket war, und ehe er noch mit Erde beschüttet ward, die gesammten Gesellschafter dahin, und sungen ihm ein Gesellschaftlied zur letzten Ehre. Zur Probe ist ein solches beygefügt: ich wünschte aber, daß dafür die Klage über den tödlichen Hintritt H. S. erhalten und eingerückt wäre.

D

Von H. S. Niederlassung in Khrigen ꝛc.

aufgezeichnet haben. Nun wollen wir im folgenden Theile eine allgemeine Betrachtung über die theils glückliche, theils unglückliche Zeit seiner Wallfahrt, vornehmlich um der ungelehrten Leser willen, die ich mir bey dieser Geschichte vermuthe und wünsche, kürzlich voraussetzen, und alsdenn besondere Untersuchungen seiner Schriften und Verdienste anstellen.

Zweyter

Zweyter Theil.

Erstes Hauptstück
Von der Zeit, darinne Hanns Sachs von 1494 bis 1576 gelebet hat.

§. 1.

Wer in der Geschichte unsers gemeinschaftlichen Vaterlandes nicht sehr fremde ist, der wird schon aus der bisherigen Erzählung übersehen, daß H. S. Lebenszeit (a) gleich in das merkwürdige Weltalter fällt, da seit der Regierung Maximilians des ersten und Carls des

---

(a) Hieraus läßt sich ohne Anmerkung beurtheilen, was Serpilius in continuirten Liedergedanken S. 23 schreibt. Daniel Seyffart Cent. I. elic. Mem. S. 71. nennt ihn einen berühmten deutschen Poeten, ums Jahr Christi 1608. (sollte billig 1508 heißen.)

Von der Zeit

des fünften unter gar großer Veränderungen Deutschlandes, ja fast des ganzen Europens die wahre Gelehrsamkeit und Religion wieder hergestellet wurden. Je mehr nun damals überhaupt und zu Nürnberg insonderheit wunderbare Begebenheiten vorfielen, welche in sein Leben und auch in seine Schriften einen fast unbekannten Einfluß hatten, desto mehr scheint mir diese Zeit seiner Wallfahrt eine allgemeine, obwohl kurze, Betrachtung zu verdienen.

§. 2. So verwirrt und dunkel es in der Welt und Kirche zur Zeit des aufs höchste gestiegenen Pabstthums aussah: so angenehm klärte sich alles gegen das Ende des 15ten und noch stärker im Anfange des 16ten Jahrhunderts auf. Dem goldnen Alter (*a*) hatte die 1440 göttlich gefügte Erfindung der Buchdruckerkunst, die Flucht der gelehrten Griechen aus dem vom Türken 1453

(*a*) Also nennet Luther seine Zeit selbst, da er 1518 an den Pabst Leo den X. schreibt: s. den 17 Th. seiner Werke nach der leipziger Ausgabe S. 117. Eben zu dieser güldenen Zeit, komme ich auf den Plan, da nun sehr viele feine, hochgelehrte Leute sind, welcher täglich mehr werden, also daß alle freye Künste blühen, grünen und wachsen, will schweigen der griechischen und hebräischen Sprachen, also daß auch Cicero, wenn er itzt lebte, schier sich in einen Winkel verbergen sollte, der doch öffentlich am Tag große wichtige Händel zu seiner Zeit führete, auch selbst ein Regente war.

1453 eroberten Constantinopel nach Italien, und die Reisen auch der Deutschen nach ihren Schulen glücklich die Bahn gebrochen. Die Ausgabe lateinischer, griechischer und hebräischer Schriften, wie auch vieler andern deutschen (*a*), insonderheit historischen (*b*) Bücher, die Uebersetzungen der alten Schriftsteller (*c*), die Verbesserungen der niedern Schulen, die Aufrichtung mehrerer Akademien, die Erlernung der gelehrten Sprachen und besten Künste waren lauter ge-

(*a*) Siehe außer des *Mattaire Annal. Typogr.* auch *Hirschii Millenar.* I. II. III. *librorum ab anno* 1. *usque ad annum* 50. *Sec.* XVI. *typis exscriptorum*, desgleichen *Draudii Bibliothecam librorum Germanicorum Classicam*, welche 1625 zu Franckf. am Mayn herausgekommen ist: doch können alle drey noch gar sehr vermehret werden.

(*b*) Ich ziele vornehmlich auf die vielen Chroniken, dergleichen schon viele in der ersten Hälfte dieses Jahrhunderts herauskamen, aber von dieser Zeit doch nur wenige von Drauden S. 546. angeführet sind. Hieher gehören z Er. Sebastian Frankens, von denen Hr. D. Schelhorn in dem ersten Bande der Ergötzlichkeiten S. 119 gelehrt handelt.

(*c*) Siehe *Fabricii Bibl. graec. et latin.* wo auch diese deutschen Uebersetzungen angeführet werden, desgleichen des noch lebenden *Fabricii* Hist. der Gelahrheit Th. 3. S. 171. bis 181, wo viele beysammen anzutreffen sind, und auch die critischen Beyträge, welche verschiedene dieser Schriften mit untermischten Beurtheilungen beschreiben.

geschickte Hülfsmittel, nach und nach auch der Beredsamkeit und Dichtkunst der Deutschen, desgleichen den höhern Wissenschaften, und vornemlich der christlichen Religion ihren verlohrnen Glanz wieder herzustellen. Alle diese Vortheile hatte sich Nürnberg zu Nutze gemacht. Nur einiger Dinge zu gedenken, schon seit 1470 ward der Druck und Handel mit Büchern daselbst mit großem Eifer getrieben (*a*). Unter den hier gedruckten Schriften, werden noch itza die deutschen Bibeln gerühmt, welche 1477, 83 und 88 durch Koburgern, desgleichen 1499 ans Licht traten (*b*). Unter den Gelehrten that sich der große Rathsherr Wilibald Pirkheimer hervor, der zu Pavia nicht nur die Rechte, sondern auch die Sprachen sieben Jahre gelernet hatte (*c*). Von den Schulen ist schon etwas erwähnet worden, und wird noch mehr erwähnet werden. Allein noch mehrern Antheil nahm Nürnberg an Luthers Reformation, wobey es aber auch freylich allerhand Widerwärtigkeiten empfinden mußte.

§. 3. Nach-

(*a*) Siehe die wohleingerichtete Buchdruckerey in der summarischen Nachricht von den Buchdruckern daselbst.

(*b*) s. Hagemanns Nachrichten von der Uebersetzung der heiligen Schrift nach der 2ten Ausgabe S. 262 bis 267.

(*c*) s. das Willische Lexicon im 3ten Th. S. 185.

worinne H. S. gelebet hat.

§. 3. Nachdem er zu Wittenberg (1517) ausgestandene Verbesserer des verdorbenen Christenthums (1518) vom Pabste zum Verhöre vor den Cajetan nach Augspurg gefordert war, so gieng er auf seiner Hin und Herreise durch diese Stadt (a). Weil er aber weder damals, noch nachher seine Lehrsätze wiederruffen hatte; so ward nicht nur er, sondern auch alle seine Anhänger an allen Orten und insonderheit namentlich der gerühmte Pirkheimer und Lazarus Speng-

(a) Des ersten Besuchs gedenket Luther selbst in einer artigen Erzählung noch zu Eisleben kurze Zeit vor seinem Ende: Wie ich aus Befehl Herzog Friedrichs hinauszoge, war ich sehr arm, hatte nicht einen Heller, darzu thäte mir D. Wenzeslaus Lincus seine Kappe leihen, gieng zu Fuß bis auf 3 Meilen gen Augspurg. Seine Rückreise beschreibt er eben damals also: Da mir Cajetanus keine Antwort gab, verschaffte mir D. Staupitz ein Pferd, und gab mir der Rath einen alten Ausreuter zu, der die Wege wußte, und half mir Langemantel des Nachts durch ein klein Pförtlein aus der Stadt. Da ritte ich ohne Hosen, Stiefeln, Sporn und Schwerd und kam bis gen Nürnberg. (nicht Wittenberg.) Den ersten Tag ritte ich 8 Meilen, und wie ich des Abends in die Herberge kam, war ich so müde, stieg im Stalle ab, konnte nicht stehen, fiel stracks in die Streu. Daß er nach Nürnberg geritten sey, gedenket auch Spalatin in seinem Berichte der Handlung Lutheri vor dem Cardinal Cajesano, s. eben diesen Band S. 291 und 182.

Spengler, belobter Rathsschreiber daselbst (*a*), als Ketzer (1520) in den Bann gethan. Nun hatte er sich zwar zu Worms vor dem Kaiser und dem ganzen Reiche so gelehrt als bescheiden vertheidiget; gleichwohl ward er mit seinem ganzen Anhange (1521) in die Acht erkläret. So heftig man nun sowohl wider seine Person als wider seine Lehre durch allerhand Befehle und Verbothe verfuhr, so ward doch keine von beyden ausgerottet, sondern das Ansehen des neuen Lehrers und der Beyfall seiner Verehrer nahmen vielmehr täglich in Deutschland zu. Auch Nürnberg war Luthern unter den Städten Frankenlandes (1522) zu erst ergeben (*b*), und nicht einmal der (1523) daselbst gehaltene Reichstag vermochte im geringsten, die Neigung des Volks zum Lutherthume zu ersticken. Hatte man schon zeitig angefangen, in den beyden Hauptkirchen das Evangelium zu verkündigen; so wurden nach und nach die heiligen Handlungen der Taufe und des Abendmahls, ja der größte Theil des

Got-

(*a*) Dieser beyden großen Freunde Luthers in dieser Reichsstadt ganze hieher gehörige Geschichte beschreibt aus größtentheils ungedruckten Nachrichten ausführlich Hr. D. Riederer in dem zu Altdorf 1762 herausgegebenen Beytrage zu den Reformationsurkunden, betreffend die Händel, welche D. Eck bey Publication der päpstlichen Bulle erreget hat.

(*b*) Siehe *Seckendorfii Commentar. de Lutheranismo* L. I. §. 139. S. 240. §. 173. S. 299.

darinne H. S. gelebet hat.

Gottesdienstes nicht mehr nach papistischem Gebrauche, sondern nach lutherischer Einrichtung, nicht mehr in der fremden Sprache Roms, sondern in der verständigern Mundart unsers Vaterlandes, gehalten. Das ägidianische Gymnasium ward nach Luthers Ermahnung von dem Rathe daselbst (1526) aufgerichtet, und die berühmten Männer Eobanus Hessus und Joachim Camerarius bekleideten die ersten Lehrämter (a). Die geistreichsten Gesänge wurden nach den erwecklichsten Melodien bey öffentli-

(a) Hievon handelt überhaupt *Ludovici in Histor. Rector. et Gymnas.* P. II. S. 165, von dessen Aufrichtung aber insonderheit *Camerarius in vita Melanchthonis.* S. 102. Luther erklärt sich deswegen 1530 in der Zueignung einer kleinen Schrift, daß man die Kinder zur Schule halten soll, an Spenglern also: (s. den 22 Th. S. 208) Nürnberg leuchtet warlich in ganz Deutschland wie eine Sonne unter Mond und Sternen, und gar kräftiglich alle Städte beweget, was daselbst im Schwange geht. Aber Gott sey gelobet und gedanket, der des Teufels Gedanken lange zuvor gekommen und einem erbaren fürsichtigen Rath eingegeben, eine solche feine herrliche Schule zu stiften und anzurichten mit grosser Kost und Darlegung, die allerfeinste Leute darzu erwählt und verordnet, daß freylich, ich will nicht hoch rühmen, vorhin keine hohe Schule, wenns gleich Paris wäre, so wohl mit Regenten versorgt gewesen ist. Die treffliche Rede, welche bey ihrer Ein-

fentlichen Religionsübungen an statt der lateinischen Psalmen von dem ganzen Volcke angestimmt (a). Nicht nur in erbaulichen Predigten wurden Hohe und Niedere von den Lehren und Pflichten des wahren Christenthums unterrichtet, sondern auch Alte und Junge in den Catechetischen Anstalten von den Anfangsgründen der seligmachenden Religion belehret (b). Lasen die Gelehrten die heilige Schrift in den Grundsprachen; so bedienten sich auch die gemeinen Laien mit größtem Nutzen der deutschen Uebersetzung (c), in welcher das neue und alte Testament reiner und deutlicher und wohlfeiler herauskam. Gleichwohl war der Ausgang der gewagten Neuerung lange Zeit gefährlich und ungewiß. Schon 1524 vereinigten sich die eifrigsten Fürsten der Papisten den zu Worms gegebenen Befehl zu vollziehen, und die (1526) zu Speier ertheilte Erlaubniß, bis zur gehaltenen Kirchenversammlung nach Gewissen zu handeln, ward auf Verordnung des Kaisers wieder aufgehoben. Ob nun

welchung Melanchthon zum Ruhme des deutschen Florenz gehalten hat, steht S. 100. *Tom. I. philos. declamationum.*

(a) Siehe D. Riederers Abhandlung. §.23. S.176.

(b) s. Hirschen in der S. 44. gelobten Schrift.

(c) Es geschah von 1522 bis 1533. Die ganze Geschichte der Lutherischen Bibelübersetzung erzählet neuerlichst Hr. Hagemann. S. 279.

nun gleich die (1529) darwider protestirenden Stände (1530) zu Augspurg das herrlichste Bekenntniß ihres Glaubens abgeleget hatten; so ließ doch der widrige Reichsabschied nichts anders als eine gänzliche Unterdrückung endlich befürchten, und auch der erste Friede, welchen die schmalkaldischen Bundsgenossen (1532) erhielten, war nur ein listiges Mittel, die nöthige Hülfe wider den Türken zu bekommen, bis sich zur Ausführung der schrecklichsten Anschläge eine bequemere Gelegenheit zeigte (*a*). Selbst das Bündniß der zu Schmalkalden vereinigten Fürsten und Stände, dem aber Nürnberg nicht beytrat (*b*), mußte zur Ursache dienen, daß die Papisten (1538) einen heilig genannten Bund aufrichteten, die Lutheraner auszurotten, und zwar an eben diesem Orte, wo der ängstlich bekümmerte Linke 10 Jahre vorher einen großen Fehler wider die Klugheit begangen haben sollte, daß er eben dergleichen Anstalten so gar auf der

Canzel

(*a*) Kurz erzählt Hr. Rath Adelung in einer besondern Schrift die Geschichte des schmalkaldischen Krieges, wo sowohl die Begebenheiten als die Schriftsteller fleißig angeführet sind.

(*b*) s. Seckendorfs III. B. S. 75. wo die Uneinigkeit der Gottes- und Rechtsgelehrten zur Ursache angegeben wird. Ob man sich mit guten Gewissen in ein solches Bündniß einlassen könne, fragt ein Bürger aus Nürnberg, (wer weis, wer?) Luthers Antwort steht im XX Th. S. 345.

Canzel beseufzet hatte (*a*). Nun hielten zwar die auswärtigen Feinde des Kaisers und nicht weniger Luthers Gebeth den Krieg selbst eine geraume Zeit auf; allein er brach doch endlich nach seinem erfolgten Tode (1546) plötzlich genug aus. Was für betrübte Auftritte erblickte man hierauf nach einander! Johann Friedrich der Großmüthige rückte, als das Haupt der Protestanten, durch Franken den kaiserlichen und päbstlichen Heeren entgegen, kehrte aber nach Moritzens Einfalle in Sachsen unverrichteter Sache nicht lange darnach auf eben diesem Wege zurücke, den angeblichen Beschützer aus seinem Lande zu vertreiben. Der Kaiser Carl verfolgte nach gehaltenem Durchzuge durch Nürnberg (*b*) seinen Feind bis in das Innerste seiner Staaten, schlug ihn (1547) bey Mühlberg, und das Lutherthum schien mit seinem gefangenen Vertheidiger unter zu liegen. Bey solchen Umständen sah sich insonderheit der Rath zu Nürnberg genöthiget, das schalkhafte Interim (1548) anzunehmen (*c*). Der misvergnügte Albrecht von Brandenburg, ein Feind aller derer, die nicht mit ihm waren, beäng-

(*a*) Ich ziele auf den bekannten Brief, welchen Luther an ihn schrieb und dieser öffentlich ablas, s. Seckendorf II. B. S. 99.

(*b*) s. die historische Nachricht, wo dieser Einzug S. 373 beschrieben ist.

(*c*) s. Hirschens Geschichte des Interims.

ängstigte diese Reichsstadt etliche Wochen lang durch die entsetzlichste Belagerung, und verheerte ihr Gebiethe auf eine unmenschliche Weise (*a*). Doch auch damals hatte Geduld und Glaube der Heiligen nicht stets vergeblich geharret. Nachdem die höhere Vorsicht den ganzen Schauplatz der kriegenden Fürsten wunderbar geändert hatte, so ward der Vertrag zwischen Ferdinanden, dem Bruder des Kaisers und römischen Könige, und Moritzen, dem neuen Churfürsten und nunmehrigen Feinde des Kaisers, zu Passau, (1552) plötzlich gemacht. Der alte Churfürst erhielt nach 5 Jahren der Gefangenschaft zu Augspurg seine Freyheit wieder, und nahm unter den frömmsten Ehren- und Freudenbezeigungen seinen Weg über Nürnberg (*b*) nach Weimar, ja endlich wurde der so lange gewünschte

(*a*) Siehe in der historischen Nachricht von S. 380 bis 453 eine kurze Erzählung dieses Krieges, hiernächst in Hortleders Geschichte des teutschen Krieges die hieher gehörigen Hauptschriften, wo zugleich eine Schandsäule durch das Verzeichniß der 300, und etliche 100 verbrannten Märkte, Dörfer und Weiler, S. 1607 und 1608 aufgerichtet ist.

(*b*) Schlegel schreibt in dem Leben des Sup. zu Salfeld Caspar Aquila, S. 467 davon also: Er kam zu Nürnberg an, worihn der Magistrat mit 40 Pferden an den Gränzen annahm und in die Stadt herrlich begleiten ließ, über

te Friede (1555) eben zu Augspurg bestätiget, worinne den Lutheranern erlaubt blieb, bey der angenommenen Religion zu leben und zu sterben (a). Allein für die Einwohner Nürnbergs war es noch nicht genug, daß sie Krieg und Theurung und mancherley Unruhen bisher erfahren hatten; sie erlebten auch noch nach wiederhergestellter, aber kaum genossener Ruhe, (1561) die Pest, welche den allgemeinen Plagen das schrecklichste Ende machte.

§. 4. Wenn ich mir nun H. S. nach seinen Eigenschaften und Bemühungen vorstelle, wie glücklich muß er sich nicht öfters geschätzet haben, daß er in diesem so aufgeklärten Weltalter gebohren war! Wenn ich hinwiederum die traurigen Schicksale bedenke, welche ein jeder Freund des Lutherthums und des Vaterlandes damals erfahren mußte, so kann ich ihn nicht anders als mitleidig bedauern, daß er in einer der elendesten Zeiten, die je gewesen sind, den besten Theil seiner Tage zubrachte. Allein wir müssen sehen,

wie

überaus vieles Volck gieng ihm eine gute halbe Meile zu Fusse entgegen, frohlockte, jauchzte und schlug in die Hände, jedermann weinete vor Freuden.

(a) Hier kann ich nicht umhin, die lehrreichen Schriften, welche Hr. Past. Bilzing zu Halle zum Andenken der großen Begebenheiten von 1530 52 und 55 herausgegeben hat, zum Nachlesen zu empfehlen.

wie er sich sowohl in die bösen als guten Tage seiner Wallfahrt geschickt, und was er von beyden für Nutzen gezogen habe. Die fernere Betrachtung seiner Geschichte wird uns lehren, wie er die glücklichen und unglücklichen Begebenheiten seiner Zeit also angewendet habe, daß er in seinem Leben die Pflichten der Klugheit erfüllt und nach dem Tode wegen seines Verhaltens Ehre verdient.

Zweytes Hauptstück
Von Hanns Sachsens Lutherthume, welches er frühzeitig annahm, so wohl mit poetischen als prosaischen Schriften ausbreiten half, und auch mit einem heiligen Leben zierte.

§. 1. Von Seinem frühzeitigen Uebergange zum Lutherthume.

Nach dieser kurzen, aber, wie ich hoffe, nicht unnützlichen Ausschweifung entsteht zuerst die Frage, wie sich H. S. gegen die neue Lehre D. Luthers verhalten habe. Ob er gleich im papistischen Irrthume gebohren und erzogen war, so hat er doch die evangelische Wahrheit sehr zeitig angenommen und bekannt. Nicht nur der natürlichgute Verstand, welchen er
von

von Gott empfangen hatte, machte ihn fähig, die nicht von ungefähr entstandenen Streitigkeiten der Geistlichen desto eher zu prüfen, sondern auch die Kunst, welche er nebst seinem Handwerke trieb, gab ihm ein mehreres Recht, die erkannten Vorzüge sich zuzueignen. Die wunderbaren Nachrichten, die er von Wittenberg hörte, reizten seine Neugier, die kleinen Schriften, die in der wichtigen Sache der Religion gewechselt wurden, zu sehen, zu lesen, zu besitzen. Die große Bewegung der Gemüther, welche darüber, wie in dem ganzen Deutschlande, also insonderheit zu Nürnberg (a) entstund, vermehrte aller Bannstrahlen und Verbothe

(a) Es erhellet aus der *Histor. Diplomat. Norimb.* S. 814, daß im April 1521 ein Kaiserliches Mandat daselbst angeschlagen, und darinne allen und jeden verbothen ward, niemanden den Kauf der lutherischen Bücher zu gestatten, noch den freyen Verkauf derselben den Buchhändlern zu erlauben; ferner daß nach der Uebersendung eines neuen kaiserlichen Mandats, worinne die vorher geschehene Achtserklärung D. Luthers enthalten war, der Rath daselbst aufs neue allen ihren Buchführern das Verkaufen solcher Bücher verbothen, die Publication der Acht aber erst den 17. Oct. unter dem Rathhause öffentlich angeschlagen; desgleichen S. 816, daß der Rath zu Nürnberg 1522 allen Predigern und Mönchen ernstlich unter Bedrohung unnachläßiger Strafe untersaget hatte, auf den Canzeln nichts von Religionssachen vorzubringen, damit nicht eine Unruhe oder Aufstand dadurch veranlasset würde.

bothe ungeachtet seine Aufmerksamkeit; und der starke Beyfall, welchen die Wahrheit bey den Niedern und Einfältigen eher als bey den Hohen und Weisen auch damals fand, erweckte in ihm gar bald eine Neigung so wohl für den beruffenen Mönch, als für dessen neue Lehre. Schon wahrscheinlich könnten wir schließen, daß er, als kaum das Lutherthum seinen Anfang in Sachsen genommen hatte, unter die ersten Anhänger desselben an seinem Orte gehöret habe. Es überzeuget uns aber ein eigenes Zeugniß seiner Hand, welches Hr. Schöber besitzt (*a*), zuverläßig, daß er schon 1522 Luthers einzelne Schriften gesammlet, gelesen und gebilliget habe.

§. 2.
Von seinem Lobgedichte auf D. Luthern und dessen Reformation.

Allein es war ihm nicht genug, daß er die Wahrheit für sich erkannt hatte; er bemühete sich auch, so viel er nach seiner Einsicht und nach seinem

---

(*a*) Er schreibt mir hiervon also: ich habe ehemals einen Band von lutherischen Schriften besessen, darinne 40 Stück anzutreffen und deren Titel mit seiner eignen Hand voran hineingeschrieben waren. Nach deren Endigung hätte es also geheißen: Diese puechlein habe ich Hans Sachs also gesamelt, got vnd seinem wort zw Eren vnd dem nechsten zw guet ainpünden lassen, als man zelt nach Christi gepurt 1522 jar. Die Wahrheit bleibt Ewiglich *numero*. 10.

nem Stande konnte, die lutherische Lehre weiter auszubreiten; ja er verdient so gar, unter die ersten Schriftsteller, welche zur Vertheidigung des Lutherthums auftraten, unstreitig gerechnet zu werden. Die gedruckten Beweise liegen (*a*) vor Augen, daß er seinen Mitbürgern die lutherischen Schriften zum Lesen geliehen, und auf mancherley Weise mündlichen Unterricht unter brüderlicher Bestrafung sowohl der unwissenden Anhänger des Pabstthums, als der unvernünftigen Eiferer für das Evangelium ertheilet habe. Doch er that es auch schriftlich. Kaum hatten die neuen Prediger, **Andreas Osiander** und **Dominicus Schleupner**, welche von den beyden Pröbsten zu Sebald und Lorenz, **George Peslern** und **Hector Böhmern**, bestellet waren, seit dem Februar 1522 das Evangelium rein und lauter den beyden Hauptgemeinen zu verkündigen angefangen; so erkühnte sich auch H. S. ein merkwürdiges, obgleich sehr wenigen mehr bekanntes Lobgedicht auf den Wiederhersteller der wahren Religion den 8. Jul. 1523 (*b*)

zu

(*a*) Siehe den 3ten Dialog. oder auch nur dieses Hauptstücks 3ten §.

(*b*) Da dieser Tag sich unter dem Gedichte im II. 1. S. 177. befindet; so ist es in *Hirschii Millenario* I. S. 20. unrecht unter die Bücher des 1522ten Jahres gesetzt, zumal daselbst keine Jahrzahl dabey steht.

zu verfertigen, und auch alsbald heraus zu geben (a). Die Aufschrift ist:

Die

(a) Die Zeit der besondern ersten Ausgabe scheint ungewiß; ich halte aber für die erste diejenige, welche Hr. D. Riederer besitzt und mir also beschreibt. Sie ist in 4. 3 und einen viertel Bogen stark, und hat auf dem Titelblatte unten noch in einer Zeile diese Worte. Ich sage euch, wo diese schweygen, so werden die stein schreyen. Luc. XIX. Den gröſten Theil des Titelblatts nimmt ein Holzschnitt ein, welcher die Nachtigall auf einem Baume zwischen Sonne und Mond, und dann allerley Thiere, auf einem Berge aber das Lämmlein mit einer Siegsfahne vorstellt. Ganz am Ende steht in zwey Zeilen, *Christus amator, Papa peccator*. Daß weder Jahr, noch Ort, noch Drucker angezeiget sind, ist wegen des scharfen Verboths nicht zu verwundern; aber leicht zu entdecken, daß die Zeichnungen nach dem Inhalte des Gedichts erfunden worden sind: da sie sich nun zu keinem andern Buche so gut schicken; so schließe ich daraus, daß diese Ausgabe die erste, und ohne Zweifel zu Nürnberg heimlich gedruckt sey. Ja ich glaube, daß sie auch noch 1523 herausgekommen ist. Denn der nur gerühmte Hr. D. Riederer entdeckt mir ein Büchlein Johann Greifenbergers, eines Mahlers in Nürnberg, von dessen Leben und Schriften auch Hr. Prof. Will in seinem Lex. S. 570 handelt. Es hat die Aufschrift: Die Welt sagt, sy sehe kein Besserung von den, die sy Lutherisch nennet, was Besserung sey, ein wenig hierinn begriffen. Daraus führt er mir nachfolgende Stelle an: Darumb sol ein ycklich Christenmensch

Die Wittenbergisch Nachtigall
Die man yetzt höret überall (a).

Nach menſch ſich tag und nacht üben im Geſetz vnd Wort Gottes, wiewol ettlich gelert ſagen, der gemein mann ſoll nit mit der Geſchrifft vmbgehen, dann es zimpt ſich nit, das ein Schuſter das Evangelium leß oder mit Federn vnd tindten vmbgee, ſondern mit leder vnd ſchwertz u. ſ. w. So ſag ich darauff, Jch hab nie kain Eſel gehört ſingen als ein Nachtigall, es ſein leutt von zerrytten ſinnen, untüchtig zum glauben, die ſollches ſagen, blodern, wiſſen nit, was. Aus dieſer Stelle ſchließt er mit Rechte, daß dieſer Greifenberger, wie ſein Glaubensbruder, alſo ſein Vertheidiger geweſen ſey, und ich folgere noch weiter aus der Jahrzahl (denn es iſt 1523 4. auf 1 Bogen gedruckt) daß auch jene Nachtigall ſchon eben dieſes Jahr vorher ans Licht gekommen war.

(a) Der Anfang klingt alſo:
    Wacht auff es nahendt gen dem tag
    Jch hör ſingen ym grünen hag
    Ein wunigkliche Nachtigall
    yr ſtymm durchklinget perg ued dall
    Die nacht neygt ſich gen Occident
    der tag geet auff von Orient
    Die rotprünſtige morgenröt
    her durch die trüben wolken göt
    Daraus die liechte Sunn thut plicken
    des Mones ſcheyn thut ſie verdrucken
    Der iſt yetz worden pleych und finſter
    der vor mit ſeynem falſchen glinſter
    Die gantzen herr Schaff hat geplendt
    das ſie ſich haben abgewendt

Nach einem ziemlich erhabenen Eingange und einer artigen Abbildung des Pabstthums und der Reformation schildert er jenes in seiner verhaßten Gestalt, und diese in ihren herrlichen Vorzügen ab. Er erzählet die Lebensgeschichte Luthers bis auf dieselbe Zeit, den Inhalt seiner Schriften und die Vortreflichkeit seiner Lehre: er ermahnt hierauf unter Einmischung göttlicher Lobsprüche, desselben Glauben auch mit Erdultung allerley Leiden anzunehmen. Er gab diesen poetischen Unterricht für den gemeinen Mann heraus, und zwar zu einer Zeit, da zur Ehre des lutherischen Glaubens von den gelehrtesten Männern noch nicht so gar vieles, von deutschen Dichtern aber wohl noch gar nichts geschrieben war. Wer weis aber nicht, wie stark der Gebrauch und wie groß der Einfluß der Poesie unter allen Völkern zum Dienste der Religion allezeit gewesen sey? Außer der vorgesetzten prosaischen Vorrede (*a*), zeigen die auf dem Rande beygefügten

Von yrem hyrten vnd der weyd
vnd haben sie verlassen beyd
Sind gangen nach des Mones scheyn
yn die wiltnuß den holtzweg ein, u. s. w.

(*a*) Sie besteht aus 2 und einer halben Seite, hat die Ueberschrift: Allen Liebhabern Evangelischer Wahrheyt, wünsch ich Johannes Sachs Schuhmacher gnad vnd frid in Christo Jesu vnserm Herrn, und enthält nachfolgende Gedanken in einer so richtigen als nachdrücklichen Schreibart. Nachdem im Pabstthume die wahrhafte

fügten Anmerkungen (*a*) und Schriftstellen sowohl von seiner Kenntniß der neuen und alten Lehre überhaupt, als auch insonderheit, von seiner Belesenheit in der heiligen Schrift. Der bereits erwähnte Hr. Lizel (*b*) beruft sich auf dieses Gedicht als auf eine Probe seiner Wissenschaft, und nennet es mit einem gar nicht übertriebenen Lobspruche, ein **unvergleichliches und fast gelehrtes Stück**. Wem noch itzt (*c*)

bey

hafte Freyheit des heiligen Evangelii und die fruchtbare Liebe des Nächsten untergegangen wäre; so hätte D. Martin Luther wider viele Irrthümer und Misbräuche geschrieben, und das Wort Gottes wieder klar unvermischt an den Tag gebracht. Von diesen Dingen nun habe er dem gemeinen Manne in dieser Summa eine kurze Erklärung gethan, die Unwissenden zu unterrichten, die Freunde der Wahrheit zum Danke anzureizen, und ihre Verächter und Verfolger zur Annehmung zu bewegen.

(*a*) Sie sind entweder kurze Anzeigen, was in den Versen steht, oder Erklärungen der dunkeln Ausdrücke. Unter andern sagt er auch in einer solchen Anmerkung, daß die Annaten, die jährlichen Einkünfte, deren Einbuße der Pabst Leo befürchtet hatte, 20034 518 Gülden damals austrugen, welches er aus den 1523 daselbst gedruckten 100 Beschwerden Deutschlandes wider den römischen Hof wissen konnte.

(*b*) s. die schon erwähnten *Act. Schol.* S. 616.

(*c*) Daß sich ehemals die Gelehrten über diese Kenntniß, als eine Wirkung der herausgegebenen Bibel

auf

bey dieser Nachricht des Apelles Rath: Ne sutor ultra crepidam einfällt, der erinnere sich nur, daß zwischen den Geistlichen und den Meistersängern eine alte Feindschaft gewesen sey, daß die Liebhaber dieser Kunst unter die Zeugen der Wahrheit gehören, und unser Dichter sich vielleicht für verbunden gehalten habe, der guten Sache nach seinem Vermögen beyzustehen. Was schadet auch die Niedrigkeit seines Urhebers? Genug, daß Luther unter dem gemeinen Volke durch diese kleine Schrift bekannter wurde, und es ist höchstglaublich, daß sie nicht ohne Segen in der Nähe und in der Ferne gelesen worden ist; wenigstens finden sich davon nicht

aufgehalten haben, beschreibt zu seiner eignen Schande der verblendete Cochläus in den *Actis Lutheri* mit folgenden Worten, welche ich lieber aus D. Heumanns Vorrede zu seiner Uebersetzung des N. T. anführen will. *Auch Schuster und Weiber lasen das N. T. D. Luthers begierig, und konnten es fast auswendig. Ja sie unterstunden sich nicht nur mit den Priestern und München, sondern auch mit den Akademischen Theologen, von der Religion zu disputiren. Sie waren auch mit Anführung Biblischer Sprüche fertiger, als die Catholischen Geistlichen: ja sie übertrafen hierinnen auch solche Männer, die wohl 30 Jahr öffentliche Lehrer der Theologie gewesen waren. Diese wurden von ihnen der Unwissenheit beschuldiget, und sie behaupteten, man müsse nichts glauben, was nicht aus der heiligen Schrift erwiesen werden könne.*

unbeutliche Spuren in der Geschichte der Reformation überhaupt und Nürnbergs besonders; sogar der fremde Nachdruck (a) und die nachgeahmte Benennung Luthers (b) bezeugen zur Gnüge die geneigte Aufnahme so, wie die Widerlegung (c) den Eindruck dieser Blätter. Als Ferdinand bey seiner Ankunft zum Reichstage dem Rathe daselbst die Neigung zum Lutherthume vor-

(a) Dasjenige Stück, welches ich als ein Geschenk des Hrn. Hofpredigers zu Hartenstein, Gottlob Ludwig Richters, selbst besitze, ist zu Zwickau durch Jörg Gastel gleichfalls ohne Anzeige des Jahres gedruckt; auch habe ich einen Nachdruck zu Zwickau gesehen, welcher zu Eylenburgk herausgekommen war.

(b) Hr. Schöber hat mir eine kleine Schrift unter diesem Titel gezeigt: *Triumphus veritatis* Sigk der Wahrheit mitt dem Schwert des Geysts durch die Wittenbergische Nachtigall erobert 1527. Hanns Heinrich Freyermuth zu Nürnberg.

(c) Ich ziele auf eine Schrift des Pater Spee, des grösten unter den papistischen Dichtern, welche Trotznachtigall überschrieben ist; und ein geistlich poetisch Lustwäldlein seyn soll, deßgleichen noch nie zuvor in teutscher Sprache gesehen worden ist. Siehe Harenbergs Geschichte des Ordens der Jesuiten S. 134. 1 Th. Sollte ich mich aber irren, so bitte ich vorher um Vergebung, weil ich diesen Dichter nur aus dieser Stelle und dem Ruffe kenne, auch von ihm nichts weiter weis, als daß die 5te Ausgabe zu Cölln 1683 herausgekommen sey.

vorwarf und ihn davon abmahnete, so erhielt er eine Antwort, woraus zu schließen war, daß sie nicht davon abweichen würden, immasen Bürger und Mönche vom Pabstthume abgefallen wären (*a*). Nun ergieng zwar das schärfste Verboth wider alle Neuerungen und der päbstliche Gesandte Campegius untersagte insonderheit in den Pfarrkirchen den lutherischen Gebrauch des heiligen Abendmahls. Gleichwohl genossen es am Osterfeste 1524 bey den Augustinern mehr als 4000 Personen unter beyderley Gestalt (*b*). Ferner wurden die Misbräuche bey der heiligen Messe, Jahrstag, geweihtes Salz und Wasser sammt etlichen andern Ceremonien abgestellt, unterlassen und geändert (*c*). Da nun die Pröbste in einer besondern Schrift (*d*), welche den 21. Oct. 1524 unterschrieben ist, ihr

Ver-

(*a*) Seckendorf. 1. B. §. 213. S. 289.

(*b*) eben daselbst.

(*c*) s. ebendas. und S. 299.

(*d*) Sie ist also genennet: Grundt vnd Ursach auß der heyligen Schrifft, wie vnd warumb die Erwürdigen Herrn beyder Pfarrkirchen S. Sebalts vnd S. Laurentzen Bröbst zu Nörnberg die Mißbräuche — — geendert haben. Nachdem Seckendorf den Inhalt dieser Schrift erzählet und mit Danke gerühmt hatte, daß sie ihm aus der Pauliner Bibliothek zu Leipzig mitgetheilet worden sey, so schließt er mit diesen merkwürdigen Worten: Minuta mihi non sunt

Verfahren bey dem Rathe rechtfertigten; so bedienten sie sich unter andern Ursachen auch dieser, daß sie die Verbesserung der Misbräuche nicht länger hätten aufschieben können, weil ihre Zuhörer nach erkannter Wahrheit darauf gedrungen hätten. Eben daselbst wird erzählt, daß das Volk die größte Begierde nach der Wahrheit hätte, hingegen die papistischen Geistlichen, welche nur nach Gelde trachteten und die Leute von der Erkenntniß abhielten, aufs äußerste verhaßt wären. Da nun der Rath daselbst von diesen Vorstellungen und einer andern kleinen Schrift (a) der lutherischen Prediger überzeugt worden war, so ließ er die neue Einrichtung geschehen,

sunt visa, quae in magnis vrbibus, qualis est Norimberga, in religionis causa acta fuerunt. Vellem modo vt plura vel typis olim edita et postea neglecta, vel in archivis recondita mihi innotuissent. Incitamento forte haec qualiscunque diligentia mea erit illis, qui singulis in locis accessum ad magistratus eorumque scrinia et ad bibliothecas habent, ne perire sinant, quorum memoria non sine fructu et voluptate legentium conseruari et renouari cum vtilitate potest. Diese Urschrift befindet sich auch in unserer Schulbibliothek. s. Willischens *Catal.* S. 600.

(*) Sie führet den Titel: Ein gut Unterricht und getreuer Rathschlag aus heilig göttlicher Schrift, weß man sich in diesen Zwietrachten unsern heiligen Glauben und Christliche Lehre betreffende halten soll. Mehr ist im Seckendorf S. 3:0. nachzulesen.

schehen, und berief im folgenden Jahre von unserm Altenburg den hier zwar anfänglich mit Segen, aber nach seiner Verheirathung in bedenklichen Umständen lehrenden und schon vorher in Nürnberg bekannten Wenzel Linken(*a*), Pastor in der Spitalkirche zum heiligen Geiste zu werden. Dieß alles aber gieng, nach Seckendorfs (*b*) Anmerkung, deswegen so glücklich von statten, weil die Geschlechter damit übereinstimmten und die Bürgerschaft für sich darzu geneigt war. Sollte ich wohl irren, wenn ich glaube, daß H. S. bey dieser Einführung des Lutherthums in dieser freyen Reichsstadt durch sein Beyspiel, Bemühen und Gedicht eine gar nützliche Person vorgestellet habe? Doch was lobe und vertheidige ich ihn, da er sich selbst wider alle Tadler seiner Person und Schrift aufs vortrefflichste vertheidiget hat.

§. 3.
Von seinen prosaischen *Dialogen* oder Religionsgesprächen.

Ich komme hiermit auf eine andere Art seiner Schriften, welche die rühmlichste Erwähnung

---

(*a*) Sein Lebenslauf steht kurz S. 301. im Seckendorf, umständlicher in Wills Lex. II. S. 445. bis 452. Die hiesigen Umstände habe ich in der Jubelrede von der besondern Geschichte der Reformation zu Altenburg vom ersten Anfange bis zum augspurgischen Frieden, erzählet und bewiesen. Siehe das 1755 hier gedruckte Denkmaal der Altenburgischen Jubelfreude von S. 185 bis 189. (*b*) s. S. 301.

nung desto mehr verdienen, weil sie noch unbekannter und nicht weniger merkwürdig sind. Unser Dichter gedenkt in seiner Lebensbeschreibung, daß er in seinen zusammengeschriebenen Büchern **sieben artige** Dialogos (a) gefunden habe. Was dieses für Gespräche seyn möchten, war ich lange Zeit unwissend, und alles Fleißes ungeachtet konnte ich weder von gelehrten Männern einige Nachricht erfragen, noch in den besten Schriften die geringste Anzeige finden. Morhof (b) führt zwar gleich diejenigen Zeilen, darinnen die prosaischen Unterredungen von ihrem Verfasser berührt sind, wiewohl in einer andern Absicht an; aber zur Erklärung fügt er kein Wort hinzu. Zeltner (c) erwähnt sie auch; aber er begnügt sich nur, sie mit einem Lobspruche, daß sie artig, ja unvergleichlich artig wären, herauszustreichen, und verspricht übrigens, daß er an einem andern Orte von H. S. Fleiße und lobwürdigem Eifer für Gottes Wort mehr berichten wollte. Gleichwohl begeht er einen offenbaren Fehler, indem er unter diese sieben Gespräche das vorhin gelobte Gedicht von der

(a) Die Worte lauten also:
Auch fand ich in mein Büchern geschrieben,
Artlicher Dialogos siben,
Doch ungereimet in der Pros,
Ganz deutlich frey ohn alle Glos.

(b) In dem bekannten Unterrichte S. 345.

(c) In Heydens Leben, S. 9.

der Nachtigall rechnete. Endlich hatte ich das gewünschte Glück, bey dem oft erwähnten Hrn. Schöber wenigstens viere von den gedachten Gesprächen anzutreffen, und hernach bey einem Besuche gelehrter Freunde (*a*) unter dem schönen Vorrathe deutscher Alterthümer in der berühmten Bibliothek zu Zwickau eben dieselben nicht ohne einige Verwunderung wieder zu sehen, desgleichen eben dieselben in dem Bücherverzeichnisse des Hrn. Grafen von Bünau (*b*) aufgezeichnet zu finden. So viel ich nun nach deren Durchlesung urtheilen kann; so sind diese so genannten *Dialogen* nichts anders, als kühne Nachahmungen jener Gespräche, welche aus der sokratischen Schule ihren ersten Ursprung haben, und nicht nur in Rom vor Alters, sondern auch in Deutschland alsbald nach der Wiederherstellung der Gelehrsamkeit gar viele Liebhaber fanden. Je geschickter diese Art des Vortrags zur

Un-

(*a*) Da ich die Feyertage, welche wir zur Zeit der Erndte genießen, gern auch den Wissenschaften widme, und insgemein zu nützlichen Reisen anwende; so besuchte ich 1753 den sel. Hrn. Conr. daselbst Johann Friedrich Nobis, meinen akademischen Freund, wobey ich zugleich Gelegenheit hatte, durch den Dienst sowohl des Hrn. Rectors Clodii, als des nunmehr von Penig zurückberuffenen Sup. Hrn. Wellers die Bibliothek daselbst kennen zu lernen.

(*b*) s. Tom. III. Vol. I. S. 1163.

Unterweisung der Unwissenden und zur Widerlegung der Irrenden ist; destomehr hat es unserm Schriftsteller beliebt, seine Gedanken in solche Gespräche einzukleiden, und dadurch das Volk von den damals herrschenden Streitigkeiten der Gottesgelehrten und andern Pflichten derselben Zeit zu unterweisen. Das Jahr ihrer Ausgabe ist das 1524, und der Ort des Drucks ohne Zweifel auch Nürnberg, ob es gleich bey gar keinem angezeiget ist. Die erste Veranlassung, auch solche Schriften zu verfertigen, mag wohl die tadelsüchtige Beurtheilung (a) des vorhin beschriebenen Gedichts von der Reformation gegeben haben, daß er also für nöthig geachtet hat, sich zu vertheidigen. Hierzu kam die Gewohnheit derselben Zeit, sich dieser Lehrart in Verfertigung der Schriften zu bedienen, von welcher Hr. D. Riederer (b) sehr wohl urtheilt, daß damals die sehr große Menge solcher Gespräche zu einem deutlichen Beweise göttlicher Vorsicht und Herablassung herausgekommen sey, um den gemeinen Mann von der Wahrheit aufs begreiflichste zu überzeugen. Je besser ihm nun nicht nur nach seiner Einbildung,

---

(*a*) s. den Anfang des 1sten Gesprächs.

(*b*) In einem Schreiben, womit er mich im vorigen Jahre beehret hat.

dung, sondern auch nach anderer Beyfalle (*a*) dieser Versuch gelungen war, desto eifriger fuhr er fort, in mehreren dergleichen Abhandlungen seine Mitbürger unter den Lutheranern theils zu lehren, theils zu bessern, die Papisten aber bald des Glaubens wegen zu widerlegen, bald um ihres Wandels willen zu beschämen. Die Erdichtung derer Personen, welche redend eingeführet werden, ist so beschaffen, wie es dem Charakter des Verfassers, dem Inhalte des Vortrags und der Beschaffenheit seiner Zeit gemäß war. Die Schreibart und Ausführung der abgehandelten Materien ist so geschickt, daß sich auch kein Gelehrter seiner Zeitgenossen wegen der deutschen Sprache und schriftmäßigen Beweise, sie verfertiget zu haben, schämen dürfte. So gar die Holzschnitte und biblischen Denksprüche dienen nicht nur zur Zierde der Schriften selbst, sondern auch zur Aufklärung der Sachen, und zeigen von so guter Erfindung als kluger Wahl. Ueberhaupt verrieth nicht die Aufschrift des Namens und die Einkleidung der Gespräche in solche Umstände, wie sie der rednerische Wohlstand erforderte, ihren Urheber niedrigen Standes; so würde sie ein jeder Leser einem frommen und eifrigen Gottesgelehrten desselben streitbaren Jahrhunderts zueignen. Doch ich muß sie selbst näher anzeigen und kürzlich beschreiben.

Der

(*a*) s. den Anfang der Zueignung des 4ten Gesprächs, dessen sogleich weitere Erwähnung geschehen wird.

Der erste *Dialogus.*

Disputation zwischen einem Chorherren und Schuhmacher, darinn das Wort Gottes und ein recht Christlich Wesen verfochten würt. Hanns Sachs. MDxxiiii.

Der darunter befindliche Holzschnitt stellt einen Schuhmacher, der ein Paar Pantoffeln in der Hand hält, einen Chorherrn, der mit ihm redet und hinter diesem ein Weibsbild vor, worunter noch diese Worte stehen: *ich sage euch, wo diese schweygen, so werden die Stain schreyen,* Luc. 19. Eben diese Zierathen sind aber auch die beste Einleitung zur Anzeige seines Inhaltes. Die Materie des Gesprächs giebt der erdichtete Schuster bey Ueberbringung seiner Pantoffeln. Da der Chorherr, welcher nach dem Charakter solcher Herren geschildert ist, erwähnt, daß er seine Nachtigall gefüttert hätte, so sagt H. S., daß er einen Schuhmacher wisse, der eine Nachtigall habe, die erst zu singen angefangen hätte. Darüber wird der Chorherr böse, und flucht auf den Schuster mit seiner Nachtigall, weil er den Pabst und die Geistlichkeit so heftig angegriffen hätte. Die Beschuldigung, daß sich dieses für einen Laien gar nicht schicke, veranlasset die Vertheidigung gemeiner Leute, welche, wenn die Geistlichen ihr Amt nicht verrichteten, selbst in der Schrift forschten und einander erbaueten. Die Unterredung betrifft also die Gewalt des Pabstes, die Fehler der Geistlichen,

die

die Kenntniß der Schrift, die Theilnehmung am Geiste Gottes, die innerliche Besserung der Lutheraner, die falschen und wahren gute Werke, das Ansehen der Concilien, Luthers Person, Lehre, Schriften, Freunde und Feinde, endlich das göttliche Werk der Bekehrung. Da nun darüber im Chor gelauten wird, so nimmt der Schuster einen höflichen christlichen Abschied, und der Chorherr macht mit seiner Köchinn über diese Begebenheit allerhand Anmerkungen. Ehe er in die Kirche geht, giebt er ihr noch Befehl, Anstalten zu einem Panquet zu machen, die Bibel aus der Stube herauszutragen, und Würfel und Charten herbey zu schaffen, weil ihn der Caplan mit einigen Herren besuchen würde. Zwey lustige Zwischenspiele befinden sich noch darinne. Erstlich läßt der Chorherr auf die Frage des Schusters, ob er keine Bibel habe? ein großes altes bestaubtes Buch herein holen, welches seine Köchinn gar nicht kennt, und mit dem er, wie er selbst sagt, nicht viel umgegangen ist. Hernach wird sein Calfactor, welcher sehr viel in der Bibel liest, herbeygeruffen, dem Herrn die Sprüche aufzuschlagen, welche der Schuster in seinem Gespräche angeführet hat, ob sie auch richtig wären, und da der Bediente die Schrift besser, als sein ehrwürdiger Herr versteht, so wird er darüber mit ihm uneins, und jagt ihn mit Scheltworten aus dem Hause, und dieser nimmt mit diesen Worten seinen Abschied. Es thut

thut euch and; das euch der schuster das
rott piret geschmächt hat, laßt euchs
nicht wundern, wann im alten Gesetz hat
got die Hyrtten sein wort laßen verkün=
den, also auch yez müssen (euch pharise=
yer) die schuster lernen, ja es werden ewch
noch die steyn in die oren schreyen. Am
Ende des Gesprächs steht noch die Unterschrift
der paulinischen Stelle: Jr Bauch jr got.

Der zweyte *Dialogus*.
Eyn gesprech von den Scheinwercken der Gayst-
lichen vnd jren gelübdten, damit sy zur verleste-
rung des bluts Christi vermaynen selig zu werden. Hanns Sachß Schuster.

Der Holzschnitt bildet einen alten Mann und
einen Jüngling, welcher an einem Tische sitzet,
und Essen und Trinken vor sich hat, desgleichen
zweene Barfüsser, welche zur Thüre herein kommen
und um eine Gabe betteln, ab: darunter steht der
Spruch 2 Tim. 3. **Jr thorhait wirt offen=
bar werden yedermann.** Auch aus diesem Bilde läßt sich der Inhalt dieses Gesprächs leicht errathen. Den Anfang desselben macht der Gruß
und die Bitte der Mönche, welche ein Licht verlangen, dabey sie singen und lesen wollen. Ein
gewisser Becker, mit dem Vornamen Peter,
schlägt es ihnen ab, und unser Meister Hanns
unterredet sich hierauf mit ihnen von dem Stifter und den Gelübden ihres Ordens; der eine
Mönch Heinrich vertheidiget seinen Stand, so
gut

gut er kann, hingegen unser Hanns zeigt ihm die Nichtigkeit seiner angelobten Armuth, Keuschheit und Gehorsams. Peter menget nur bisweilen leichtfertige Einfälle darein, welche aber so lehr als spottreich sind. Da der Mönch endlich davon laufen will, weil er nichts bekommen soll, so fragt ihn Hanns unter andern, was ihn in den Orden gebracht habe, und auf die Antwort, daß es die Hoffnung der Seligkeit sey, lehrt er ihn erstlich, daß man die Seligkeit nicht durch dergleichen Scheinwerke, sondern durch den Glauben an Christum erlange. Bey dem Abschiede giebt Peter dem Mönche 2 Lichter, mit der Vermahnung, nicht Scotum oder Beneuenturam, sondern die Bibel zu lesen, und er geht unter dem Versprechen fort, den Dingen weiter nachzusuchen. Nach Anzeige des Jahrs steht zuletzt der Spruch aus Jesaia 59. Sy sollen auch von jren wercken nit bedeckt werden, vnd jre Werck seind vnnütze werck.

Der dritte Dialogus.
Eyn gespräch eines Evangelischen Christen mit einem Lutherischen, darin der Ergerlich Wandel etlicher, die sich Lutherisch nennen, angezaigt vn̄d brüderlich gestrafft wirt. 1524. Hans Sachß (a).

Auf dem hier befindlichen Holzschnitte sitzen zweene gemeine Bürger, und ein dritter kömmt zur

(a) Von diesem findet sich in der Sammlung von A. und N. 1737. S. 173 eine Anzeige nebst folgendem

zur Thüre herein, welcher einen Rosenkranz in der Hand hat. Auf der andern Seite steht unter dem nochmals abgedruckten Holzschnitte 2 Cor. 6. Laſt vnns niemant yrgent ein ergernuß geben, auff daß vnſer ampt nicht verleſtert werd, ſondern in allen Dingen laſt vns beweyſen, wie die Diener Gottes: und dieß iſt gleichſam der Text, welcher im folgenden Geſpräche erkläret wird. Die beyden Männer, die hierinne redend eingeführet werden, ſind abermal ein gewiſſer Peter und unſer Hanns, deren jener einen verwegenen und hitzigen Lutheraner, dieſer aber einen vernünftigen und recht evangeliſchen Chriſten vorſtellt. In der Mitte kömmt Peters Schwiegervater, Meiſter Ulrich, darzu, an deſſen Zeichen man ſchon den Vertheidiger der Katholicken erkennen kann. Die Einrichtung des Geſprächs iſt dieſe. Hanns, der in die Kirche gehen will, beſucht ein-

dem Urtheile: Die Erinnerungen ſind alle gut; es ſcheint aber, als habe der ehrliche H. S. dazumal noch ſehr ſäuberlich mit dem Pabſtthume verfahren und nicht Scapham Scapham nennen wollen. Bedenklich iſt, daß er nur die Liebe des Nächſten zum Kennzeichen eines evangeliſchen Chriſten angiebt, und auf dem Titelblatte einen evangeliſchen und Lutheriſchen Chriſten von einander zu ſcheiden ſcheint. Da ſich auf dem Titel dieſe Worte, Eilenburg 1524 gedruckt; befinden, ſo muß es ein alsbald beſorgter Nachdruck ſeyn.

einmal Petern, um das ihm geliehene Buch von christlicher Freyheit wieder abzufordern. Bey dieser Gelegenheit erfährt er, daß Meister Ulrich mit ihm in Feindschaft lebe, weil er ohnlängst darzu gekommen wäre, da er am Freytage Kälberbraten gegessen hätte. Da ihn nun Hanns hierüber bestraft, so gerathen sie in einen Streit über die Freyheit. Je hitziger sie Peter ohne Unterschied zu behaupten sucht, desto bescheidener zeiget ihm Hanns den rechten Gebrauch derselben, und überführt ihn von der Nothwendigkeit, den schwächern Bruder nicht zu ärgern, dergestalt, daß er Besserung verspricht. Hierzu kömmt denn Meister Ulrich, und auf die Einladung, daß er mit in ihre Kirche gehen solle, beschwert er sich so wohl über die Prediger als ihre Zuhörer, welche nur auf die Papisten schimpften und schmäheten, und äußerlich gar keine Religion ausübten. Auf diese Beschuldigung bekömmt der besonders angeklagte Peter von Hannsen neue Verweise, aber auch neuen Unterricht von der Liebe gegen den Nächsten, und aller Entschuldigungen ungeachtet zeiget er, daß die Pflicht eines rechtschaffenen Christen sey, den Unwissenden nachzusehen, gute Beyspiele zu geben und auch darüber zu leiden. Gegen das Ende bittet er ihn beweglich, allen seinen Mitbrüdern zu sagen, daß sie das Evangelium verkündigen und einen gottseligen Wandel führen sollten; vielleicht würden unter denjenigen, die sich gut lutherisch nennten, ein Theil recht evangelische Christen. Diesen Rath bekräftiget der Schwiegervater mit großem Beyfalle, und bezeigt seine Lust, mit in die lutherische Predigt zu gehen. Zum Beschlusse stehen die Worte aus Philipp. 2, 1 bis 4. *Lieben Brüder, ist nun — des andern ist.*

Der vierte *Dialogus.*

Ein Dialogus, des inhalt ein argument der Römischen wider das Christlich Heuflein, den Geytz auch andre öffentliche laster u. s. w. betreffend.

Der auch hier angebrachte Holzschnitt zeiget einen alten Mann am Tische sitzend, welcher einen Beutel mit Gelde vor sich hat, und einen Mönch vor ihm stehend, der mit ihm redet und auf das Geld weist. Der darunter gesetzte Spruch ist aus Eph. 5. *Hurerey vnd unreinigkait oder geytz laßt nit von euch gesagt werden, wie den Heyligen zusteet,* genommen. Auf der andern Seite befindet sich eine kurze Zuschrift an den *achtbaren Hans Odrern zu Preßla* mit Beyfügung seines Namens. Ihr Inhalt ist: er sey durch vielfältige Bitte seines lieben Mitbruders *Ulrich Lauthi* bewogen worden, ihm mit der empfangenen Gabe zu dienen, und überschicke ihm also einen *dialogum* von dem verfluchten Geize und andern öffentlichen Lastern, welche noch unter den Lutheranern canern im vollen Schwange bey ihm giengen, und von den Römischen auf der Kanzel und überall ausgeschrieen würden, die evangelische Lehre zu lästern. Da sie mit Disputiren und Schreiben wenig Ehre und noch weniger mit ihren ungezählten Hintertücken erlanget hätten, so fielen sie nun auf das sündige Leben, welches, wie er hoffte, in kurzer Zeit fallen würde, alsdenn würden sie weiter nichts wider sie haben, als daß sie vieleicht ihre Hände in dem christlichen Blute wüschen, auf daß die Anzahl der Martyrer erfüllet würde. Nach Anzeige, daß er diese Schrift zu Nürnberg am Tage Michaelis im 1524ten Jahre übersendet habe, folgt das Gespräche selbst, in welchen Junker Reichenburger und Romanus über die gedachten Materien mit einander sich besprechen. Der erste stellte den Lutheraner und der andere den Papisten vor. Wenn ich mich nicht sehr irre, so vertheidiget er, unter jenes Namen die Lehre Luthers vom Wucher, der da behauptete, daß man von armen, doch frommen, Christen keinen Wucher oder Zins nehmen, sondern sich mit der Wiedererstattung der Hauptsumme und einer kleinen freywilligen Erkenntlichkeit begnügen solle. Worinne übrigens sich nur im Handel und Wandel und dem ganzen Leben der Geiz verräth, wird hier von dem eingeführten Papisten vorgeworfen; und der Lutheraner giebt freywillig zu, daß alles dieses nicht gut evangelisch wäre. Ob der letztere

gleich

gleich oft hoffet, daß das Wort Gottes durch die Ausrottung dieses und aller andern Laster seine Kraft in Zukunft beweisen werde, so beschuldiget doch jener die evangelischen Prediger kühn genug, daß sie in Bestrafung der Fehler hinter dem Berge hielten, und daß der guten Früchte unter den Lutheranern noch keine zu spüren wären, sondern daß man an ihren Werken Heyden, und nicht Christen, erkennen müßte. Doch endiget der Lutheraner sein Gespräch mit der Anmerkung, daß gleichwohl unter den Bösen viele Fromme, die Gott kenne, wie zu allen Zeiten, also auch damals, seyn möchten, und der Papist scheidet von ihm, ohne daß er Lust hat, zu ihrem Haufen zu treten. Den Schluß machet Psalm 1. 1. **Selig ist der man — zu seiner zeit.**

Noch eine Schrift unter dem Titel: **Unterweisung der ungeschickten vermeinten Lutherischen, so in äuserlichen Sachen zu Aergerniß ihres Nächsten freundlich handeln,** finde ich im willischen Lex. angezeiget; aber ich kann nicht einmal versichern, wiewohl es so scheint, ob diese Unterweisung unter die Gespräche gehöre, und noch weniger bin ich im Stande, im geringsten zu melden, wovon auch nur die übrigen zwey handeln möchten. Denn sie sind entweder nicht alle 7 gedruckt worden, oder führen nicht die Aufschrift seines Namens, wiewohl ich die erste Ursache für wahrscheinscheinlicher als die letzte halte, weil er, da der Buchdrucker nicht das Herz hatte, sich und den Ort seines Gewerbes zu nennen, doch so kühn war, daß er dreyen von diesen Gesprächen seinen Namen und Vornamen, ja dem einen noch hönisch genug die Beyfügung seines Handwerks an die Stirne zu setzen, und der Zueignung des 4ten so gar den Ort seines Auffenthalts beyzufügen kein Bedenken trug. Vieleicht entdeckt sie noch ein glücklicher Zufall.

§. 4.
Von einer gemisbrauchten und verworfenen Stelle aus einem dieser Gespräche.

Allein so geringe ohne Zweifel vielen diese Gespräche eines ungelehrten Handwerkers scheinen, so hat doch eine gewisse Stelle des 3ten Anlaß gegeben, daß ihrer in einer historischen Streitigkeit Erwähnung geschehen ist. Da der berüchtigte Arnold im Begriffe war, den Verfall der lutherischen Kirche nach der Reformation aus ihren eignen Schriftstellern zu beweisen, so berief er sich (a) auf das 3te Gespräch, des, wie er sagt, bekannten H. S. und führte daraus nachfolgende Worte an. *Wenn ihr evangelisch wäret; so thätet ihr die Werke des Evangelii: darum wenn ihr aus dem*

(a) Im 2 Theile der Kirchen und Ketzerhistorie 2. Buch XVI. C. 13. §. 4. S. 152. nach der 1699 zu Frankfurth besorgten Ausgabe.

Evangelio gebohren wäret, so verkündigtet ihr das Evangelium euren Mitbrüdern holdselig, und führtet einen gottseligen Wandel, wie die Apostel. Wenn ihr lutherische so züchtigen und unärgerlichen Wandel führtet; so hätte eure Lehre ein beßres Ansehen vor allen Menschen. Die euch jetzund Ketzer nennen, würden euch Christen heissen; aber mit dem Fleischessen, rumoren, Pfaffen schänden, hadern, verspotten, verachten und allen unzüchtigen Wandel habt ihr Lutherischen selber der evangelischen Lehre eine große Verachtung gemacht. Es liegt leider! am Tage 2c. Diese Rede, ob sie gleich am besten aus der Verbindung verstanden wird, war gleichwohl eine erwünschte Stelle für den genannten Lästerer unserer Kirche, und sie mußte ihm zum Zeugnisse wider die Lutheraner dienen. Da nun der ruhmwürdige Sup. zu Waltershausen, Hr. M. Grosch, den Vorsatz gefaßt hatte, die evangelische Kirche zu vertheidigen; so konnte es nicht anders kommen, als daß er auch auf diese aus H. S. angeführte Stelle antwortete. H. S. schreibt er (a),

kann

(a). Im 1. B. 13. C. 4. §. S. 713. der nothwendigen Vertheidigung der evangelischen Kirche wider die arnoldische Ketzerhistorie, welche mit Cyprians Vorrede zu Frankfurth und Leipzig 1745 herausgekommen ist.

kann, weil er 1524 geschrieben, nicht vom Verfalle nach der Reformation reden. Er war ein guter einfältiger Mann, welcher nach damaliger Art sein Gespräch zwischen Peter und Hansen über den Fleischessen in Druck gab, wie denn gleich der Eingang vom Kälberbraten handelt. Er beklaget sich auch nur über den ärgerlichen Wandel etlicher, die sich lutherisch nennen, und entschuldiget den christlichen Mann D. Luthern, von dem er sagt, er meyne es gut, christlich und getreulich. Kann man wohl aus solchen erdichteten Gesprächen einfältiger Handwerksleutlein den Verfall einer ganzen Kirche erweisen? Ob ich nun gleich nicht den Vorwurf erwecken möchte, als ob ich die böse Absicht Arnolds nur entschuldigen, geschweige den schändlichen Misbrauch der gedachten Worte rechtfertigen wollte; so weis ich doch nicht, ob es nicht möglich gewesen wäre, die arnoldische Bosheit zu widerlegen, ohne H. S. zugleich zu beschimpfen. Die Zeit, von welcher Arnold redet, begreift nicht in dem allergenauesten Verstande die Jahre nach Luthers Tode und nach der Reformation, sondern schließt, nach seinem eignen kurz vorhergehenden Ausdrucke, die Zeiten Lutheri überhaupt und folglich auch den Anfang nebst der Fortsetzung der Reformation in sich. Da nun die Reformation zu Nürnberg

in=

insonderheit, wie wir kurz vorher gesehen haben, alsbald starken Beyfall gefunden hatte; so konnte H. S. in dem bestimmten Jahre allerdings, als ein daselbst lebender Zeuge, von den Wirkungen der angegangenen Glaubensverbesserung und von den bey seinen Zeitgenossen wahrgenommenen Mängeln reden. Ob er ein guter einfältiger Mann gewesen sey und unter diejenigen Handwerksleutlein, welche wegen ihrer Unwissenheit Verachtung verdienen, gehöre, mögen die Leser auch nur dieser Nachrichten, geschweige der angezogenen Gespräche selbst, entscheiden. Ich wollte lieber auch einem Feinde in solchen Urtheilen, wo er die Wahrheit sagt, recht geben, und überhaupt mit Arnolden dafür halten, daß er schon 1524 unter diejenigen gehöret habe, **welche noch Augen hatten, und nebst Luthero schon damals dieses Elend einsahen** (a). Warum der Eingang vom Kälberbraten handelt, kömmt sehr natürlicher Weise daher, weil der Verfasser nach den Regeln der Redekunst nicht nur, sondern auch schon nach Anleitung der Sache selbst, die Gelegenheit zu dem Gespräche anzeigt, worüber erst zwischen Petern, jenem kühnen Lutheraner, und zwischen Meister Ulrichen, dem alten Papisten, die Feindschaft, zugleich aber auch der ganze Unterricht H. S. entstanden sey. Ob das Gespräch durchgehends erdichtet gewesen sey, und daher nicht den

ge-

(a) Im Anfange des 4ten §. S. 152.

geringsten Beweis der Wahrheit in sich enthalte; bedarf noch erst einer deutlichern Erklärung. Daß die Einkleidung der vorgetragenen Sachen in diese Lehrart von dem Witze der Schriftsteller abgehangen habe, gebe ich gutwillig zu; daß aber gewisse Gespräche und Begebenheiten die nähere Veranlassung gewesen sind, diese Lehrart zur Abhandlung streitiger Materien zu wählen, folglich allerhand Wahrheiten dennoch zum Grunde liegen, wird wohl niemand mit Rechte in Zweifel ziehen können. So wenig demnach irgend jemand die Gespräche, welche ein Xenophon, ein Plato, ein Cicero (ich bitte um Vergebung, daß ich diese großen Männer zur Rechtfertigung des nürnbergischen Schusters anführe) hinterlassen hat, als völlig erdichtete Schriften verwerfen wird, wenn daraus ein Zeugniß von einem, ich will nur sagen, historischen Umstande derselben Zeit hergenommen wäre, so wenig möchte ich diesen in gleicher Schreibart abgefaßten Abhandlungen in Betrachtung ihres ganzen Inhalts allen Beyfall der Wahrheit überhaupt versagen. Allein darinne setzt der gelehrte Vertheidiger unserer Kirche mit Rechte den Grund der Bosheit, daß Arnold von etlichen, die sich lutherisch nennten und ärgerlich wandelten, auf alle Lutheraner, und von dem lieblosen Verhalten einiger Nürnberger (und aller, setze ich wohlbedächtig hinzu, gleich übel gesitteten Mitbürger an allen andern Orten) einen allge-

mei-

meinen Schluß auf den Verfall der ganzen Kirche machet. Doch wer Zeit und Gelegenheit und Lust hat, das ganze Gespräch durchzulesen, wird noch deutlicher, als ich hier darzuthun für nöthig halte, einsehen, daß Arnold eine Widerlegung, H. S. aber keinen Tadel, sondern vielmehr das Lob eines rechtschaffenen, verständigen und eifrigen Lutheraners verdienet habe. Da ich mich aber nicht weiter hierbey aufhalten mag, so eile ich vielmehr zu andern und zwar poetischen Schriften desselben, welche entweder Luthers Religion oder Person betreffen.

§. 5.
Von seinen Reimen unter den Weisagungen, vom Pabstthume.

Ich mache mir ein Vergnügen, von einer kleinen Schrift, nach ihrem Werthe, gewisse und vollständige Nachricht zu ertheilen. Ob sie gleich vom Diak. Hirsch (*a*) kürzlich angezeigt und auch bereits von einigen Neuern (*b*) erwähnt worden ist; so erfordert doch diesen Fleiß meine Absicht, und die Besitzer jener Beschreibungen können von der Schrift selbst daraus desto besser urtheilen. Ihre völlige Aufschrift lautet also:

Ein wunderliche Weissagung, von dem Papstumb, wie es yhm bis an das ende der

---
(*a*) Im Sendschreiben von desselben Leben.
(*b*) Von Sincero, Dunkeln und Willen.

der welt gehen sol, ynn figuren odder
gemelde begriffen, gefunden zu Nurm-
berg, ym Cartheuserkloster,
vnd ist seer alt.

Ein vorred, Andreas Osianders.
Mit gutter verstendtlicher auslegung,
durch gelerte leut, verklert. Wilche,
Hans Sachs yn Deudsche reymen ge-
fasset, vnd darzu gesetzt hat.
Im MDXXV Jare.

In der kurzen Vorrede, welche aus 2 Seiten besteht, erzählt der genannte und wegen seiner hernach entstandenen Streitigkeiten bekannte Prediger die Geschichte dieser Schrift, und
die Ursache ihrer Ausgabe, nebst einer beygefügten Ermahnung. Es fand sich nehmlich
sowohl im Cartheuserkloster, als auch in der Bibliothek des Raths zu Nürnberg, ein gedoppeltes Exemplar einiger merkwürdigen Gemählde
und der darzu geschriebenen Erklärung, welche
wohl 100 Jahre alt zu seyn schien. In einem
derselben Bücher aber stund zugleich die Nachricht, daß das Urbild, davon dieß nur abgemählt
wäre, wohl 1278 schon gemahlt sey. Da
nun über den Sinn desselben einer diese, der andere andre Gedanken gehabt und zum Theil darzu gezeichnet hatte; so konnte man das ältere
Gemählde von der neuern Schrift deutlich un-
terscheiden. Was geschah? Weil Hohe und
Nied-

Niedrige dem wiederhergestellten Worte Gottes und den Prophezeihungen der Bibel auch damals nicht glauben wollten; so befand der Herausgeber für gut, diese Bilder, deren an der Zahl 30 sind, zur Unterweisung der Papisten als eine Weisagung, die von ihren eignen Propheten herkäme, abzeichnen zu lassen, und an statt der darzu geschriebenen Deutung mit einer bessern Auslegung, welche gelehrte Leute, vieleicht die lutherischen Prediger in Gemeinschaft mit den bereits genannten Staatsmännern, verfertiget hatten, um der einfältigen Leser willen zu versehen. Die Ermahnung ist an die Papisten gerichtet, drohet ihnen den Untergang, wo nicht durch die Christen, doch durch eine andere Ruthe, welche Gott wohl finden werde, und dieß hoffet Osiander nicht so wohl um dieser, als vielmehr um einer weit gewissern Prophezeihung willen, die nicht lügen werde. Es ist aber, sagt der kühne Lehrer mit Petri Worten, diese **Prophecey nicht ynn wort sondern allein ynn bilde, on alle wort gestellet. Vnd zeyget klerlich vnd greifflich an, wie es mit dem Bapstthumb von der Zeit an, da es eine Tyranney ist worden, bis an das ende der Welt ergehen soll.** Da nun H. S. von diesen Gemählden und ihrem Abdrucke vieleicht gehört hatte, oder um seinen poetischen Dienst bey ihrer Ausgabe gebethen worden war; so erkühnte er sich, die Auslegung,

wo-

womit ein jedes dieser Bilder eingefasset ward, in vier kurze Zeilen zu bringen, und man schätzte diese geringen Verse nicht für unwürdig, sie unter die Bilder zu setzen. Ein besonderes Blatt enthält zuletzt eine in gleichen Reimen abgefaßte Schlußrede, nebst dem redlichen Wunsche eben dieses Dichters;

Gott gebe Besserung den Seinen.

Aus diesem Auszuge ersieht man, daß Osiander den wahren Urheber der Bilder nicht gewußt, oder doch nicht angegeben habe; es ist aber derselbe, nach Johann Wolfs (a) Anzeige, der Abt Joachim (b), ein wegen seiner Weisagungen ehemals so berühmter, als wegen seiner Irrthümer und Schriften merkwürdiger Mönch des Cistercienserordens gewesen. Kaum war die erste Ausgabe, welche diesen Vorzug hat, daß die Bilder mit Farben erleuchtet sind (c), zu Nürnberg herausgekommen und nach Wittenberg überschickt worden, so meldet D. Luther

(u) sei-

(a) S. *Lection. memor* Tom. I. S. 361.

(b) Neuerlich hat nach dem *Fabricius in Bibl. Lat. med. et inf aetatis* Vol. IV. L. IX. S. 107. der oben gerühmte Hr. Sup. Weller in dem 2ten und 3ten Stücke des Alten aus allen Theilen der Geschichte umständlich von ihm gehandelt, diese Weisagungen aber vielleicht mit Fleiß der Kürze wegen übergangen.

(c) Diese besitzt Hr. D. Riederer.

G

(*a*) seinem Freunde, unserm Spalatin, daß ein neuer Abdruck daselbst besorgt würde, welchen ich selbst, und auch die Bibliothek der hiesigen Schule (*b*) besitzt. Sonst stehen auch diese Bilder, wiewohl nicht in einerley Ordnung, desgleichen auch verschiedene andere Auslegungen, in verschiedenen Schriften (*c*). Doch ich nehme weder an den Bildern, noch an den Auslegun-

(*a*) Das Schreiben selbst steht in der lateinischen Ausgabe derjenigen Briefe, welche *Buddeus* in dem *Supplement. epist. Luth.* S. 53 bekannt gemacht hat, oder in der walchischen Uebersetzung S. 1034 des 21. Theils: Aus Nürnberg ist ein Büchlein hergeschickt worden mit prophetischen Bildern, die, meyne ich, *hieroglyphica* heisen, so den Lauf und die Schicksale des Pabstthums sehr eigentlich voraus anzeigen. Das wollen wir hier wieder abdrucken lassen, ob wir wohl nur ein einig Exemplar und das darzu nicht unser ist, haben. So schrieb er den 30. April 1525.

(*b*) Siehe Willischens Catal. S. 365, wo er, wiewohl undeutlich, unter dem Titel *St. Hildegardten* und anderer Weissagungen über das Pabstthum mit *Andreas Osianders* Vorrede angezeigt ist. Er ist aber erst 1527 herausgekommen.

(*c*) Z. E. in Wolfs erwähnten *Lect. Mem.* in der Practica der Pfaffen, in dem 2ten Theile der sämmtlichen Werke des Theophrasti Paracelsi, doch ist auch des letztern Auslegung dieser Figuren, so zu Nürnberg sind gefunden worden, geführt im Grund der magischen Weissagung 1569

legungen weiter Antheil: mir genüget, zur Probe der ganzen Einrichtung dieser Schrift das 20ſte Bild mit der Erklärung und ſeinen Reimen zu beſchreiben, welches unſern Luther vorſtellen ſoll, ihm gar wohl gefiel, und deſto merkwürdiger ſcheint, weil er die Roſe aus dem Wappen ſeines in den ältern Zeiten vornehmern Geſchlechts zum Zeichen in ſeinem Doctorringe ſchon lange vorher beybehalten hatte (a). Das Bild ſtellet einen jungen Mann in einer Mönchskleidung

1569 in 8. beſonders gedruckt. Mehrere zeigen Wolf und Fabricius an; unſern Ab= und Nachdruck aber kennen ſie nicht.

(a) Siehe die Waldiſche Lebensbeſchreibung S. 111. 174. und Hrn. Paſtor Keils Lebensbeſchreibung der Eltern D. Luthers, S. 12. Sich ſelbſt erklärt er den 19. May 1527. an Linken in einem Briefe, welcher in *Aurifabri Tom. II. epiſt. Luth.* S. 334 befindlich, und in der waldiſchen Ueberſetzung S. 1040 alsbald nach jenem eingerückt iſt, auf ſolche Weiſe: Bey uns iſt nichts neues als euer Bilderbüchlein vom Pabſtthum, darinnen mir mein Bild mit der Sichel ſehr wohl gefällt, der ich ſo viele Jahre zuvor als gar beiſſig und bitter verkündiget werde; aber die Roſe weiß ich nicht wohl auf mein Zeichen zu deuten. Die letztern Worte lauten alſo: roſam pro meo ſigno interpretari dubito; magis ad officium etiam pertinere putarim, und es ſcheint, daß er dieſe Blume nicht ſo wohl auf das Zeichen, welches er in ſeinem Ringe führte, als vielmehr auf die

An=

dung vor, welcher in der Rechten eine Sichel und in der Linken eine schöne Rose hat, zu deſſen Füßen auf jener Seite ein Feuereiſen liegt und auf dieſer ein nackendes Bein ſteht. Die Erklärung, welche die linke Hälfte des Gemähldes einſchließt, lautet alſo: Damit man aber ſehe, wer der münch ſey, ſo ſtehet er da ynn ſeiner kleydung, vnd hat ſein zeichen, die roſen yn der hand, ich meyn ia, es ſey der Luther. Dieweil aber Jeſaias ſpricht am xl. Alles fleiſch iſt wie gras, Stehet er da mit einer ſicheln, vnd ſchneidets ab, nicht gras, ſondern fleiſch, vnd alles was fleiſchlich iſt, Denn dawidder predigt er, vnd wenn es ausgereutet iſt, wird er mit dem fewereyſen, das fewer der Chriſtlichen liebe, das erloſchen iſt, widder auffſchlagen vnd anzünden. Die Verſe unſers Dichters aber ſelbſt, davon hier die Rede iſt, ſind alſo abgefaſſet:

 Das thet der heldt Martinus Luther
 Der macht das Euangeli lauter (a)
 All menſchen ler er ganz abhawt
 Und ſelig ſpricht, der Gott vertrawt.
        §. 6.

Annehmlichkeit des Amtes nach der Weiſagung Jeſai. gedeutet habe, nach welcher die Bothen des Evangelii angenehm ſeyn ſollten.

(a) Er zielt auf die Bedeutung ſeines Namens, welcher einen Läuterer d. i. einen ſolchen bedeutet,
             der

§. 6.

Von seinen geistlichen Liedern, insonderheit dem einzeln gedruckten: O Gott Vater, du haſt Gewalt ꝛc. und einer kleinen Sammlung Psalmen.

Doch ich muß zu einer wichtigern Probe seiner Dichtkunst fortfahren. Kaum waren die ersten Gesangbücher D. Luthers im 1524 und 25sten Jahre herausgekommen (*a*), so wagte H. S. einen neuen Versuch oder wenigstens eine andere Manier, auch geistliche Lieder zu dichten. Die Verfertigung solcher Gesänge berichtet er selbst in einer Stelle seines Lebenslaufes, welche im folgenden Hauptstücke ganz angeführet werden soll. Die Art ihrer Ausgabe ließ uns schon die Gewohnheit seiner Zeit vermuthen, wenn es auch nicht von Zeltnern (*b*) angezeigt wäre, daß sie nach und nach einzeln herausgekommen wären. Allein so groß die Anzahl solcher Lieder ist, welche er auf die gemeldete Weise ans Licht stellte, so kann ich doch nur ein einziges, welches einzeln heraus kam, und eine einzige Sammlung, wel-

---

der aufkläret und helle und deutlich machet, daher noch gesagt wird, das Evangelium lauter predigen. S. Keils nur gedachte Schrift S. 4.

(*a*) Nur neuerlichst haben Hr. Schöber in seinem 1sten Beytrage S. 13, und Hr. D. Riederer in seiner Abhandlung S. 114 am fleißigsten und richtigsten davon gehandelt.

(*b*) Siehe Heydens Leben S. 70.

welche er selbst herausgegeben hat, mit Gewisheit umständlich beschreiben. Ich kenne zwar eins, von welchem Serpilius (a) meldet daß es Wach auf in Gottes Namen geheisen habe, daß es wider das grausame Toben des Satans auf einem halben Bogen 1524 gedruckt worden sey, daß auf der rechten Hand 26 Stellen der heiligen Schrift, woraus dieses Lied genommen war, und zuletzt diese Worte, Gott sey Lob, Hans Sachs Schuster beygefüget sind. Ich finde auch in einem nürnbergischen Gesangbuche (b) einige mit seinem Namen bezeichnet: z. Er.

Christe, waarer Sohn Gottes, fron S. 697.

O Jesu zart, göttlicher Art, nach dem Tone Maria zart 2c. christlich verändert S. 693.

Wach auf meines Hertzens Schöne, du christentliche Schaar S. 810.

Aber was sind diese drey von so vielen, die in diesem und andern ältern Gesangbüchern ihm gewiß angehören, doch nicht für seine Arbeit gehalten werden, weil sie entweder gar keine Kennzeichen ihrer Verfasser haben, oder fremden

(a) In der Prüfung des Hohensteinischen Gesangbuchs S. 465.

(b) Es ist 1631 bey Wolfgang Enders in 8. herausgekommen.

den Dichtern zugeeignet sind? "Ich wende mich daher zur Beschreibung desjenigen Liedes, welches ich selbst besitze. Schon 1525 erschienen auf einem besondern Bogen in 4. (a)

Drey geystliche lieder vom wort gottes, durch Georg Kern Landtgraff Philips zu Hessen Gesangmayster.

Bey diesem befand sich und zwar gleich im Anfange vor jenen das gleichfalls auf dem Titel mit diesen Worten etwas tiefer erwähnte Lied:

Der Juppiter verendert geystlich, durch Hans Sachssen Schuster.

Anno M. D. XXV.

Da ich dieses von niemanden, als nur ohnlängst vom Hrn. D. Riederer kürzlich (b) angeführte, gleichwohl mir besonders angenehme Stück

---

(a) Da ich diesen Bogen selbst besitze, so will ich doch beyläufig dieses Kerns von Gaysenhausen 3 Lieder kürzlich anzeigen. Das 1ste geht im Tone, Klag für ich groß, gantz bloß, und fängt sich an: Oelendigklich ruff ich rc. Das 2te geht in dem Tone, Mich wundert zwar, was frawen hat, und fängt sich an: Ach, feyndes neydt, wie hast so pxyt rc. Das 3te geht im Tone, Von Edler Art eyn Frewlein zart, und fängt sich an: Von edler Art, auch reyn und zart. Alle 3 haben 3 Strophen.

(b) In seiner Abhandlung S. 289. wo er sagt, daß ihm nur der Titel dieser kleinen Schrift mitgetheilet worden sey.

Stück von dem obengelobten Hrn. Inspector Richter gleichfals erhalten habe; so bin ich im Stande, jene Nachricht aus der eignen Durchblätterung zu vermehren, und insonderheit den entdeckten Verfasser dieses Gesangs daraus zu bestätigen. Ueberhaupt ist den Liebhabern der Liedergeschichte schon aus der Vorrede, welche D. Luther seinem Gesangbuche vorgesetzet hat, bekannt, daß damals viele Buhllieder und fleischliche Gesänge gewöhnlich gewesen waren, unter welche vieleicht auch das angezeigte Lied gehörte. Es hieß: Ach! Jupiter hettstuß Gewalt, und wird ein besonderer Abdruck desselben (*a*) vom D. Riederer angezeigt und besessen. Nach der geistlichen Veränderung dieses weltlichen Stückgens, wobey iedoch der lutherische Verehrer und Nachfolger den darüber gesetzten Ton oder die gemeldete Melodie beybehalten hatte, fängt sichs also an: O Gott Vater, du hast Gewalt, u. s. w. Wie sich in dem noch itzt gewöhnlichen Gesange, So gehst du nun, mein Jesu, hin, die Seele mit dem leidenden Heilande unterredet; so ist dieses Lied eine Nachahmung jenes Gesprächs, welches das cananäische Weib mit dem Herrn Jesu hielt; nur dieß ist der Unterscheid, daß jenes Weib um die Gesundheit ihrer Tochter, und die-

---

(*a*) Die Ueberschrift war: Ein schönes Lied, Ach Jupiter in 8. bey Friedrich Gutknecht zu Nürnberg.

dieser Dichter um die Vergebung seiner Sünden bath. Die ganze Lehre von der Rechtfertigung liegt darinnen zum Grunde, und auf dem Rande stehen abermal die biblischen Stellen (*a*) angezeigt, aus welchen die Gedanken oder Worte schriftmäßig in Menge entlehnt waren. Wiewohl dieses Lied aufgenommen worden sey, so rauh und undeutlich es auch heut zu Tage klingt, läßt sich aus den Folgen aufs deutlichste schließen. Als zu Nürnberg ein **Enchiridion gaystlicher Gesenge und Psalmen** 1527 bey **Hanns Hergot** auf 13 Bogen gedruckt heraus kam (*b*), so stund unter 61 Liedern auch dieses n. 60, jedoch ohne Anzeige des Verfassers. Da aber die **Geistlichen Lieder** durch D. **Martin Luthern** aufs neue gebessert zu **Wit-**

(*a*) Hierdurch wird also bewiesen, was Past. **Wimmer** in der Vorrede zu seinem **Liedercommentario** von ihm in Ansehung der mit biblischen Sprüchen versehenen Gesangbücher sagt: Man wird nicht leicht ein Lied, außer, o Herre Gott, dein göttlich Wort, und was der bekannte H. S. mit wenigen gethan u. s. w. aufweisen können. Es sind aber mehrere, z. E. es ist das Heyl uns kommen her, auf diese Art 1533 zu Wittenberg, herausgekommen, wie *George Serpilius* in seinen 1707 gedruckten Anmerkungen darüber lehret.

(*b*) Siehe dessen Beschreibung in D. **Riederers** Abhandlung S. 221. bis 223.

tenberg 1533 nebst einer neuen Vorrede
(a) ans Licht traten, in welcher er sich doch über
die Menge der Liederdichter und Liederverbesserer
gar sehr beschweret; so hat er gleichwohl unter
diejenigen, welche er für die besten und nütze
achtete, H. S. angezeigtes Lied gesetzt. Nun
fügt er zwar den Namen und den Stand des
Verfassers auch hier nicht hinzu, vielleicht den
Spöttern seiner Zeit keinen Stein des Anstoßes
durch diese Nachricht in den Weg zu legen; aber
er ordnet es doch alsbald nach den bekannten
Gesängen P. Sperati, Erhard Hegen=
walds und Lazari Spenglers, und beehret
es dargegen mit einem desto größern Lobspruche,
welchen vielleicht damals viele Leser, wenn sie
anders den Verfasser wußten, ihm nicht gegön=
net haben, und wenige seiner itzigen Verächter
kaum glauben möchten. Eben dieses Lobspruchs
wegen ist mir dieses Lied vorzüglich merkwürdig,
weil ich zwar lese (b), daß auch Luther H. S.
hochgeachtet habe, sich aber gleichwohl, so viel
ich weis, sonst in den so vielen Schriften dessel=
ben keine Stelle findet, darinne seiner nament=
lich, geschweige rühmlich, gedacht wäre. Er
benennet es: Ein aus der maßen fein christ=
lich und künstlich Lied, darine ein hübsch
ge=

(a) Siehe dessen Beschreibung in Schöbers 1sten
Beytrage S. 63. und in Riederers Abhandlung
S. 164.

(b) In einer der ersten Dedicationen.

Von H. S. Lutherthume.

gespräch ist Christi und des Sünders, und wie endlich der sünder von Christo Gnad erlangt. Auffs erste sehet der Sünder an und klagt sein not, Christus antwortet drauff. Weil es nun einmal von Luthern selbst dem Texte und der Melodie (*a*) nach in sein Gesangbuch aufgenommen war; so ist es nicht zu verwundern, daß es hernach in den Nachdrucken (*b*) beybehalten und auch in das grosse

(*a*) Es erhellet dieses aus der Vorrede, welche Cyprian seinem Abdrucke vorgesetzet hat.

(*b*) Zum Beweise will ich mich auf zerley Ausgaben beruffen. In einem, welches 1544 zu Wittenberg herauskam, steht es num. 25. 26 unter dem Titel, Gott Vater, der du hast Gewalt zc. und Sünder dein Wort erhör ich nicht, nach Schöbers Anzeige im 2ten Beytrage S. 192. wobey ich anmerke, daß das erste der Anfang des Sünders, und das andere die Antwort des Herrn Jesu ist, folglich dieses Lied eigentlich nur unter eine Zahl gebracht seyn sollte. In einem andern, welches zu Magdeburg durch Michael Lotthern a. 1546 gedruckt ist, befindet sichs, n. 43. nebst Luthers Lobsprüche, aber ohne Anzeige H. S. dessen auch Hr. Schöber S. 121 und 122 so wenig, als sonst jemand gedenken konnte, weil erst der von mir beschriebene Bogen den Namen des Dichters entdecket hat. In noch einem andern, welches ich unter dem Titel: Geystliche Lieder mit einer newen Vorrede D. Martin Luthers aus Vögelins Druckerey in Leipzig vom Jahre 1563 selbst besitze, ist es das 48ste, und hat außer der Ueberschrift auch die Melodie nach einer Stimme.

große Gesangbuch (*a*) unter die christliche Lehrgesänge, desgleichen noch in die Gesangbücher des folgenden Jahrhunderts (*b*) eingerückt, ja gar frühzeitig ins plattdeutsche (*c*) übersetzet worden ist. Wer Belieben haben sollte, dieses Lied selbst zu lesen, dem dient zur Nachricht, daß sichs mit seiner Ueberschrift in drey Ausgaben findet, welche von den ersten Gesangbüchern Olearius (*d*), Schamelius (*e*) und Cyprian (*f*) neuerlich besorget haben. Je mehr also dieses und mehrere Lieder von ihrer ersten Bekanntmachung an Beyfall gefunden hatten, desto leichter sieht man ein, warum H. S. auch

in

(*a*) Es ist zu Frankfurt am Mayn bey Joh. Wolfen 1569. mit einer einstimmigen Melodie in Folio heraus gekommen, S. 287.

(*b*) In meinem nürnbergischen Gesangbuche, steht es S. 667, in dem Register aber, wo die Namen der Dichter mit den Anfangsbuchstaben bezeichnet sind, befindet sich unter andern Mängeln auch dieser, daß dieses Lied noch kein Zeichen seines Verfassers hat.

(*c*) Siehe geystlike Lieder und Psalmen, upgetragen und gebetert. Martin Luther zu Magdeburg. Hanns Walther 1540. S. 36.

(*d*) In der 1717 zu Arnstadt in 8. gedruckten jubilirenden Liederfreude.

(*e*) In dem 1sten Theile seines 1738 gedruckten evangelischen Liedercommentarii.

(*f*) In der zu Gotha 1739 herausgegebenen Hauskirche.

in dieser löblichen Bemühung fortgefahren sey. Denn im folgenden Jahre kamen mehrere Gesänge unter nachfolgenden Titel von ihm heraus (*a*):

> Dreyzehen Psalmen zu singen in den vier hernach genotirten Thönen, in welchen man will, oder in dem Thon: Nun freut euch lieben Christengemein, einem Christen in Widerwärtigkeit. Hanns Sachs. 1526. 8.

Ob ich gleich diese seltne Schrift nicht selbst besitze; so kann ich doch das merkwürdigste davon mit so großer Gewißheit berichten, als ob ich sie vor Augen hätte, weil sie nicht nur Hr. D. Riederer sattsam, so viel er davon erfahren hatte, beschrieben, (*b*) sondern auch nach der Hand selbst zu Gesichte bekommen hat (*c*). Ich will mir daher desselben so wohl im Drucke, als schriftlich mitgetheilte Nachrichten zur Belehrung des Lesers zu Nutze machen. Der Ort des Drucks ist so wenig als der Name des Verlegers weder auf dem Titelblatte noch am Ende angezeigt, ob es gleich höchst wahrscheinlich ist, daß sie ein nürnbergischer Buchdrucker, vielleicht Hanns

(*a*) Den bloßen Titel führen schon Hirsch und aus ihm Dunkel und Will an.

(*b*) In der Abhandlung S. 270, u. 271 vergl. mit 221. bis 225.

(*c*) Siehe den 1sten Band seiner Nachrichten zur Kirchen- Gelehrten- und Büchergeschichte, S. 454.

Hanns Herrgott oder Friedrich Peypus herausgegeben habe. Auf der andern Seite steht keine Vorrede, wohl aber auf den nächsten 2 Blättern die 4 Töne und Melodien, deren gedacht ist, und deren jede eine Seite einnimmt. Die Psalmen selbst, welche nach diesen Tönen in Verse gesetzt, darauf folgen, sind:

Der 9te, Ich will dem Herren sagen Danck von gantzen meinem Hertzen.

Der 10te, Herr, warum trittest du so ferr, verbirgst dich zu erbarme.

Der 11te, Ich traw auf Got den Herren mein, was sprecht jr zu meinr seele.

Der 13te, Herr, wie lang wilt vergessen mein, in meiner grossen nöte (a).

Der 15te, Herr, wer wird wohnen in deiner hütt, auff deim heiligen berge.

Der 30ste, Herr Gott, ich will erheben dich, wan du hast mich erhaben.

Der 43ste, Richt mich, Herr, vnd führ mir mein Sach, wider die unheylig schare.

Der 56ste, O Got mein Herr, sey mir gnedich, die menschen mich versenken.

Der 58ste, Wolt ir dann nicht reden eynmal das warhafft vnd gerechte.

Der

(a) Dieses Lied ist auch lateinisch übersetzt in des Ammonii Sammlung zu finden und ihm zugeschrieben.

Der 124ſte, Wo der Herre nicht der und wer, alſo ſag Iſraeli.
Der 127ſte, Wo das Haus nicht bawet der Herr, ſo arberten vmbſunſte.
Der 146ſte, Mein ſeel lobe den Herren rern, ich will loben den Herren.
Der 149ſte, Singet dem Herrn ein newes Lied, in der heyligen gemerne.

So gemäß dieſe Weiſe, die eignen Lieder beſonders herauszugeben, mit D. Luthers hernach ertheiltem Rathe (*a*) überein kam; ſo rühmlich war es für dieſen gemeinen Dichter, daß alle ſeine Pſalme in jenes 1527 daſelbſt gedruckte Enchiridion mitten unter die lutheriſchen, wiewohl nicht in eben dieſer Ordnung, eingerückt und auch in verſchiedenen nachfolgenden Geſangbüchern hier und da angetroffen wurden. Nun ſind ſie zwar heut zu Tage nicht mehr ſo bekannt und üblich; aber es ſteht doch noch der 13. Pſ. in dem neueſten altdorfiſchen Geſangbuche, wiewohl er daſelbſt fälſchlich Matth. Greitnern zugeſchrieben wird. Dieſes einzige will ich doch noch bey dieſer Gelegenheit anmerken, daß auch der 5te Pſ. Davids im Thon Nun freut euch ꝛc. ꝛc. der gantzen Sammlung (*b*) überſetzt ſich befindet und alſo anfängt:

**Herr hör mein Wort, merk auf mein Noth,
Vernimb mein Red gar eben.**

§. 7.

Von seinem Leichengedichte auf D. Luthers Tod.

Endlich (denn von seinen andern Gedichten, welche auch mit der Religion einen Zusammenhang haben, wird in dem folgenden Hauptstücke gehandelt werden) endlich, sage ich, muß ich noch von seinem Lob- und Trauergedichte besonders reden, weil es D. Luthern so wenig als seinem Leichendichter zur Schande gereicht, und gleichwohl noch unbekannter, als alle bisher erwähnte Stücken geblieben ist. Oft hatte ich bey mir selbst gedacht, ob denn nicht H. S. auf diese Leiche ein Gedicht verfertiget haben möchte; aber erst nach langer Zeit bekam ich glücklich vom Hrn. Adj. Heumannen in Dobitschen 2 Blätter in 8, welche den Anfang des Gedichts selbst enthielten. So bald ich diese wenigen Zeilen durchlaß, erkannte ich gleich, daß es H. S. Art zu dichten und zu schreiben sey. Indem ich aber meinen ersten Aufsatz hiervon einem unserer ehemals armen, doch fleißigen Schüler, G. A. Klingler, zur reinen Abschrift vorsagte, und nach meinem Entwurfe bedauerte, daß ich nicht das Titelblat und das Ende des Gedichts selbst besäße; so antwortete mir dieser, daß er sich erinnerte, in seiner Kindheit dieses Gedicht ganz in H. S. Werken gelesen

zu haben. So unglaublich mir dieses vorkam, weil mir alle 5 Bücher dieses Dichters bekannt waren, so brachte er mir doch gar bald von Schmölla aus dem Bücherschatze eines ehrlichen Bürgers ein altes zerrissenes Buch in Folio ohne Anfang und Ende, in welchem es wirklich stund. Ich ersah also aus der Vergleichung dieser und meiner Ausgabe (es war das 1ste Buch von 1558) daß dieses Leichengedicht so wohl in die willerischen (a) und lochnerischen (b) Sammlungen seinem Werthe nach eingerückt stehe, in der krügerischen Auflage aber nebst dem Inhalte zweyerley Predigt (c), vielleicht um des zu Kempten sich aufhaltenden Abtes willen weggelassen sey. Unverhofft erhielt ich auch einige Zeit darnach noch
das

(a) Siehe XCIII, b. des 1558 herausgekommenen 1sten Buchs.

(b) Siehe LXVIII eben dieses 1590 herausgekommenen 1sten Buchs.

(c) S. I. 1. S. 189. Dieses zugleich fehlende Stück ist eine kurze Erzählung von dem Unterschiede unserer und der päbstlichen Lehre, daher ist es auch noch besonders Summa des evangelischen Predigers, und Summa des päbstischen Predigers überschrieben. Die Zeit seiner Verfertigung fällt ins 1529ste Jahr. Das Ende dieses Gedichts lautet also:

Die urteil recht da fromer Christ,
Welche Lehr die wahrhaftig ist.

H

das Titelblatt, welches zur Aufschrift hat: **Ein Epitaphium oder Klagred ob der leich D. Martin Luthers** und auf einem Bilde einen zugemachten Sarg vorstellet, worauf zur Rechten ein Mann mit der einen Hand zeige, zur Linken aber eine Weibsperson mit ringenden Händen die niedergeschlagenen Augen richtet. Ueber dem Sarge ist ein Wappenschild, darauf ein Kreuz in einer Rose abgebildet ist. So deutlich auch nun dieses Merkzeichen unsern Glaubensvater entdeckt, so klar lehren noch die darübergesetzten Namen, daß der Mann H. S. und das Weib die **Theologia** seyn soll. Was übrigens am Ende des ersten Druckes, welcher vermuthlich gleich bey seinem Tode auf einem halben Bogen besorgt worden ist, stehen möchte, kann ich nicht sagen, weil mir die letzten beyden Blätter fehlen. Der Inhalt des ganzen Gedichts ist kürzlich dieser. Im 1546sten Jahre den 17 Febr. träumte ihm, als ob er in einer sächsischen Kirche die Leiche D. Luthers auf der Bahre sähe. Da er darüber erschrickt, so tritt die Theologie in weiblicher Gestalt zu ihr, und lobet und beklaget ihn. Unter andern sagt er von ihr:

> Sie wand jr Hend, und raufft jr Har
> Gar kläglich mit weynen durchprach,
> Mit seufftzen sie anfieng vnd sprach:
> Ach das es müß erbarmen Gott!
>
> Liegstu

*Liegſtu denn jetzt hie und biſt tod
O du trewer und küner Held u. ſ. w.*

Als ſie aber fragte, wer nun ihr Verfechter ſeyn würde; ſo tröſtet er ſie, daß ſie Gott ſelbſt in ihrer Hut hätte, und noch vortreffliche Männer lebten, welche ſie erhalten würden. Endlich ermahnt er ſie, ihm die ewige Ruhe zu gönnen; und wünſcht, daß Gott allen Chriſten noch darzu helfen wolle.

§. 8.
Von ſeinem Leben und Wandel.

Hier würde ich von H. S. Lutherthume die geſammleten Nachrichten beſchlüßen, wenn ich nicht für nöthig hielt, zu ſeiner vorzüglichen Ehre noch dieſes Urtheil beyzufügen, daß ihm außer dem Lobe einer mehr als gemeinen Einſicht in die Lehre und Geſchichte der chriſtlichen Religion noch derjenige Ruhm gebühre, welchen ich ihm vor einer gar großen Menge der erſten und nachfolgenden Lutheraner beyzulegen verbunden bin. Fürwahr H. S. muß nicht nur dem Namen nach ein Anhänger unſers Glaubensvaters, ſondern in der That ein Nachahmer ſeines frommen Wandels geweſen ſeyn, und ich glaube gewiß, daß er viele ſeiner Verächter ehemals und itzt, wie an Erkenntniß übertroffen, alſo an Gottesfurcht beſchämet habe. Wer ſeine Schriften nur ein wenig durchzublättern oder zu überſehen ſich bemühen will, der wird, wenn

wenn er anders der Geschichte nicht unerfahren oder sonst ein unbilliger Spötter ist, die Wahrheit meines Urtheils aus eigner Erfahrung wahrnehmen.

Drittes Hauptstück
Von seinen Gedichten überhaupt.

§. I.
Von der Zeit ihrer Verfertigung.

Ich komme nunmehr zu der besondern und vollständigen Beschreibung der Gedichte H. S. überhaupt, und bemerke unter den verschiedenen Umständen, die hierbey einer Betrachtung würdig scheinen, zuerst die Zeit, innerhalb welcher er dieselben verfertiget hat. Es ist bereits erwähnet worden, daß er 1514 zuerst einen Versuch zu dichten gewagt, und auf seiner Wanderschaft die Uebung dieser Kunst fortgesetzet habe. Gleichwohl wird in der ersten Sammlung seiner Werke der rechte Anfang deswegen auf 1516 gesetzt, weil er in diesem Jahre von seinen Reisen nach Nürnberg zurückgekehret ist, und von dieser Zeit an unter die stets gegenwärtigen Liebhaber seiner Kunst gehöret hat. Daß sich aber bis ohngefähr 1530 nicht viel über ein Dutzend (a) von seinen unterzeichneten Gedich-

(a) Das 1ste unter denselben ist bereits S. 37. angemerket worden.

dichten in allen Theilen aller Bücher befinden, (denn einige haben keine Zahl weder des Tages, noch des Jahres) kann aus mancherley Ursachen herrühren. Entweder er hat in den ersten Jahren seines bürgerlichen und ehelichen Lebens, der Klugheit gemäß, mehr Schuhe als Verse gemacht, mehr gelesen als geschrieben, mehr selbst gelernt, als andere gelehrt; oder er hat bey schärferer Prüfung jener poetischen Erstlinge nur die wenigsten gewürdiget, ans Licht zu stellen; oder er hat damals mehr Meistergesänge verfertiget, welche er lieber in seinen Büchern für sich und zum Schulgebrauche behielt, als daß er sie durch die Ausgabe allzu bekannt machte; oder vieleicht hat ihn der größere Vorrath an Materie, dessen er hernach immer theilhaftiger wurde, erst recht in den Stand gesetzt, sich stärker zu üben, und der erlangte Beyfall mehr gereizet, sich besser zu zeigen. Doch sind die poetischen und prosaischen Schriften, welche wir bereits angeführet haben, auch schon sattsame Beweise, daß er innerhalb dieser Zeit gar nicht müßig, sondern vielmehr mit allerhand Werken des Witzes beschäfftiget gewesen sey. Allein von dem genannten Jahre an, fuhr er in seinen Bemühungen mit immer mehrerem Eifer fort, und schrieb insonderheit um und nach 1558 eine sehr große Menge seiner Verse (a). Da ihn bald hernach die

(a) Er sagt selbst in dem gleich zu erwähnenden 1sten Gedichte, daß er schon 1559 mehr als 5000 derselben gemacht habe.

die Last des zunehmenden Alters zu beschweren, und, wie er sich selbst ausdrückt, die goldne Quelle seiner Gedichte zu versiegen oder zu verlaufen (a) anfieng, so beschloß er, den künftigen Rest seines Lebens in Ruhe zuzubringen. Gleichwohl veranlassete ihn die darauf wüthende Pest (b), daß er seine vorige Beschäfftigung aufs neue vornahm, und daß er sich die verdrießliche Länge der Zeit auf eine solche Art zu verkürzen suchte, welche ihm damals zum Vergnügen und andern künftighin zum Nutzen gereichen könnte. Ob er nun gleich Jahr und Tag gefeyert hatte; so richtete er doch in diesen Sterbensläuften manche von ihm selbst artig genannte Gedichte zu, und brachte ihrer zu seiner eignen Verwunderung 350 zusammen, welche hernach ins 4te und 5te Buch gekommen sind. Nach

die-

(a) Diese Ausdrücke befinden sich in einem Klaggespräch über das schwere Alter, welches er 1558 an seinem Geburtstage dichtete, und in einem andern, welches den 9. Jan. 1560 unterschrieben ist. In diesen Gedichten unterredet sich der Dichter mit dem Alter und der Vernunft, und beyde rathen ihm, daß er nach so vieler Arbeit zu dichten aufhöre. Jenes steht II, 2. 107. und dieses II, 4. 257.

(b) Siehe den Eingang des 4ten Buchs S. 5, 6. Er enthält ein Gespräch zwischen dem Dichter und einem Freunde, der ihn vergebens zur Flucht ermahnet, zugleich aber auch diesen Vorsatz und die übrigen Nachrichten.

diesen trieb er diese Nebenarbeit bey immer mehr abnehmenden Kräften, obgleich mit minderm Eifer, gleichwohl bis ins 72ste Jahr seines Alters, und schrieb endlich nur bey besondern Gelegenheiten noch einige Zeilen; wenigstens ist seine Lebensbeschreibung ziemlich spät, nemlich im Anfange des 1567 Jahres, und der **Spruch, damit er dem Maler sein Valete dediciret hat**, als das letzte seiner Gedichte, noch später gemacht worden (*a*). So nützlich ist noch itzt die damals gewöhnliche (*b*) und auch von ihm beobachtete Unterzeichnung des Tages und des Jahres, an welchem er seine Gedichte verfertiget hat, ohne welche Nachricht wir diesen Punct weder so deutlich noch so gewiß bestimmen könnten. Hätten andere Dichter der ältern und neuern Zeiten diesen Umstand nicht für zu geringe geachtet, als daß sie ihn ihren Gedichten beygefüget hätten, zu was für angenehmen Entdeckungen könnte uns öfters diese Bestimmung in zweifelhaften Fällen Anlaß geben, oder was für größtentheils vergebliche Streitigkeiten hätte eine solche Anzeige ihres Verfassers verhindert.

H 4 §. 2.

(*a*) Von diesem Gedichte werden mehrere Umstände im 6ten Hauptstücke vorkommen.

(*b*) Gleiche Beyspiele als des Hugo von Trymberg s. in Morhof S. 323. Eben diese Anmerkung machet auch Wiedeburg in der Nachricht von einigen alten deutschen poetischen Manuscripten S. 93.

§. 2.
Von den verschiedenen Arten derselben.

Die Gedichte selbst sind von verschiedener Art. Daß der Verehrer **Luthers** sich mit der Dichtung allerhand Lieder beschäftiget habe, ist bereits gedacht worden, er hat aber nicht nur geistliche sondern auch weltliche Lieder verfertiget (*a*), wiewohl mir von diesen letztern Gattungen kein einziges vorgekommen ist. Da er ferner ein Liebhaber des Meistergesangs war; so ist leicht zu begreifen, daß er vornemlich Meistergesänge, das ist, solche Verse gedichtet habe, welche nach den Regeln dieser Kunst eingerichtet und nach gewissen Melodien gesetzet waren, und gesungen wurden (*b*). Doch begnügte er sich auch mit diesen Uebungen noch nicht. Obgleich die Lust- und Trauerspiele insgemein unter die weitläuftigern und schwerern Stücken der Dichtkunst gerechnet werden; so wagte er sich doch frühzeitig genug an die dramatische Poesie, und schrieb in einer langen Reihe vieler Jahre

(*a*) Siehe den Lebenslauf, wo die ganze Stelle also lautet:

  Nachdem fand ich auch in der meng,
  Psalmen vnd ander Kirchengsäng
  Auch verendert geistliche lieder
  Auch Gassenhawer hin vnd wieder
  Auch lieder von Kriegesgeschrey
  Auch etlich Bullieder darbey.

(*b*) Siehe ebendaselbst.

Von seinen Gedichten überhaupt.

von 1517 bis 1563 bald Komödien, bald Tragödien, oder auch damals gebräuchliche Fastnachtsspiele(*a*). Ueber dieses faßte er verschiedene Kampfgespräche (*b*) und andere Unterredungen ab, in welchen er theils wahre (*c*), theils

---

(*a*) Siehe ebendaselbst. Daß er aber von diesem Jahre an dergleichen Stücken zu machen angefangen habe, beweist die Unterschrift eines jeden. Daher Hr. Prof. Gottsched dieselben in seinem Vorrathe zur Geschichte der deutschen dramatischen Dichtkunst von S. 47 bis 114 durch den Dienst seiner sel. Gehülfinn (s. das ihr gestiftete Ehrenmaal) in chronologischer Ordnung verzeichnet, und mit allerhand Anmerkungen erläutert hat. Was die Fastnachtsspiele betrifft, so kann ich nicht umhin, mich auf S. 12 zu beruffen, wo ihr Ursprung beschrieben ist. Sie machen den größten Theil aller Bücher, und das 3 ganze aus.

(*b*) Sie haben die Benennung von der Art und Weise des Vortrags, und enthalten erstlich die Anzeige, bey was für Umständen das Gespräch entstanden sey, hernach die verschiedenen Meynungen, welche von den redenden Personen über eine Sache geheget werden, endlich eine nützliche Anwendung der abgehandelten Streitfrage z. E. I. 1, 206 zwischen Tod und Leben, I. 8, 497 zwischen der Kühnheit und Gedult, I. 4. 740 zwischen dem Alter und der Jugend. Doch kommen nur dergleichen Gespräche im 1sten Buche vor.

(*c*) Z. Ex. zwischen Sanct Peter und dem Herren, von der jetzigen Welt Lauff I. 1. 189. zwischen dem Socrates und Xenophon, die Tugend betreffend I. 3. 490.

122 Von seinen Gedichten überhaupt,

theils erdichtete (*a*), theils wahre und erdichtete (*b*) Personen mit einander redend einführte. Er brachte ferner allerhand **Erzählungen** (*c*), **Ueberſetzungen** (*d*) und andere erbauliche Gedanken (*e*) nach seiner Art in Reime, welche ich mir nicht besser als mit dem Namen der **Lehrgedichte** zu benennen getraue. Nicht weniger liebte er die **Fabeln**, sowohl die eigentlichen (*f*), die von dem beliebtesten Erfinder derselben die **Aeſopiſchen** genennet werden, als auch die

(*a*) Z. Ex. Geſpräch der Götter, warum die Menſchen nimmer alt werden I. 4. 921, der 4 Element mit der Fraw warheit I. 3, 112 zwiſchen dem Sommer und dem Winter I. 4. 846.

(*b*) Z. Ex. Geſpräch der Fraw Ehr mit einem Jüngling die Wolluſt betreffend I. 3. 633. des Dichters mit einem Waltbruder, wie Fraw trew geſtorben ſey I. 3. 581.

(*c*) Hieher gehören alle hiſtoriſche Gedichte geiſtlichen und weltlichen Inhalts, deren ſich in allen Büchern eine ſehr große Anzahl befindet, und ſehr viele noch vorkommen werden.

(*d*) Hieher gehören aus der Bibel die ganzen Bücher, Capitel, Episteln und Evangelia, Figuren d. i. Vorbilder und Propheceihungen, und aus den weltlichen Schriftſtellern nicht weniger, deren im 6ten §. Erwähnung geſchehen wird.

(*e*) Hieher gehören die Schandenport, Ehrenport, Exempel, Ermahnungen und Klagreden.

(*f*) Dergleichen ſtehen im 1. 2. und 4ten Buche am Ende ſehr viele.

die mythologischen, welche er die poetischen oder von der verblümten Poeterey überschrieben hat (*a*). Er schweifte endlich in lustige Scherze aus, welche unter dem veralteten Namen der Schwänke (*b*) bekannt sind. Ist es nun schon löblich, nur in einer Art der Gedichte sich mit einigem Ruhme hervorzuthun; wie weit löblicher ist es, in so vielen kleinern und größern, leichtern und schwerern Gattungen der Dichtkunst solche Proben, welche zu seiner Zeit Beyfall fanden, versucht zu haben.

§. 3.

Von ihrem Inhalte.

Aus dieser allgemeinen Anzeige seiner Gedichte erhellet, daß ihr Inhalt theils ernsthaft, theils scherzhaft sey. Als ein Jüngling dichtete er von der Liebe (*c*), aber mehr davor zu warnen, als dazu zu reizen; doch besung er auch, nach Gewohnheit seiner Zeit, das Lob der Jungfrau Maria und der heiligen Katharina (*d*). Als ein

(*a*) Diese Benennung ist insonderheit im Lebensläufe anzutreffen, dergleichen Fabeln aber selbst werden im 1. 4. und 5ten Buche gefunden.

(*b*) Diese machen den Schluß des 1. 2. 4. und 5ten Buchs.

(*c*) 3. Ex. das S. 37. angezeigte Kampfgespräch und die 1sten Fastnachtsspiele.

(*d*) Dieß schreibt mir Hr. Schöber aus einem Manuscripte eines nürnbergischen Meistersängers, welches er selbst besitzt.

ein Mann handelte er gar oft vom Ehestande (a). Als ein Greis schrieb er vom hohen Alter, dessen Vorzügen und Beschwerlichkeiten (b). Ueberhaupt richtete er sich nach den Umständen seiner bald frölichen bald traurigen Zeiten, die er erlebte, und nach den merkwürdigen Veränderungen, welche sich in der Kirche oder in dem Staate zutrugen, oder die er für seine Person selbst erfuhr. Seine Gedichte enthielten also zuförderst solche Dinge, welche die Erkenntniß Gottes vermehren, die Tugend empfehlen und das Laster anschwärzen könnten. Die Materien der heiligen Schrift waren der vornehmste Inhalt seiner Reime (c). Nebst der Religion war die Geschichte ein offnes Feld, auf welchem seine Dichtkunst weit und breit herumschweifen konnte.

(a) Z. Ex. von zweyerley Lieb, erstlich die ehlich, die ander die unehlich I. 4. 879. das bitter süß ehlich Leben I. 4. 882. die 9 Verwandlung im ehlichen Stand I. 4. 884.

(b) Außer den angeführten, die zehen fürtrefflich Tugend deß ehrlichen Alters I. 3. 546. die Edle und bürgerliche Krankheit das Zipperlein I. 4. 916. der Jungbrunn I. 4. 936.

(c) Z. Ex. Schöpfung, Fall und Erlösung Adam Eva und des ganzen menschlichen Geschlechts I. 1. 86. Untergang Sodoma und Gomorra I. 1. 89. Die Menschwerdung Christi L. 1. 125. Der Passion unsers Heilandes I. 1. 146. Urstand und Himmelfahrt des Herrn Christi I. 1. 151. vieler andern zu geschweigen.

Von seinen Gedichten überhaupt. 125

te. Er begnügte sich nicht mit den Begebenheiten der ältern Zeiten und fremden Völker (a); er beschäftigte sich auch mit den neuern Vorfällen sowohl seines allgemeinen (b), als besondern Vaterlandes (c): er erzählte so gar die Schickſale einzelner Länder (d) ꝛ. Künſte (e) und Menſchen (ꭍ),

(a) Siehe viele Beyſpiele im 6. §.

(b) Z. Ex. die Türkiſche Belagerung der Stadt Wien mit Handlung beyder Theile 1529. I. 2. 417. der Zug Caroli V. in Franckreich 1544. I. 2. 414. überdieß gehören hieher die vielen Klagreden z. Ex. der vertriebenen Fraw keuſchheit, II. 3. 569. der tugendhaften Fraw zucht ober die ungezämbte Welt, 575. der wahren Freundſchaft ober das Volk chriſtlicher Lande, welches ſie flüchtig verlaſſen muß, 576. der brüderlichen Lieb ober den Eigennutz 579. des verjagten Friedens 590. der 9 Muſen ober gantz Teütſchland, I. 4. 785. ober deß Türken Krieg I. 2. 429. das ſchädlich groß und ſtarcke Thier der Krieg (1546) I. 3. 656. Geſpräch der Götter die Zwietracht deß römiſchen Reichs betreffend I. 4. 898.

(c) Z. Ex. Keyſerlicher Majeſtät Caroli deß V. einreuten zu Nürnberg in deß heiligen Reichsſtatt, den 16. Tag Febr. deß 1541. Jares I. 2. 405. das Geſellenſtechen II. 3. 377. Einritt Königs Ferdinandi zu Nürnberg 1540. IIII. 2. 217.

(d) Z. Ex. Urſprung und Untergang deß Volks der Longoparten II. 3. 299. der Hunnen 301. der Schweitzer IIII. 2. 124.

(e) Z. E. der Sechſpruch Ankunfft und Freyheit der Kunſt I. 4. 824.   I II

schen (a), ja er achtete auf alles, was in noch so entfernten Gegenden der Welt vorgieng (b). Er wagte sich so gar in das Reich der Natur und Sitten, und beschrieb viele, theils wirkliche (c), theils erdichtete (d) Personen, Thiere (e) und Flüsse (f) nach ihren Eigenschaften und Merkwürdigkeiten. Er zwang in seine Verse eine Menge solcher Dinge, welche eigentlich der Dichtkunst theils gar nicht fähig, theils ihr nicht anstän-

(a) s. die Bekehrung des Polemo II. 2. 167. die Tafel des Gerichts, so der köstliche Maler Apelles dem Könige Antiocho entwarf I. 4. 869. der 4 Evangelisten IIII. 1. 137.

(b) Z. Er. von dem kayserlichen Siege in Aphrica im Königreich Thunis 1535 I. 2. 412. der unglückhafften Scharmützel des Türcken vor Ofen mit des Königs Heerläger 1541. I. 2. 424.

(c) Z. Er. hieher gehören die vielen nach ihrem Charakter beschriebenen Könige, Fürsten, Weisen, Lehrer und Martyrer, deren einige namentlich im 6. §. genennet werden sollen.

(d) Z. Er. der Eygen Nutz das grewlich Thier, I. 3. 668. der Neyd 594. die Traurigkeit I. 4. 787. 12 Eygenschaften eines bösen Weibes 903.

(e) Z. E. 100 Thierlein Art und Natur II. 2. 218. 194 Meerwunder vnd Fisch II. 2. 222. auch gehören hieher die vielen Vergleichungen der Menschen mit Thieren z. E. eines kargen reichen Manns mit einer Saw I. 3. 674.

(f) Z. E. 100 fliessende Wasser in Deutschland II. 2. 229.

ständig sind (a), wenn er nur glaubte, daß er einen Unterricht durch ihre Verbindung ertheilen könnte. Allein er suchte auch zu ergetzen. Daher berichtete er allerhand lustige und abentheuerliche Streiche aus den niedern Gesellschaften seiner Mitbürger, welche sich entweder in der That zugetragen hatten, oder zugetragen haben sollten. Und fehlte es ihm an wircklichen Materien, oder beliebte es ihm anderer Ursachen wegen; so fiel er auf Erdichtungen und Träume, mit deren Erzählung und Auslegung er sich und andere unterhielt (b). So findet ein offener Kopf denn überall Stoff genug, seinen Witz zu zeigen, und sich in seiner Kunst zu üben, da hingegen die Klage, daß man nicht wisse, wovon man reden oder dichten könne, insgemein entweder die Armuth des Geistes oder die Trägheit des Willens oder beydes zugleich untrüglich verräth.

§. 4.
Von ihrer Menge.

Aus diesen allgemeinen Nachrichten erhellet schon überhaupt, daß die Anzahl seiner Gedichte

(a) Z. E. Die 72 Namen Christi I. 1. 155. Alle römische Kayser I. 2. 390. Das Regiment der anderthalb hundert Vögel I. 4. 857. Der gantz Haußrath 885. Das vntrew Spil I. 5. I. 42. Zeitregister oder Beschreibung der 12 Monate I. 4. 851. Gespräch, wer der künstlichst Werkmann sey, II. 2. 229.

(b) Z. E. Die gemartert Theologie I. 1. 162. Das klagend Evangelium I. 1. 165, und viele andere, die im 2 §. bereits erwähnt sind.

te nicht geringe seyn müsse. Verschiedene Schriftsteller (a) haben die Menge derselben genau, aber nicht alle richtig genug bestimmt; und so wenig auch daran liegt, so müssen wir doch wegen der daher entstandenen Verschiedenheit der Meynungen diesen Umstand kürzlich berühren. So viel wird mit Rechte aus dem poetischen Aufsatze seiner Lebensgeschichte gemeldet, daß er nach fleißiger Ausrechnung 6048 (nicht, wie einige angeben, 6840.) Gedichte, eher mehr denn weniger (denn die kleinen hatte er nicht eingeschrieben, und die nach der Zeit hinzu gekommen waren, sind nicht darzu gerechnet) verfertiget hatte. Da er am 1. Jan. 1567 seine Schriften durchsuchte; so bestunden sie aus 16 Büchern, darinne die Meistergesänge waren, und aus 17 andern, (das 18te Buch war nur angefangen) darinne die von ihm so genannten Sprüche, das ist, seine übrigen Gedichte, welche nicht nach Melodien gesetzt waren, sondern in gleichen Versarten fortliefen, sich befanden. Es machten also seine sämmtliche Werke 34 Folianten aus, welche er alle mit eigner Hand zusammen geschrieben hatte. Die erste Gattung enthielt 4275. (b)

Bar,

(a) J. E. Puschmann, Feller, Morhof, Wagenseil, Tenzel, Olearius, Serpilius, Wetzel, Schöber, Hirsch, Dunkel, Gottsched, Will; in den bereits angezogenen Schriften

(b) Auch in der Anführung dieser Zahlen fehlen einige, indem sie bald zu wenig 4270, bald zu viel 4370 angeben.

Von seinen Gedichten überhaupt.

war, die andere aber 1700 von jenen unterschiedene Sprüche, und über dieses erstreckte sich die Anzahl seiner Lieder auf 73, welche alle zusammen gerechnet, die vorhin angezeigte Summe ausmachen. Insbesondre erwähnt er noch, daß unter der andern Gattung seiner Gedichte, welche in den so genannten Spruchbüchern stünden, allein 208 Tragödien, Komödien und Fastnachtsspiele sich befunden hätten. Wer andere es sey nun geringere oder größere Summen seiner Gedichte anzeigt (a) und herausgebracht hat, mag die Jahre, worinne sie von dem Dichter selbst bestimmt waren, nicht beobachtet, oder sich in den verschiedenen Arten der Verse geirret haben, oder er muß genauern Nachrichten von den damals noch nicht eingeschriebenen Stücken gefolget seyn: Doch gesetzt auch, daß sich ihre Anzahl nicht auf 6636 oder 66 erstrecken sollte; so müssen wir doch schon den Fleiß und die Ordnung, zwo Tugenden, welche an sich selbst alles Ruhmes würdig sind, an ihm loben, und die Fruchtbarkeit seines Verstandes so sehr, als seine in der Dichtkunst erlangte Fertigkeit bewundern. Ist es nun gleich nicht das größte Lob, welches aus der Menge verfertigter Schriften hergeleitet wird, so ist es doch auch keine Schan-

(a) So ist z. E. in der Vorrede des 1sten Buchs eine andere Anzahl, als im Lebenslaufe, angegeben, und einige sind ihr allein gefolgt.

J. 3

Schande; denn sonst würde keinem alten und neuen Schriftsteller aller gesitteten Völcker die große Anzahl ihrer Gedichte oder anderer Werke von den Geschichtschreibern ihres Lebens zum Ruhme angerechnet worden seyn: und ich trage daher desto weniger Bedenken, auch zu seinem Lobe anzuführen, daß er den wenigen Vielschreibern sehr nahe gekommen sey, und die meisten übrigen, welche in dieser Kunst berühmt geworden sind, in diesem Stücke weit zurücke gelassen habe.

§. 5.

Von den Melodien seiner Bar und Lieder.

Da wir hier hören, daß die größte Anzahl seiner Gedichte Meistergesänge und ein ziemlicher Theil andere Lieder gewesen sind; so erinnert mich dieser besondere Umstand an die Nebenfrage, von wem die Melodien dieser Gesänge herrühren. Ich habe aber gefunden, daß er sie nach Gewohnheit theils (a) von andern, auch weltlichen Liedern, weil sie schon eingeführt waren und bessere fehlten, entlehnt; theils nach seiner nicht geringen Kenntniß der Singekunst selbst

(a) Daß die Meistersänger nach andern Tönen Lieder gemacht haben, sagt Wagenseil S. 533, und daß die Dichter anderer geistlicher Gesänge die Melodien nach weltlichen gerichtet, und auch darüber gesetzt haben, beweist Hr. Schöber im 2ten Beytrage S. 156.

selbst gesetzet habe. Unter den Melodien seiner Meistergesänge, welche nach 275 Tönen gesetzt waren, hatte er 13, und unter den Melodien seiner übrigen Lieder 16 erfunden (a). Er bezeugt dieses selbst mit ausdrücklichen, obgleich allgemeinen Worten; wir können aber von der ersten Art noch genauere Nachrichten ertheilen. Da die Gesangweisen der Meistersänger, wie die Werke anderer Künstler, die Namen ihrer Urheber an der Stirne führten; so ist es nicht zu verwundern, daß wir noch itzt einige dieser Melodien wissen, welche von unserm H. S. benennet sind. Nicht allein die Meistersänger der neuern Zeiten haben sie in ihren Schulen gelernet und gesungen, sondern auch ihre Geschichtschreiber haben sie namentlich aufgezeichnet hinterlassen. Es gedenken also Wagenseil (b) und Tenzel (c) nachfolgender Meistertöne, welche ich nicht umhin kann, auch nach den Verfassern der critischen Beyträge (d) hier an seinem eignen Orte anzuführen.

1. Der

(a) Siehe den Lebenslauf.

(b) S. 534 u. f. wo die ersten 10 unter den zu seiner Zeit und sonderlich zu Nürnberg gewöhnlichen Meistertönen angegeben werden.

(c) S. 937 im Nov. 1691, wo die ersten 12 aus Voigts Register der Meistertöne erwähnt sind.

(d) Im 11ten Stücke S. 414, wo Wagenseils Buch beschrieben ist, und unsers Sängers Melodien als Beyspiele angeführet werden.

132 Von seinen Gedichten überhaupt.

1 Der kurze Ton	13	
2 Die Silberweis	26	
3 Die Spruchweis	20	
4 Die Rosentonweis	26	
5 Der klingende Ton	20 oder 21	
6 Der güldne Ton	22	
7 Der bewehrte Ton mit	24	Reimen.
8 Der neue Ton	25	
9 Die Morgenweis	27	
10 Der schlechte lange Ton	34	
11 Die Gesangweis	20 oder 25	
12 Die überhohe Bergweis	40	
13 Der überlange Ton (a)	63	

Sollte noch ein von ihm benannter Ton, die hohe Tagweis mit 23 Reimen, von ihm wirklich herrühren; so hätte sich H. S. selbst geirret; die ganze Sache läßt sich aber leicht entdecken, wenn Liebhaber dieser Kunst nur die geschriebenen Sammlungen der Meistergesänge ein wenig zu prüfen belieben wollen. Die 16 Melodien der übrigen Lieder sind mir gänzlich unbekannt, und was sich von der einzigen Weise des Kirchengesanges *Warum betrübst du dich mein Herz* ꝛc. muthmasen läßt, wird in dem folgenden Hauptstücke vorkommen.

§. 6.

(a). Die 3 letztern hatte ich auch aus einer alten Sammlung solcher Gesänge, die sich in Hrn. Prof. Gottscheds Bibliothek befindet, vorher angemerkt, und Hr. Prof. Will bestätigte sie in einem Handschreiben, nur mit einigem Unterschiede der mehreren Zeilen.

§. 6.
Von ihren Quellen.

Doch wir müssen auch die Quellen aufsuchen, aus welchen unser Dichter so viel Materie zu seinen Gedichten geschöpfet hat. Ob er gleich in seiner Jugend die Schule besucht hatte; so gesteht er doch selbst, daß damals in Vergleichung mit seinen Zeiten nicht nur die Sprachen und Künste schlecht gelehret worden wären, sondern er auch alles, was er ehemals gelernt, in den nachfolgenden Jahren wieder vergessen hätte. Er beschlüßt seinen Lebenslauf mit diesem offenherzigen Bekenntnisse:

Gott sey Lob, der mir sendt herab
So mildiglich die Gottes Gab,
Als einem vngelehrten Mann,
Der weder Latein noch Griechisch kann.

Seine Unwissenheit in diesen Sprachen verräth sich auch dadurch selbst, weil sich in seinen Versen, wie es den gemeinen Leuten zu gehen pflegt, welche Wörter aus fremden Sprachen in ihre Gespräche oder Schreiben mischen, mancher Fehler wider die Sprachlehre und Rechtschreibung findet. Allein er hielt sich an die Uebersetzungen und andere deutsche Schriften, von deren häufigen Ausgabe bereits Erwähnung geschehen ist (*a*). Es kann auch nach der Anmerkung

---

(*a*) Z. E. im III. 2. 249 beruft er sich im Anfange seiner Komödie von der schönen Magelone auf

Von seinen Gedichten überhaupt.

kung Hrn. Prof. Gottscheds (a) wohl seyn, daß er sich diejenigen Stücke, wovon keine Uebersetzungen vorhanden waren, von Gelehrten erst in ungebundener Rede verdollmetschen ließ, alsdenn aber in Reime brachte. Je weniger die meisten Leser ohne allen Zweifel vermuthen, daß unser Handwerksmann nur die Namen der unter den Gelehrten sonst bekanten Griechen und Römer, Juden, Heyden, Christen und Türken gewußt habe: destomehr sehe ich mich genöthiget, diese Namen der erwähnten Schriftsteller und ihrer Bücher in langer Reihe zu erzählen, die er nicht nur fleißig gelesen, sondern auch, so viel ihm davon beliebte, in seine Verse eingekleidet hat. Es werden also unter den griechischen Geschichtschreibern, Weltweisen, Rednern und Dichtern (b) Musäus (c), Dares der Phry-

· auf ein französisches Werk, welches Veit Marbock vor vielen Jahren ins deutsche übersetzet hätte, desgleichen 291 im Eingange einer Tragoedie von der Melusine auf eine Schrift, welche aus eben dieser Sprache deutsch gemacht worden wäre. Wenn er an andern Orten sagt, daß er im Seneca oder in der Odyssee des Abends gelesen habe; so versteht sichs von selbst von den Uebersetzungen.

(a) Siehe S. 61. des Vorraths.
(b) Zum Beweise kann und will ich mich nur auf wenige Exempel beruffen, damit ich nicht die Gedult meiner Leser misbrauche, und nicht zu weitläuftig werde.
(c) Siehe die Hist. von der unglückhaften Lieb Leandri mit Fraw Ehron im I. 2. 316.

Phrygier, Diktys der Kretenser (a) Homerus (b), Hesiodus (c), Aesopus (d), Phocylides (e), Herodotus (f), Cebes (g), Aristophanes (h), Xenophon (i), Plato (k), Theophrastus (l), Diodorus (m)

aus

(a) Siehe die aus beyden entlehnte Trag. von der Jerstörung der statt Troia im III. L. 154.
(b) Siehe das Urtheil Paridis im I. 2. 297. die Gefängniß der Göttin Calipso im I. 3.624.
(c) Siehe die dreyerley Menschen auf Erden im II. 2. 169.
(d) Siehe z. E. die Fabel von der Ameise mit dem Grillen, dem Wolfe mit dem Lamb, im I. 5. 977 u. 78. und mehrere.
(e) Siehe den Schwank von den 4 Naturen einer Frawen, im V. 3. 73.
(f) Siehe die Hist. vom Croeso im I. 2. 275. Xerxe 281. Cambyse 282 u. m.
(g) Siehe die ganze Tafel nebst beygefügter Anwendung dieses lehrreichen Gemähldes im I. 3. 470.
(h) Siehe die Com. von Pluto, dem Gott aller Reichthum im II. 2. 33. und die erschröcklich Trojanisch Nacht im II. 2. 176.
(i) Siehe das belobte Kampfgespräch des Herkules mit Fraw Tugend vnd Fraw Vntugend, welche die ehrlichste ist, im I. 3. 493.
(k) Siehe die Vergleichung des Bretspiels zu dem menschlichen Leben im I. 4. 765.
(l) Siehe ob einem weysen Mann ein Weib zu nehmen seye oder nicht, im V. 2. 249.
(m) Siehe die Hist. von der wunderbarlichen Begräbniß der Egypter im I. 2. 266. vom

Saraus Sicilien, Josephus (*a*), Epiktetus (*b*), Plutarchus (*c*), Ptolemäus (*d*) der Sternkundige, Lucianus (*e*), Herodianus (*f*), und mehrere, unter den lateinischen aber Plautus (*g*), Terentius (*h*), Cicero (*i*), Publius (*k*), der Syrer, der mimische Dichter, oder von

Sardanapalo im II. 3. 241. von der Semiramis 355.

(*a*) Siehe die erbärmliche Belagerung und Zerstörung Jerusalems im L 1. 152.

(*b*) Siehe Unterscheyd zwischen Tugent und Glück, im II. 2. 131.

(*c*) Siehe die Hist. von deß Tyrannen Aristotomi Tyranney vnd End aus dem Buche der Durchlauchtigen Weiber im I. 2. 293. Das Gespräch, wie man sich eines Feindes zu Nutz brauchen mag in den widerwärtigen Stücken im II. 2. 120.

(*d*) Siehe die sieben Alter eines Menschen, nach Art der sieben Planeten im I. 4. 762.

(*e*) Siehe die Trag. der Charon mit den abgeschiedenen Geistern, II. 2. 1.

(*f*) Siehe der heydnischen Keyser Begräbniß, I. 2. 401.

(*g*) Siehe die Com. Menechmo im II. 2. 50.

(*h*) Siehe die Com. von der Bulerin Thais vnd ihren zweyen Bulern im V. 2. 1.

(*i*) Siehe die 4 Stück, welche ein tugendlich Leben hindern, nach Anleitung seines Buchs von den Pflichten im II. 2. 209. Unterschied der Menschen vnd der unvernünfftigen Thiermenschen, im IV. 2. 237.

(*k*) Siehe dessen 12 weise Sprüche im I. 4. 775.

Von seinen Gedichten überhaupt.

von ihm genannte Spielmann, Livius (a), Virgilius (b), Ovidius (c), Valerius Maximus (d), Seneca (e) der Weltweise, Plinius (f) der Naturkündiger, Suetonius (g), Justinus (h), Macrobius (i), Apulejus (k), Avienus (l) u. s. w. in seinen Gedichten öfters erwähnt. Desgleichen werden unter den christlichen Schriftstellern der ältern Zeit Eusebi-

(a) Siehe die Trag. von der Virginia im I. 2. 225. Von der Lucretia, im II. 2, 1.

(b) Siehe die Trag. die mörderisch Königin Clitimestra im III. 2. 175. und die Fama oder das weitfliegend Gerücht im I. 4. 801.

(c) Siehe die Hist. von der Medusa im I. 2. 306. Diana 307. u. m.

(d) Siehe die 9 getrewen Heyden sammt ihren wundergetrewen Thaten im I. 2. 364.

(e) Siehe die Blindheit der Laster im I. 3. 488. Das kurz menschlich Leben II. 2. 149.

(f) Siehe die mancherley wundergestalten Menschen im IIII. 2. 118.

(g) Siehe des Nero und des Caligula Leben und End im II. 3. 226. IIII. 2. 211.

(h) Siehe die Geburt, Leben und End Cyri im I. 2. 271.

(i) Siehe das Spiel von dem Knaben L. Papirius Cursor im V. 2. 132.

(k) Siehe die Hist. wie Lucius zu einem Esel verwandelt ward, im I. 2. 309.

(l) Siehe die Fabel von dem Esel und der Löwenhaut im I. 5. 982. von dem Neydigen und dem Geitzigen, 986.

138 Von seinen Gedichten überhaupt.

sebius (*a*), Ambrosius (*b*), Ruffinus (*c*), Theodoretus (*d*), Sozomenus (*e*), Sokrates (*f*), Boethius (*g*), Isidorus (*h*), von den neuern Gelehrten aber Petrarcha (*i*), Bocatius (*k*), Beroaldus (*l*), Vives (*m*), Reuch=

(*a*) Siehe die Martyrer der alten christlichen Kirche, im IV. 1. 211. die Potamiena die Marterin 213 die Plantina die Märterin 214.

(*b*) Siehe die Puta, die Jungkfraw vnd heilig Märterin im I. 1. 187.

(*c*) Siehe die Hist. von dem Keyser Valens dem Tyrannen im IV. 1. 209. Von der Tyranney des Keysers Theodosii im IV. 2. 165.

(*d*) Siehe den Aufruhr zu Antiochia im IV. 2. 166.

(*e*) Siehe der Ohrenbeicht Anfang vnd End IV. 1. 231.

(*f*) Siehe die Mördersgrube zu Rom V. 2. 168.

(*g*) Siehe dieses christlichen Philosophen vnd Poeten Historie, im II. 2. 188.

(*h*) Siehe das Bysenschier IV. 2. 252.

(*i*) Siehe die Armuthseeligkeit menschlichen Lebens aus desselben Gedenkbuche im II. 2. 178. Die Artzeney wider die Hoffarth im V. 2. 236. den Abgott Mars interpretirt im V. 2. 159.

(*k*) Siehe die kläglich Tragoedi des Fürsten Conræti, im I. 2. 236.

(*l*) Siehe die Com. der verlohrne Sohn, den man richten wolt, im III. 2. 445.

(*m*) Siehe die 3 Ehrenreiche Geschicht der Jungkfrawen im IV. 2. 186.

Reuchlin(a), Erasmus(b), Melanchthon(c),
Agri-

(a) Siehe dessen Com. den Henno im II. 2. 64.

(b) Siehe die Com. von der Stultitia mit ihrem Hofgesinde aus desselben Buche Moria im II. 2. 8.

(c) Siehe I. 1. 19. Die Comoedie, die vngleichen Kinder Evae Da dieses 1553. den 6. Nov. verfertigte Stück seinem Inhalte nach einigen zwar bekannt ist, ihrer Urschrift nach aber völlig unbekannt scheint; so verdient es, umständlicher beschrieben zu werden. Der Inhalt ist kürzlich dieser: Nach der Verjagung der ersten Eltern aus dem Paradiese besucht sie einsmals Gott der Herr, sie in ihrem Elende zu trösten. Hierauf prüfet er die Kenntnis sowohl des frommen Abels, als des gottlosen Cains und ihrer Brüder. So gut nun die erstern ihr Vater Unser und die Gebote herbeten, so wenig wissen die letztern von den Artikeln des christlichen Glaubens, und antworten gar sehr verkehrt. Gott der Herr segnet also die frommen Kinder, übergiebt aber dem Abel seinen Bruder zur Unterweisung, welches ihn so sehr verdrießt, daß er ihn anfänglich hasset, und endlich erschlägt. Die Engel begraben ihn auf göttlichen Befehl, und die Eltern erlangen den Seth und die Verheisung des Erlösers zum Troste. So viel unwahrscheinliches in dieser Erdichtung mit unterläuft; so sagt doch der Ehrenhold, daß dieß liebliche Gedicht Philipp Melanchthon ursprünglich im Latein zugerichtet habe, nun aber dem gemeinen Manne zu gute auch in die deutsche Sprache gewendet sey. Und im II. 4. 168, wo H. S. aus eben dieser Materie einen Schwank gemacht

Agricola (*d*) und mehrere (*e*) hier und da ange=

macht hat, sagt er, daß dieß liebliche Gedicht vor Jahren die Gelehrten zugerichtet hätten. Nachdem ich lange nicht wußte, auf welche Weise wohl Melanchthon Urheber dieses Gedichts genennet werde; so erhielt ich vom Hrn. D. Gübling eine kleine lateinische Schrift von 2 Bogen in 8. welche diese Aufschrift führet: Ad nobilem et generosum comitem Ioannem a Weda &c. epistola Philippi Melanchthonis, Francofurti 1539, und in Collect. Epist. Mel. Vol. I, p. 342. und in einer andern Ausgabe ebendesselben Vol. I. p. 377 desgleichen in Orat. et Praef. Phil. Mel. Tom. II. Argentor. 1559. p. 617. eingerücket ist. Ob nun gleich Melanchthon diese Erdichtung artig erzählt, so giebt er sich doch nicht für den ersten Erfinder aus, sondern sagt: Facere non potui, quin adjicerem narratiunculam, quae in quodam poemate extat, non illam quidem historicam, sed venustam, et erudite confictam admonendæ adolescentiae causa, ut cogitet, et discrimina ordinum diuinitus instituta esse, et unicuique elaborandum esse, ut virtute suam personam tueatur. Was dieses für ein noch älteres Gedicht sey, kann ich nicht gewiß bestimmen; doch will ich anmerken, was ich theils selbst gefunden, theils vom Hrn. D. Riederer erfahren habe. D. Alberus soll, nach der Vorrede der sogleich zu erwähnenden Schrift, bereits 1541 dieses Gespräch entworfen und publicirt haben, weil es aber vor wenige Leute gekommen wäre, so gab Leonh. Jacobi, Pfarrer zu Calbe (s. die Sammlung von A. und N. 1727. S. 1224) durch Veit Creutzern 1553 in 8 auf 7 Bogen ein Büchlein

Von seinen Gedichten überhaupt. 141

angeführet. Ja was soll ich erst von den vielen Chroniken z. Er. der päbstlichen (a), französischen (b), burgundischen (c), dänischen (d), schwe-

unter diesem Titel heraus; *Dialogus* ein tröstlich vnd lieblich Gespräch zwischen Gott, Adam, Abel vnd Cain von Adams Fall und Christi Erlösung mit besondern vleiß gebessert, gemehret vnd ausgelegt. Hieraus ist also zu erkennen, woher H. S. die Materie bekommen habe. Doch nicht er allein, sondern auch schon vor ihm hat Caspar Brusch, Kaiserl. gekrönter Poet und Schulmeister zu Arnstadt eine christliche vnd sehr liebliche Narration oder Fabel von Heva, der ersten Mutter, vnd ihren Söhnen nebst einem kurzen Catechismo zu Erfurt 1544 auf 2 Bogen ans Licht gestellet. S. die fortgesetzte Samml. von A. und N. 1736 S. 234.

(d) Siehe den Buler mit der roten Thür aus desselben teutschen Sprüchwörtern im I. 2. 359.

(e) Ich übergehe insonderheit der Kürze wegen diejenigen Schriften, welche in Hr. Prof. Gottscheds Vorrathe beyläufig angezeigt sind.

(a) Siehe die Hist. vom Pabste Sylvester dem andern, im II. 3, 330. Johanne dem XII. 332. Johanne Anglica der Päbstinn, 334.

(b) Siehe der schönen Magellona Geschichte im I. 2, 342.

(c) Siehe die Geschichte der zween Ritter in Burgund, im I. 2, 379.

(d) Siehe vom Könige Frote in Dennemark im I. 2, 378.

schwedischen (a), norwegischen (b), lombardischen (c), sächsischen (d), ungarischen (e), u. s. w. des Alcorans (f) zu geschweigen, sagen, aus welchen allen merkwürdige Stellen entlehnet sind? Wenn ich diese Menge und Größe der angeführten Schriftsteller bey mir überdenke, so verstehe ich erst, warum mir ehemals der sel. Hr. Prof. Christ unter andern Lobeserhebungen mündlich sagte, daß H. S. in den Schriften der Alten belesener, als viele der größten Gelehrten unserer Zeit gewesen wäre. Eben diese Betrachtung der von ihm mit dem vielfältigen Lesen verbundenen Uebung im Schreiben machet auch, daß ich mich nicht so sehr verwundere, wie es möglich gewesen sey, daß dieser unstudirte Handwerker eine so große Fertigkeit sich auszudrücken erlanget habe. Allein darüber wundere ich mich gar oft, daß Leute,

(a) Siehe die Hist. vom Könige Atißlus in Schweden im II. 3. 289.

(b) Siehe die Historie von Hasmundo, Könige in Nordwegen im I. 3. 292.

(c) Siehe die Hist. von einer Königin aus Lamparten im I. 2. 351.

(d) Siehe die Historie vom Herzog Heinrich dem Löwen im IV. 2. 127.

(e) Siehe die Tragoedie vom Andreas dem Ungerischen König IV. 2. 12.

(f) Siehe Zwo grobe unverschemde Lügen aus dem Mahometischen Alcoran im V. 2. 163.

Von seinen Gedichten überhaupt. 143

te, welche sich von Jugend auf dem Studiren ergeben, und künftighin, es sey nun auf der Canzel oder vor Gerichte, mündlich oder schriftlich geschickte Vorträge thun sollen, gleichwohl beyde Uebungen verabsäumen, indem sie sich, weder wohlgeschriebene Bücher zu lesen, noch in der deutschen Schreibart zu üben, die geringste Mühe geben. Doch rächet sich auch diese Nachlässigkeit auf die ganze Zeit des Lebens.

§. 7.
Von der Ausgabe einzelner Stücke.

Allein wie wäre es möglich gewesen, daß H. S. so großen Fleiß und so viele Mühe auf die Verfertigung und Einschreibung seiner Gedichte gewendet hätte, wenn er nicht von vielen Lesern und Verehrern durch den bezeigten Beyfall immer mehr und mehr darzu gereizet worden wäre? Ich muß daher auf ihre Ausgabe kommen. Nun ist zu wissen, daß viele anfänglich nur einzeln durch den Druck und Nachdruck bekannt worden sind. Es lehrten mich dieses schon die Vorreden, welche vor den ersten Sammlungen sich befinden. In der ersten sagt er, daß von den 374 Stücken, welche in demselben Theile stünden, zuvor hin und wieder viele, ohngefähr 200, einzeln gedruckt worden wären. In der andern versichert er, daß derselbe Theil lauter neue Gedichte, deren zuvor keines im Drucke ausgegangen wäre, enthielt. Die Anzeige der Jahre

ent-

entdeckt auch davon die Urſache, weil die meiſten neuerlichſt verfertiget worden waren. Es ſind aber auch noch viele Stücke der einzelnen Auflagen nebſt ihren Nachdrucken vorhanden, davon ich ſelbſt einen ziemlichen Theil geſehen habe. Die meiſten davon ſind nicht nur ſauber und zierlich gedruckt, ſondern auch in den Aufſchriften und am Ende mit ſo ſchönen Zeichnungen und artigen Vorſtellungen gezieret, daß man ſie nicht ohne Vergnügen, wie die erſten einzeln Ausgaben der lutheriſchen Schriften, betrachten kann. Sollte jemanden die Luſt ankommen, alle und jede der von ihm beſonders herausgegebenen Gedichte genau zu wiſſen, ſo will ich nicht unangezeigt laſſen, daß dieſelben in dem allererſten Theile der vollſtändigern Ausgabe, nach der eignen Anmerkung des Herausgebers (*a*), durch ein den neuen Stücken beygefügtes Zeichen mit Fleiß unterſchieden ſind. Indeſſen wollen wir doch eine vierfache Probe dieſer einzeln herausgekommenen Gedichte zum Beweiſe anführen. Die erſte ſoll ſolche enthalten, welche in die ganze Auflage wieder abgedruckt ſind. Die andere ſoll ſolche anzeigen, welche in den Schriften anderer Gelehrten ihrer Materien wegen aufgenommen worden ſind: die dritte ſoll ſolche entdecken, welche nirgends eingerücket ſind, ſondern als beſondere Werkgen ihres

---

(*a*) Siehe das Ende des Regiſters der 1558 beſorgten Ausgabe.

Von seinen Gedichten überhaupt. 145

res Verfassers von Kennern desto rarer gehalten werden, und die vierte soll noch einige beyfügen, welche einzeln aus den ganzen Sammlungen wieder besonders ab und nachgedruckt worden sind. Es gehören also

Zur ersten Gattung

Vrsprung des behemischen Landes vnd Königreichs, nebst der darangefügten Contrafaction Theseus des Türkischen Kaysers im 1526. Das erste Gedicht ist 1537 den 2 Aug. unterschrieben und steht L. 2. 382.

Das Manns Lob, darinnen fast alle gute Tugendt vnd Sitten, eines Ehrlichen Manns begriffen und fürgebildet sind anno Salutis 1529 am 19 Jenner. Gedruckt zu Nürnberg durch Nicolaum Knorren. 1563. f. I. 4. 898.

Die achzehen Schön einer Junckfrauen. Es ist ein Schwanck. f. I. 5. 1020.

En Fastnacht-Spiel, die fünff Eleden wanderer mit sechs Personen, kurzweylig zu hören. II. 4. 5.

Der Krieg mit dem Winter, den armen Hauffen betreffendt, kurzweylig zu lesen. Gedruckt zu Nüremberg durch Georg Merckel. Anno MDLX Jar. f. I. 4. 850.

K Mer-

146 Von seinen Gedichten überhaupt.

Mercurius ein Gott der Kaufleut.
s. I. 3. 679. (a)

Zur andern Gattung

Ursprung und Ankunft deß Thurniers, wie, wo, wenn und wie viel der in Teutschland sind gehalten worden.
Es ist diese Historia den 21 Maj. 1741 unterschrieben, steht im l. 2. 384 bis 389. und Wagenseil sagt davon S. 517. und 518. daß viele Historici und Politici ihre Werke mit diesem langen Gedichte gleichsam geschmücket haben, gedenket aber nur des wegen seiner Geschicklichkeit beriffenen *Limnaei,* welcher es dem 5. C. des 6. Buchs seines *Juris publici* S. 178. einverleibet, und mit einem fast zu versprechenden, wenigstens zu misgönnenden Lobe elegantissimos Norici vatis metricos lusus genennet habe. Es steht auch in Dressers Sächsischen Chronick. S. 103. wie *Limnaeus* anmerket.

Calumnia oder Nachreden das grewliche Laster, sampt seinen 12 Eigenschaften sehr fein abgemahlet und fürgebildet durch Hansen Sachssen zu Nürnberg. Diese *Calumnia,* welche 1531 verfertiget und im I.B. 3.Th. S.598. eingerücket ist, befindet sich auch in dem Historien und Exempelbuche, welches Andreas Hondorf, Pfarrer zu Droysich

(a) Diese hat mir Hr. Prof. Will als einen Anhang zu seinem Gel. Lex. überschrieben.

Von seinen Gedichten überhaupt. 147.

sich zu erst herausgegeben, hernach aber Vincentius Sturm, Schulmeister zu Bitterfeld, 1578 viel vermehrter und mit schönen Figuren gezieret zu Leipzig ans Licht gestellet hat, unter den Exempeln des achten Gebothes, nach der 1sten Ausgabe S. 316, nach der 2ten S. 416.

Die Lebensbeschreibung und Nachtigall nebst einigen kleinern Gedichten sind in dem bereits S. 8. erwähnten 3ten Stücke der poetischen Meisterstücke enthalten. Das erste steht auch S. 455. in Serpilii Prüfung des hoh. Ges. eingerückt.

Der schönpart Spruch, Ankunfft vnd desselben Bedeutung.

Dieses Gedicht, welches 1539 bey Gelegenheit dieser damals nach 14 jährigem Stillestande begangenen und wegen des dabey vorgestellten Predigers Osianders abgeschafften Bürgerlust verfertiget war, enthielt nicht nur eine Anzeige ihres Ursprungs, sondern auch eine Bedeutung aller Handlungen und dabey gewöhnlichen Gebräuche. Da nun Hr. Prof. Will die kleine Geschichte des nürnbergischen Schönpartlaufens in einem Glückwunsche an zwey abgehende Mitglieder, welcher 1761 gedruckt ist, abgehandelt hatte; so ließ er bey dem wiederholten Abdrucke dieser verbesserten Schrift (a) das vorher

(a) Hieraus kann ich nicht umhin, einen Umstand zur S. 56 nachzuholen. Wie bald Nürnberg sich
dem

her nur erwähnte Gedicht in das 1ſte Stück des 2te Bandes der altdorfiſchen Biblio‑ thek S. 55. gantz einrücken, weil er mit Rechte glaubte, daß dieſe Beſchreibung manchen noch einige Erklärung der ganzen Sache geben könnte.

Zur dritten Gattung

Eygentliche Beſchreibung aller Stän‑ de auf Erden, Hoher und Niedriger, Geiſtlicher und Weltlicher, allen Künſten, Handwerken und Händeln vom größten biß zum kleinſten, auch von ihrem Ur‑ ſprung, Erfindung und Gebräuchen, durch den weitberühmten Hans Sachſen gantz fleiſſig beſchrieben, vnd in Teutſche Reime gefaſſet, ſehr nutzbarlich und lu‑ ſtig zu leſen, vnd auch mit kunſtreichen Figuren, derengleichen zuvor niemand geſehen, allen Ständen, ſo in dieſem Buche begriffen zu ehren und wohlge‑ fallen, allen Künſtlern aber, als Ma‑ lern, Goldſchmidten ꝛc. zu ſonderlichen Dienſt in Druck verfertiget; mit Römi‑ ſcher Keyſerlicher Majeſtät Freyheit ge‑

druckt

dem Lutherthume ergeben habe, erhellet auch daraus, daß bereits 1523 bey dieſer Faſtnachtsluſt einer den muthwilligen Einfall hatte, in ei‑ nem Kleide zu laufen, welches von lauter Ab‑ laßbriefen mit daranhangenden Siegeln zuſam‑ mengeſetzt war, und auch einen ſolchen Brief in der Hand zu tragen.

Von seinen Gedichten überhaupt. 149

druckt zu Frankfurth am Mayn 1568. 4.
Da zwar dieses kleine Buch, welches aus 7 Bogen besteht, von Simlern (a), Theophilo Sincero, oder M. Schwendeln (b), Hirschen (c) und Dunkeln (d) kurz erwähnt, aber von niemanden, so viel ich weis, genauer beschrieben ist; so will ich das vornehmste davon noch anführen. Die Zueignungsschrift, welche der Verleger Siegemund Feyerabend an Wenzel Gemnitzern, Goldschmidt und Bürgern zu Nürnberg, gerichtet hat, enthält außer einem kurzen Beweise der göttlichen Vorsehung aus der Verschiedenheit der Stände und Handwerker ein allgemeines Lob dieser so angenehm als nützlich zu lesenden Blätter, und ist den 24 Dec. 1567 unterschrieben. Hieraus erhellet also die Zeit der 1sten Ausgabe, nehmlich das Jahr 1568, welche Hr. Prof. Will besitzt: dasjenige Exemplar aber, welches mir Hr. Prof. Gottsched übersendet hat, lehret noch, weil es 1574 überschrieben ist, daß es eine neue und, wie es scheint, unveränderte Auflage sey (e).

K 3 Nach

(a) In der *Bibl. Gesn.* 412.
(b) In den neuen Nachrichten von alten Büchern, 1 B. S. 63.
(c) Im angeführten Sendschreiben.
(d) In den angezeigten Nachrichten
(e) Draudius erwähnt auch in seiner *Bibl.* S. 696. einer Ausgabe von 1580 und 588 einen Nachdruck, der zu Leipzig bey Voigt herausgekommen seyn soll.

150 Von seinen Gedichten überhaupt.

Nach der Zuschrift folgen, ohne weiter von der Geschichte dieses Buches die geringste Nachricht zu geben, 114 Bilder, deren jedes 8 Zeilen kurzer Verse unter sich hat. Die geistlichen Stände werden zuerst und unter diesen voraus der Pabst, als das Oberhaupt der Christenheit, also vorgestellet, wie er in der Stadt Rom in seinem Schmucke auf einem Stuhle von gewissen Bedienten ausgetragen und von Soldaten begleitet wird. Die darunterstehenden Verse klingen also:

>Ich erhalte in meiner Hend
>Auff Erd das geistlich Regiment,
>Wo entsteht Irrthumb und Kätzerey
>Daß ich das alls ausreute frey
>Mit dem heyligen Gottes Wort
>Mit hohem Fleiß an allem Ort,
>Daß in der ganzen Christenheit
>Fried bleib in Glaubens Einigkeit.

Aus dieser Unterschrift, wie auch aus den folgenden, die sich unter dem Cardinal, Bischoffe, Pfaffen, München und Jakobsbrüdern befinden, muß man schließen, daß er diese Reime sehr zeitig bey noch herrschendem Pabstthume gemacht habe. Nach diesen kommen die weltlichen Stände unter gleichen Vorstellungen und Beschreibungen vom Kaiser bis auf den Stocknarren. Endlich machet ein lehrreicher Beschluß an alle Personen, die in Bildern voranstehen, das Ende, welchem

Von seinen Gedichten überhaupt.

welchem eine wiederholte Anzeige von dem Orte des Druckes, dem Namen des Verlegers und der Zahl des Jahres nebst der Nachricht beygefüget ist, daß dieses Buch durch Paul Reffelern gedruckt sey. Desgleichen gehören hieher nachstehende Meistergesänge

Die Zwölff getrewen heydnischen Frawen in des Schillers Hoffthon.

Ein Lied wider das viberflüssige gebreng vnd Zierde der evangelischen Weiber, im Thon, der Vnfall reyt mich ganz und gar, gedruckt zu Nürnberg durch verleg Ludwig Ringel in vnser frawen Portal, acht Blätter (a).

Zur vierten Gattung

Geistliche Comedy vnd Historia von der Gottsfürchtigen Judith beschrieben durch H. S. Schweinfurth bey Caspar Chemlin 1606 im 12 (b).

Zwey schöne newe Fastnachtspiel von H. S.
1 von eines Bawren Sone, der zwey Weiber haben will
2 vom schwangern Bawren
zu Frankfurt 1628 (c).

§. 8.

(a) Diese Titel meldet mir ihr Besitzer Hr. D. Riederer.
(b) Siehe *Draudii Bibl.* S. 555.
(c) Siehe den gottschedischen Vorrath S. 185.

§. 8.
Von ihrer vollständigen Sammlung und deren neuen Auflagen.

Doch auf die Ausgabe einzelner Stücke folgte, wie es nicht allen Dichtern geglücket hat, nach der Zeit auch die vollständige Sammlung, von deren erstem Abdrucke und folgenden Auflagen wir so richtig als umständlich handeln wollen und müssen. Denn im 16ten Jahrhunderte gedenket, so viel ich weis, gar niemand derselben, im 17ten reden, nach Drauden (*a*), Morhof (*b*) und Wagenseil (*c*) ohne Bestimmung der Jahre oder Bände davon: und die Nachrichten, welche Olearius (*d*), Mencke (*e*), Wezel (*a*),

(*a*) Er zeiget in seiner Biblioth. S. 559 sehr unordentlich das 2te Buch von 1613 das 5te Buch von 1579 und S. 669 die ersten 4. Bücher von 1612. 14 und 16. an.

(*b*) Er sagt, seine Gedichte sind unterschiedliche mal in etlichen Theilen in Quarto und Folio herausgegeben.

(*c*) Er schreibt, seine Gedichte machen etliche Tomos, und sind in Folio, wie auch Quarto, zu verschiedenen malen gedruckt.

(*d*) Er gedenket: eine große Menge seiner Gedichte hat George Weller auf eigene Unkosten in Druck gegeben, welche in 5 Theilen bestehen, und ich in einem Folio Bande beysammen besitze, allwo in der Vorrede gemeldet wird, daß er 42 Jahr u. s. w.

(*e*) Im Gel. Lex. wo es auch von Jöchern ungeändert geblieben ist, heißt es: die meisten seiner

Ge-

Von seinen Gedichten überhaupt.

zel (*a*), Voigt (*b*), Hartmann (*c*), Hirsch (*d*), Fabri-

Gedichte sind von George Wellern 1560 in Folio in 5 Bänden zusammen herausgegeben worden.

(*a*) Er verbessert es auf diese Art: er hat auf die 6048 Gedichte, welche George Willer (nicht Weller) zu Nürnberg 1570 in Folio zusammen drucken lassen, verfertiget.

(*b*) Er berichtet im 1738 herausgekommenen, und 1747 neu aufgelegten *Catalogo historico-critico librorum rariorum* dieses: *Volum. primum Norimbergae per Leonhard Haußler 1570 in Fol. excusum prodiit, Vol. II. ibidem 1560 in Fol. Vol. III. hactenus se oculis meis obduxit, Vol. IV. ibidem per Leonhard Haußlerum 1578 in Fol. Vol. V. 1579*.

(*c*) Er meldet, daß einige seiner geistlichen Lieder 4270 bis 6048 zählen, welche etliche Tomos in 4. und in Fol. ausmachen.

(*d*) Er bezeichnet sie genauer also: Wir haben von den 5 Tomis 2 Ausgaben in Fol. die erste aus dem Verlage Lochners, Buchhändlers in Nürnberg, deren 1ste 1570, 2te in eben demselben Jahre, 3te 1577, 4te 1578, 5te 1479 herausgekommen. Die 2te ist von dem Verleger Willer, Buchhändlern in Augspurg, zu Ende des 16ten und Anfange des 17ten Jahrhunderts besorgt worden; alle beyde Ausgaben aber hat L. Häußler abgedruckt.

154 Von seinen Gedichten überhaupt.

Fabricius (*a*) und Dunkel (*b*) ertheilen, leiden doch auch theils Verbesserungen, theils Zusätze. Der einzige Hr. Prof. Will (*c*) hat diese Ausgaben am ordentlichsten und vollständigsten, wiewohl kürzlich, seiner Absicht gemäß, angezeigt.

Von den willerischen Ausgaben.

Der erste Versuch H. S. Gedichte in einer ganzen Sammlung heraus zu geben, ward von George Willern (*d*), belobtem Buchhändler in

---

(*a*) Er drückt sich im 3ten Theile seiner A. H. kurz und noch am richtigsten also aus: sie sind in 5 Folianten von 1560 bis 1579 herausgekomen.

(*b*) Er zeiget S. 307. zwar an, daß seine gesammleten Gedichte und Gesänge in verschiedenen Ausgaben herausgekommen, die Nachrichten aber davon etwas verworren wären, welche er, und nicht leicht jemand außerhalb Nürnberg, gehörig zu entscheiden im Stande sey. Hierauf bestimmt er 4 Ausgaben, nach den verschiedenen Beschreibungen der Gelehrten, entdeckt aber zugleich einen Zweifel wegen der 3ten und irret sich gleichwohl mit seinen Vorgängern auf mancherley Weise, welches aber vollkommen zu entschuldigen ist.

(*c*) Im Gel. Lex. wo sowohl der 1sten als 2ten und 3ten Ausgabe gedacht wird.

(*d*) Im allgem. Gel. Lex steht unter dem Wellerischen Namen eine falsche Nachricht, welche, was sowohl den Namen als die Sache selbst betrift

in Augsspurg in Heußlers (a) Druckerey unternommen. Mehrere Umstände entdeckt der Titel, unter welchem das erste Buch, oder wie wir itzt zu reden pflegen, der erste Band das Licht erblickte.

Sehr Herrliche Schöne vnd warhaffte Gedicht.

Geistlich vnnd Weltlich, allerley art, als ernstliche Tragedien, liebliche Comedien, seltzame Spil, kurtzweilige Gespräch, sehnliche Klagreden, wunderbarliche Fabel, sampt andern lecherlichen schwencken vnd bossen ꝛc. Welcher stück seind dreyhundert vnnd sechs vnnd sibentzig.

Darundter Hundert vnd sibentzig stück, die vormals nie im truck außgangen sind, yetzund aber aller welt zu nutz vnnd frummen inn Truck verfertigt.

Durch

trift, Hr. Dunkel S. 541. verbessert hat. Er fügt das Urtheil bey, daß er sich durch seine Verlagswerke um die Gelehrsamkeit verdient gemacht habe, und merket an, daß er zuerst einen Catalogum librorum gedruckt habe, welche entweder neu, oder vermehrter oder verbesserter herausgekommen wären.

(a) Siehe die wol eingerichtete Buchdruckerey, wo er unter die verdienten Buchführer dieser Stadt zum 1564te Jahre gerechnet wird.

Von seinen Gedichten überhaupt.

Durch den sinnreichen und weyt berümbten Hans Sachsen, ein liebhaber (a) teudscher Pöeterey, vom *M. D. XVI. Jar*, biß auf diß *M. D. LVIII. Jar*, zusamen getragen unnd volendt.

Getruckt zu Nürnberg bey Christoff Heußler. Im Jar 1558.

Die Zueignung des oben genannten Verlegers, welche an Christoffen Weytmoser zu Winckel Röm. Kön. May. Rath, Bergk Herren in der Gastein und Rawris gerichtet ist, fasset nicht geringe Lobsprüche des alten ehrliebenden Mannes und seiner Gedichte in sich. Er rühmet, daß darinne die deutsche Sprache stattlich gehandelt und kunstreich tractiret, ja als von einem deutschen Poeten reichlich vollführet worden sey. Er urtheilet von ihm in seiner Muttersprache nicht weniger als bey den Griechen vom Homer und den Römern vom Virgil; er nennet sie ganz lieblich und artig, der nicht allein mit seinen Reimen und Versen fleißig, son-

---

(a) Zum Verstande dieser Benennung muß man aus dem Wagenseil S. 503 wissen, daß sich aus Bescheidenheit auch die fördersten und gefreyten d. i. öffentlich creirten Meistersänger selbst nach uraltem Gebrauche keine Meister nenne noch in Schriften unterschreiben, sondern blos als Liebhaber des deutschen Meistergesanges qualificiren. Welch eine löbl. Nachahmung jenes Pythagoras!

sondern auch wohlbedächtig und lange Zeit mit diesem Werke umgegangen sey, daß er sie oft überlesen, an vielen Orten gebessert und vermehret habe. Er gedenket, daß er, außer viel andern Gelehrten, den Philipp Melanchthon desselben Emsigkeit einmal habe sehr loben, darzu groß und wichtig achten hören. Er empfiehlt diese Reime, die mit andern nicht zu vergleichen, noch so hoch zu achten, wären, dadurch, daß darinnen alle Tugend gehandelt und der Menschen Wesen und Handel solchergestalt gelehret werde, wie es dem gemeinen Manne, und dem Vaterlande deutscher Nation sehr dienstlich und löblich sey. Endlich nennet er diese Sammlung ein treffliches Werk voller Wahrheit, Lieblichkeit und schöner Historien, welche holdselig zu lesen und kurzweilig zu hören wären. In der darauf folgenden Vorrede an den gutherzigen Leser setzt der Verfasser, H. S. selbst, den Ausspruch des Seneca zum Grunde, daß kein schändlicher Schade sey, als der aus Fahrläßigkeit verwahrloset werde. Damit nun die langwierige Arbeit seiner Gedichte nicht nach seinem Tode zerstreuet vergienge und verlohren würde; so habe er, um solchen Schaden zuvorzukommen, seines Alters im 63ten Jahre, alle seine Gedichte, welche er in 42 Jahren neben seiner Handarbeit vollendet hätte, in seinen Büchern besichtiget, und aus denselben die vornehmsten erwählt und nach dem öftern Begehren vieler erbaren Leute

zum

158 Von seinen Gedichten überhaupt.

zum Drucke gefertiget. Er giebt hiernächst von der Abtheilung Rechenschaft, daß in dem ersten Theile die Gedichte aus der heiligen Schrift, in dem andern, die weltlichen Historien, in dem 3ten die moralischen, und in dem 4ten mancherley Stücke ungleicher Materien, in dem 5ten die Fasinachtsspiele, Fabeln und gute Schwänke begriffen wären. Er entschuldiget seine Kühnheit, weil er Bedenken getragen habe, das ihm von Gott verliehene Pfund gleichsam zu begraben, und schmeichelt sich mit der tröstlichen Hoffnung, daß die Lesung seines Werkes nicht ohne Nutzen seyn werde. Endlich vertheidiget er sich vorher wider die vermutheten Spötter, die überall Meister seyn wollten, daß es viel leichter und geringer sey, zu tadeln, als es nachzuthun, und beruhiget sich damit, daß auch vortreffliche und hochgelehrte Männer Spöttereyen erdulten müßten. Dieß ist also das erste Buch, dessen Besitzer aber so wenig als Olearius, das ganze Werk haben, weil dieses aus 5 solchen Büchern besteht, deren jedes etliche Theile in sich enthält. Daß dieses Buch vom gedachten Jahre wirklich vorhanden sey, obgleich weder Voigt noch Dunkel es kennen, ist unleugbar, weil es der Lic. von Seelen gebraucht, Christ (a) besessen und Will angeführet hat: ja ich habe es endlich selbst in Leipzig

(a) Siehe *Part. II. Catal. Bibl. Christiae* S. 220. No. 6671.

Von seinen Gedichten überhaupt. 159

zig gesehen, und dessen Beschreibung daraus gemacht. Wie vielen Beyfall dasselbe gefunden habe, lehret die schleunige Fortsetzung dieser Ausgabe zur Gnüge.

Alsbald nach 2 Jahren ward nicht nur dieses erste Buch wegen seines schnellen Abganges wieder, jedoch, wie es scheint, ohne die geringste Veränderung, neu aufgeleget (denn daß man nach einer neuern Mode die erste nicht abgegangene Ausgabe nur mit einem neuen Titel zur Verblendung der Käufer versehen habe, ist in allen Stücken höchst unwahrscheinlich) sondern es kam auch 1560 zugleich das zweyte und 1561 das dritte Buch seiner Gedichte unter fast gleicher Aufschrift bey eben demselben Verleger und aus eben derselben Druckerey heraus. Daß das erste Buch neu aufgelegt worden seyn möchte, vermuthete ich nur anfänglich, da in dem Bücherverzeichnisse des sel. Christs (*a*), welcher auch in der Wahl der Auflagen seine große Gelehrsamkeit entdecket hat, eine neue Ausgabe dieses ersten Theils vom gedachten 1560sten Jahre ausdrücklich erwähnt ist. Allein ich bin von meinem Zweifel, den mir Wills Stillschweigen erwecket, völlig befreyet, und in meiner Muthmasung auf gedoppelte Art bestärket worden. Denn es besaß diese Ausgabe nicht nur der Canzler von Ludewig (*b*), und der ohnlängst

---
(*a*) Siehe ebendaselbst No. 6672 bis 74.
(*b*) Siehe *Part. III. Bibl. Ludewig.* S. 1458. No. 12615 bis 19.

längſt verſtorbene Hr. Graf von Bünau(*a*), ſondern es beſitzt ſie auch noch itzt der Hr. Prof. Dittelmäyer (*b*) zu Altdorf, deſſen Exemplar nach der Anzeige des Hrn. Prof. Riederers eines Umſtandes wegen merkwürdig iſt. Was aber das andere Buch, das in eben dieſem Jahre zugleich nachfolgte, beſonders anbetrifft, ſo iſt daſſelbe dem Bürgermeiſter und Rathe der löblichen Reichsſtadt zu Nürnberg von Heußlern zugeſchrieben, und führet, dieſes Unternehmen zu entſchuldigen, zur Urſache an, weil Gott unter vielen andern hochbegnadigten Männern auch ihren Bürger und Unterthan mit der Geſchicklichkeit in artigen zierlichen Reimen zu dichten begabet habe, und unter ihrer Herrſchaft dieſer herrliche Schatz erſtlich hervorgebracht ſey. Da der Verfaſſer ſein Lob nicht leiden wolle, ſo fügt er nur noch dieſes Sprüchwort bey, daß das Werk ſelbſt den Meiſter loben werde, auf deſſen Befehl er die Ehre der Zueignung keiner andern als ſeiner Obrigkeit erzeige. In der eignen Vorrede dieſes zweyten Buchs, welches 310 lauter neue Stücke

(*a*) Siehe *Tom.* I. *Vol.* III. *Cap.* VII. *Bibl. Bunav.* S. 2089.

(*b*) Auf der letzten Seite dieſes Exemplars ſtehen nachfolgende Worte hineingeſchrieben: Ich H. S. ſchenk dies erſte Buch meiner Gedicht meiner lieben Ewirthin Barbara, das ſie das von meinetwegen pehalt, und darinn leſ Ihr Lewenlang im 1567 Jahr *anno ſalutis*

cke enthält (a), erzählt H. S. die Ursache ihrer Ausgabe; er lehret, daß er von der ersten Sammlung viele Gedichte übrig behalten, und auch in den 2 Jahren neue verfertiget habe, welche er, nach des Petrarcha Rathe, ihrem Untergange entreißen wolle. Er rühmt, daß viele erbare verständige Leute sein erstes Buch mit Danke und gutem Gemüthe angenommen hätten, und hoffet, daß diese Fortsetzung dem Leser auch nicht unangenehm seyn werde, weil es nicht geringer, und mit lauter neuen Gedichten versehen sey. Nach einer kurzen Anzeige der beybehaltenen Ordnung stellet er dieses sein Werk wegen des verschiedenen Nutzens unter dem Bilde eines an offner Straßen stehenden Lustgärtleins vor, darinne man theils fruchttragende Bäume, theils wohlriechende Blumen, theils auch schlechte Gewächse, jedoch von lieblichen Farben, finden werde. In der Zuschrift des dritten Buchs, welches an Ulrichen Fuggern, Graven zu Kirchberg und Weissenhorrn gerichtet ist, lobet er die Poeten überhaupt, die Schauspiele insonderheit, die darinnen befindlichen Stücke, und endlich Fuggern selbst, als einen besondern Liebhaber dergleichen poetischer Arbeiten. Die Vorrede des Dichters ist fast gleichen Inhalts mit dem vorhergehenden. Er
setzt

(a) Gleichwohl steht darinne die wittenbergisch Nachtigall, welches schon vorher gedruckt war.

L

setzt abermal einen weisen Ausspruch des Seneca von der Gemüthsruhe voraus, und bezeigt sein Verlangen, bey zunehmendem Alter sich in die Ruhe zu setzen und künftighin sich zu leben. Da aber aller guten Dinge drey zu seyn pflegten, so wolle er lieber noch bey seinem Leben den übrig gebliebenen Schatz seiner Gedichte zum öffentlichen Gebrauche ans Licht stellen, als nach seinem Tode der Zerstreuung überlassen. Nach ertheilter Nachricht von der Eintheilung und von den zurückbehaltenen Meistergesängen nimmt er hierauf im 66ten Jahre seines Alters von dem gutherzigen Leser Abschied, mit der aufrichtigen Bitte, sein drittes Buch, welches 102 Gedichte in sich begreift, mit gutem geneigten Herzen aufzunehmen. Dieß ist nun die erste, zwar vermehrte, aber doch nicht vollständige Ausgabe seiner Werke, deren drittes Buch nur deswegen das letzte genennet wird, weil der alte Dichter vermuthete, daß es das letzte seyn würde, und er sich auch vorgesetzt hatte, daß es das letzte seyn sollte. Ob gleich Voigt das dritte Buch derselben nicht gesehen hat, so ist es doch nebst dem zweyten von Christen besessen und von Willen gleichfalls angeführet worden. Uebrigens könnte diese Ausgabe von ihrem ersten Verleger die willerische benennt, und von der andern, nehmlich der lochnerischen, durch diese Benennung unterschieden werden, zu deren Beschreibung ich mich nunmehr wende.

Von

Von seinen Gedichten überhaupt.

Von den lochnerischen Ausgaben.

Kaum waren 10 Jahre verflossen, so befand man für nöthig, wegen des erhaltenen Beyfalls eine neue Ausgabe zu besorgen. Es geschah auch, und H. S. hatte das Vergnügen, den ersten und andern Theil aus eben derselben Druckerey Christoph Heußlers, obgleich bey einem andern Verleger, Joachim Lochnern (*a*), gleichfalls berühmten Buchhändler, aber in Nürnberg selbst, in gleich großem Formate 1570 zu erblicken. Da nun hierauf unser Greis 1576 mit Tode abgieng, so erfolgte erst, ich weis nicht, aus was für Hindernissen, vielleicht weil man erst seinen Tod abwarten wollte, 1577 der dritte Band, und diese Sammlung erreichte erst dadurch ihr völliges Ende, da 1578 das vierte und 1579 das fünfte Buch hinzu kam (*b*). Die Aufschrift des rothen Titels war:

Mancherley Artliche Neue Stück schöner gebundener Reimen in 3 vnderschidliche Bücher abgetheylet. u. s. w.

Das vierte poetische Buch enthielt wiederum Tragödien, Komödien, wahrhafte schö-

---

(*a*) Auch dessen wird unter den nürnbergischen Buchhändlern zum Jahre 1571 in dem gleich vorher angezeigten Buche gedacht, daß er den Buchhandel nebst der Druckerey geführt, bis 1582 Christoph Lochner die Druckerey bekommen habe.

(*b*) Die Zeugnisse sind schon oben erwähnt.

ne Historien geistlichen und weltlichen Inhalts: desgleichen schöne Gespräche, merkliche ritterliche Thaten hoher Personen, gewaltige Kriegsübungen, Siege und Niederlagen großer Potentaten und auch kurzweilige Spiele und Sprüche, Lustreden und Fabeln, darinne ganz höflich das gut und löblich, auch das arg und schändlich erkennt werden, und nützlich ohn alles Aergerniß zu lesen seyn sollte. Das fünfte und nun wirklich letzte *poetische Buch* begreift den ganzen Psalter des königlichen Propheten Davids (a), das ganze Buch Jesus, des Sohns Sirachs, die Sprüche und den Prediger Salomons, darinne der Mensch zu guten Tugenden angewiesen wird: desgleichen schöne Tragödien und Komödien, Spiele, wahrhafte Historien, geistliche und weltliche, desgleichen auch kurzweilige Fabeln und Schwänke, doch ohne alle Aergerniß nützlich und kurzweilig zu lesen. Da diese Gedichte besonders die letzten beyden Bände verwaisten Kindern glichen, so nahm sich ihrer der neue Verleger, welcher sie von H. S. selbst noch bey seinem Leben aus besonderer wohlmeynender Gunst und mit nicht geringen Kosten erhalten hat-

(a) Im 1760sten Jahre hat so wohl der Herr Amtsprediger *Wilisch* zu Freyberg eine Bibliothecam Poeticam Sacram, als auch Hr. M. Freisleben eine lateinische Einladungsschrift de psalmorum versionibus metricis zu Leipzig herausgegeben, aber keiner von beyden hat dieser alten Uebersetzung gedacht.

hatte (*a*), als der beste Pflegevater, desto mehr an. Er verschaffte sich bey der Ausgabe des *vierten Theils* nicht nur ein kaiserliches Privilegium, sondern eignete sie auch in einer trefflichen Lobschrift des verstorbenen Verfassers sehr vielen *Rittern des fränkischen Kreises* zu. Er sagte zu seiner Ehre, daß derselbe niemals oder wenig gefeyert und seine Zeit mit Lesen, Dichten und Schreiben zugebracht hätte. Er wurde von ihm ein Licht und Magister aller deutschen Poeten und nicht der geringsten Scribenten einer genennt. Den *fünften Theil* widmete er *der Balley Franken und den fürstlichen Cammerhäusern des ritterlichen deutschen Ordens* zum ewigen Gedächtniß mit Einmischung gleich herrlicher Urtheile. Er nennete ihn einen besondern Liebhaber der deutschen Poeterey, der sich Zeit seines Lebens gegen männiglich wohl verhalten, aller Erbarkeit und Tugend beflissen hätte, daß er auch von hocherleuchteten Leuten beklagt würde. Diesen Rest seiner Verse aber lobte er dergestalt, daß H. S. es selbst seinem Bekenntnisse nach für ein besonders künstliches Buch und Meisterstück gehalten hätte. So oft es nun zu geschehen pflegt, daß die nach dem Tode der Schriftsteller gedruckten Werke wenig Beyfall oder Abgang finden; so wenig schadete doch dieser Zufall dem itzt beschriebenen

---

(*a*) Siehe die Vorrede, oder vielmehr Dedication des 5ten Bandes.

benen Anhange, und es haben sich diese neuen Gedichte so wohl durch ihre vorhin gefälligen Eigenschaften, als auch durch die eignen Schönheiten seines noch lesenswürdigern Inhalts selbst damals empfohlen. Ueber dieses bestätiget auch die fernere Dauer ihrer Hochachtung die zweymal wiederholte Ausgabe.

Nach abermals verflossenen 10 Jahren sollen diese Gedichte aufs neue erschienen seyn. Da nun so wohl Litzel (*a*) als Hirsch (*b*) dieser neuen Auflage gedenken; so will ich über beyder Urtheile meine Gedanken beyfügen. Litzel sagt, daß sie 1588 (sollte es auch wohl ein Druckfehler seyn und 89 heißen?) 1590 und 91 in Folio herausgekommen sey. Allein von welchen Theilen ist es zu verstehen? Dieß möchte ich wohl wissen. Hatte er sie selbst gesehen? Ich sollte es aus der allzukurzen Nachricht kaum vermuthen. Da ich nun das 1ste Buch von 1590, das 2te von 1591, das 3te von 1589 mit rothem Titel selbst in Händen gehabt habe (*c*); so dünkt mir, daß nur diese 3 erstern Theile damals vermisset, und bey noch vorhandenen Exemplarien der beyden letztern wieder aufgelegt worden sind. Was hingegen Hirsch davon erwähnt, ist noch unbestimmter und zum Theil falsch. Da er nur

2 Aus-

(*a*) Siehe die *Nov. Act. Schol.* S. 625.
(*b*) Siehe dessen Sendschreiben.
(*c*) Den 1sten und 3ten Theil besitzt Hr. Prof. Gottsched, den 2ten aber ein anderer Gönner.

2 Ausgaben in Folio kennt, so bestätiget er in gewisser Maaße unsere Meynung. Wie es verstanden werden müsse, daß die erste von 1570 bis 1579 gedruckt sey, läßt sich aus dem, was bereits angezeiget ist, leicht beurtheilen. Daß aber die andere, welche die willerische seyn soll, zu Ende des 16ten und im Anfange des 17ten Jahrhunderts besorgt worden sey, entdeckt offenbar, daß er diese Ausgabe nicht recht geprüft, oder, welches mir wahrscheinlicher vorkömmt, sich in der Zahl geirret habe. Es war nicht sowohl die willerische, als vielmehr die lochnerische, doch ein unveränderter Nachdruck der willerischen. Wenn das Ende des 16ten Jahrhunderts von den oben angezeigten Jahren verstanden wird; so ist es zuzugeben, aber ob die beyden letztern Theile im Anfange des 17ten Jahrhunderts gleichfalls wieder abgedruckt seyn möchten; kann ich kaum glauben: ich will es zwar nicht völlig läugnen, weil es doch wohl seyn könnte; aber ich verwundere mich doch, daß unter allen, welche der verschiedenen Ausgaben Erinnerung thun, kein einziger, so viel ich weis, das geringste davon gedenkt, woraus dessen Anzeige bestätiget oder erläutert würde. Ja was mich noch zweifelhafter macht, ist dieses, was der Drucker der gleich itzt folgenden Ausgabe in der Zueignungsschrift ausdrücklich gesagt hat.

Von der krügerischen Ausgabe.

Ich komme also auf die Beschreibung der 3ten, letzten und gleichfalls raren (*a*) Ausgabe, welche ich durch die Gütigkeit des Hrn. R. Hagers aus der Bibliothek der chemnitzer Schule zum Gebrauche gehabt habe. Es ist dieselbe in 4. und besteht aus 5 besondern Bänden. Sie ist in der Reichsstadt Kempten bey Christoph Krausen, einem armen Anfänger, gedruckt worden, und bey Johann Krügern, Buchhändlern, auch nachmaligem Verleger, in Augspurg zu finden gewesen. Das 1ste Buch kam 1612 (*b*) das 2te 1613, das 3te 1614 das 4te und 5te 1616 heraus. Jeder Theil enthält, außer den bereits beschriebenen Vorreden H. S. selbsten, aber ohne die merkwürdigen Zueignungsschriften der 1sten Verleger und Drucker, eine besondere Zuschrift, aus denen ich abermal einen kurzen Auszug mitzutheilen nicht für unnöthig oder unnützlich achte, weil sie die Geschichte des Buches erläutern und dem Dichter selbst zur Ehre gereichen. Die Zueignung des 1sten Theils ist an den Rath der Stadt Kemp-

---

(*a*) Es erwähnen ihrer Litzel und Will; daß sie aber, wie jene, rar sey, bezeuget, außer dem letztern, der Rect. von Seelen in Historia Typograph. Lubec. S. 81. und Voigt.

(*b*) Da auf diesem Titel steht, daß sich nur 374 St. darinne befänden, so wissen wir nunmehr, was für 2 Gedichte fehlen. s. S. 113.

Kempten gerichtet und enthält eigentlich eine Danksagung für die Erlaubniß, eine Druckerey daselbst anzulegen. Nach einem kurzen Lobe dieser Erfindung erzählt der Herausgeber, daß ihm George Straube, gewesener Buchdrucker zu St. Gallen, eine neue Auflage dieser nutzbar. Bücher angerathen, und ein andrer Freund, Hans Greuther, Gastgeber zum güldnen Hirsch, die Unkosten zum Abdrucke derselben vorgeschossen habe. Je weniger er läugnet, daß die bündigen und tiefsinnigen Bücher des werthen H. S. bey vielen (unter den Gelehrten und Vornehmen) in Verachtung gekommen wären, und daß der gemeine Mann nichts darum wüßte, als daß Fastnachtsspiele daraus gehalten würden; desto mehr nimmt er daher Anlaß, diese Gedichte als einen Schauplatz der Welt vorzustellen, und den Nutzen ihrer fleißigen Lesung in allen Ständen zu zeigen. Ich will mich nicht bey den Vortheilen, welche Gottesgelehrte, Rechtsverständige, Hauswirthe, Jünglinge und Jungfrauen daraus erhalten könnten, lange aufhalten, sondern nur dieses einzige erwähnen, daß sie der Jugend in den deutschen Schulen zur Erkenntniß der Poeten und Historie, die dramatischen Spiele aber, wenn sie aufgeführet würden, zur Erlernung einer guten und männlichen Art zu reden, als nützlich angepriesen werden. So herrlich rühmet noch der Verfasser der in Krausens Namen gemachten Zueignung damals den bald hernach immer mehr und mehr verachteten Dichter.

Der 2te Theil ist Franz Rittern, des geheimen Raths der Stadt Ulm Mitgliede, von dem erwähnten Buchhändler in Augspurg als Verleger zugeschrieben. Er sagt darinnen, daß nicht nur H. S. unter allen, welche bisher mit der Dichtkunst umgegangen wären, der allerbeste und artigste Dichter sey, sondern gedenkt auch, daß diese Auflage auf vieler Liebhaber Bitten und Begehren unternommen worden, weil fast lange nichts mehr von seinen Werken in den Buchläden zu finden gewesen wäre. Ueber dieses verspricht er sich so wohl des längstberühmten Autors, als der lieblichen lustigen, lehrreichen Materien halber eine geneigte Aufnahme.

Der 3te Theil ist David Giengern, Kaufherrn zu Augspurg, der 4te dem eblen Junker Hans Ulric Oesterreichern, Bürger daselbst, der 5te endlich den 4 Gebrüdern, den Hosern, Handelsleuten eben daselbst, mit gleichen Lobsprüchen und um gleicher Ursachen willen zugeeignet worden. Ob nun gleich die offenbare Unwahrheit, welche sich selbst widerlegt, eingestreuet ist, daß H. S. nicht einmal lesen gekonnt habe; so ist doch das übrige Urtheil desto rühmlicher, daß er, ob er gleich ein geringer Handwerker und eine unstudirte Person gewesen wäre, doch mit der Dichtkunst

kunst besser umzugehen, und solche Materien in unserer Sprache auszudrücken gewußt habe, als bis dahin keiner der Handwerker und Gelehrten. Da diese Ausgabe in 4 gedruckt und sonst zum Lesen bequemer ist, so gebühret ihr vor den ältern und grössern in diesem Stücke dasjenige Lob, welches man bey dieser Veränderung gesucht hat. Ob aber eine vor der andern in Absicht auf die Richtigkeit des Druckes einen Vorzug verdiene, kann ich nicht sagen, weil mir zu dieser Prüfung nichts mehr als alles, Zeit, Lust, Gelegenheit, Veranlassung, ja auch die Kenntniß der altdeutschen und fränkischen Sprache gesehlet hat. Diese Bemühung will ich einem Nachahmer der Franzosen überlassen, welcher für gewisse Gelehrte zum Gebrauche bey Erklärung der poetischen Historie eine kleine Sammlung der vornehmsten und zugleich ihres Inhalts wegen merkwürdigsten Stücke in die Hände spielen wollte. Noch dieß einzige muß ich doch auch auf die Frage gewisser Freunde, wie theuer diese Gedichte insgemein bezahlet würden, antworten, daß der Preiß dieser alten Raritäten, wie es mit solchen Kostbarkeiten geht, von den Liebhabern abhange. In der christischen Auction ist das 1ste Buch und die erste aus 3 Theilen bestehende Ausgabe sehr wohlfeil, und zwar das andere Exemplar nach Koppenhagen, wie ich gehöret habe, erstanden worden, das noch vollständigere Werk aber

von

von 1560 bis 79 bey dem Verkaufe der Bücher des Canzlars *Ludewigs* für 9 Thlr. weggegangen (*a*). Uebrigens mag sich die Geschichte der sämmtlichen Ausgaben, so viel ich übersehe, also verhalten:

das 1ste					
— 2te		1558	60 70 90	1612	
— 3te	Buch kam		60 70 91	1613	heraus
— 4te			61 77 89	1614	
— 5te			78	1616	
			79	1616	

Was die 1628 zu Nürnberg bey Halbman befindlich gewesene Auflage in sich enthalten habe, ist mir gänzlich unbekannt, weil ich außer Anführung dieses Titels im georgischen Bücherlexico (*b*) sonst nichts weiter davon gesehen, noch erfahren habe.

§. 9.
Von den eignen Handschriften derselben.

Allein so groß auch diese Anzahl der abgedruckten Gedichte ist, so ist doch nicht etwan eine geringere, wie sich die meisten eingebildet haben, sondern eine weit größere Menge derselben in seinen geschriebenen Büchern verborgen geblieben. Da ich nun nicht weis, ob sich irgend jemand einmal um die eignen Handschriften des so fleißigen Dichters bekümmern möchte; so will ich doch

(*a*) Siehe Pretia auctionis Bibliothecae Ludew. S. 151.

(*b*) Siehe S. 4. des Buchstabens S.

doch wenigstens kürzlich noch anzeigen, wie dieselbe seiner Vermuthung nach zerstreuet, und wo sie hingekommen sind. Jedoch bescheide ich mich gerne, daß diese Anzeige sehr unvollkommen und unbestimmt ist, und allein durch die Gewogenheit ihrer Besitzer zu verbessern seyn wird. Denn ich kann nicht eigentlich sagen, ob diejenigen Handschriften, deren ich gedenken werde, unter die Gesang oder unter die Spruchbücher desselben gehören, ob sie Lieder, oder was sie sonst für Arten der Gedichte in sich enthalten. Es befinden sich also einige derselben in der Bibliothek

Der Schule zu Zwickau (a)
Der teutschen Gesellschaft zu Jena (b)
Des *Alumnei* der Akademie zu Altdorf (c)
Des

(a) Ich habe sie selbst gesehen, und glaube, daß sie aus Daumii Bibliothek dahin gekommen sind, welcher sie, weil sie H. S. mit eigner Hand geschrieben, als ein sonderliches Cimelium fleißig beybehalten hat. Siehe Wagenseil 517.

(b) Es erwähnet sie der sel. Wiedeburg in seiner Nachricht.

(c) Wagenseil berichtet S. 521. daß ein gewisser Meistersänger, Wilhelm Weber, ein solches Buch voll Meistersingerlieder geerbet und dahin verschenket habe. Desgleichen Omeis bezeuget S. 32. seiner Dichtkunst, daß daselbst ein von H. S. mit eigner Hand geschriebenes Buch verwahret werde, darinne über die 200 Bar oder Lieder stehen, deren meiste, wenige ausgenommen, er selbst gedichtet habe.

Des Hrn. Prof. Gottscheds (*a*)
Des Nürnbergischen Predigers Hrn. Solgers (*b*)
Des Prof. Schwarzens zu Altdorf (*c*)

Ehre, dünkt mir, genug, daß diese geschriebenen Reste seines Witzes und seines Fleißes theils von ganzen Gesellschaften, theils von einzelnen Gelehrten nicht geringe geachtet, sondern oft theuer genug gekauft und in so ansehnlichen Bücherschätzen unter den merkwürdigen Kostbarkeiten einer Stelle gewürdiget werden.

§. 10.
Von ihrem Gebrauche.

Je glücklicher nun H. S. mit seinen Gedichten im Leben und auch eine Zeitlang nach seinem Tode gewesen ist, desto mehr entsteht zuför-

---

(*a*) Auch diese habe ich selbst gesehen, und zugleich gehöret, daß er sie theils aus der Bibliothek des berühmten *Thomasius* erhalten, theils auch von den Meistersängern auf seiner Reise durch Nürnberg gekauft habe.

(*b*) Siehe den ersten Theil seines 1760 gedruckten Catalogi num. 56.

(*c*) Dieses ist ein kleines Mspt. von sieben Blättern in 4. und hat zur Aufschrift die Himmelfarth Albrechts von Brandenburg, 1557. Wer sich der obigen Anmerkung S. 60 und 61. erinnert, bedarf keiner Erklärung, was wohl dieses Stück sey. Wo es itzt sey, weis ich nicht.

Von seinen Gedichten überhaupt.

förderst eine Begierde zu wissen, zu was für einem Gebrauche sie damals dienten. Seine Gedichte wurden sonst theils gelesen, theils gesungen, theils gespielet. Da die einzelnen Stücke so begierig aufgekauft und in so entlegenen Orten nachgedruckt, die ganzen Sammlungen aber so geschwinde abgegangen und, der geschehenen Vermehrung ungeachtet, so oft aufgelegt worden sind, so braucht es wohl keines andern Beweises, als daß sie viele und fleißige Leser gefunden haben. Vornehmlich beschäftigte sich zwar damit der gemeine Mann, doch nicht allein, sondern auch gutherzige Adliche und Gelehrte (*a*). Doch ich habe nicht ohne Ursache beygefüget, daß sie auch zum Theil gesungen worden sind. Ich rede hier zuförderst von seinen Liedern, die zu diesem Ende besonders herauskamen, und auch zum Theil in die Gesangbücher eingerückt wurden. Da desgleichen der größte und zwar ungedruckte Theil in Meistergesängen bestund; so dienet zur Nachricht, daß sie der Absicht gemäß sowohl in Nürnberg als auch an andern Orten gebrauchet worden sind, vermöge seines eignen Zeugnisses, die Singschulen damit zu zieren und zu halten (*b*). Was end-

(*a*) Siehe die Zueignung des 2ten Buches.
(*b*) Siehe das Ende der Vorrede zum 3ten Buche: daher kömmt es, daß wohl seine Bar in vielen andern dergleichen Gesangbüchern gefunden werden, dergleichen auch Hr. D. Riederer 2 Folianten besitzt.

176 Von seinen Gedichten überhaupt.

endlich seine Schauspiele anbetrift, so sind sie bey seinem Leben (*a*) aufgeführet worden. Unsere Deutschen gehören unter diejenigen Völker, welche nach dem Beyspiele der Griechen und Römer an der Schauspielkunst ein Vergnügen finden, und Nürnberg hat unter allen Städten unsers Vaterlandes die Ehre, daß die ältesten Reste dieser Spiele, so viel wir wissen, daraus ihren Ursprung haben. Insonderheit waren gewisse Fastnachtsspiele länger, als hundert Jahre vor H. S. gewöhnlich, dabey gewisse Schauspieler in einem Privathause, wo eine vergnügte Gesellschaft beysammen war, aufgenommen wurden, und die anwesenden Gäste durch lächerliche Vorstellungen erlustigten, zur schuldigen Danksagung aber eine gute Bewirthung empfiengen. Nur hatte entweder den Dichtern oder den Verlegern das Herz gefehlt, ihre Arbeit dem Drucke zu übergeben, und wir kennen die ersten Versuche der dramatischen Gedichte dieser Art nur aus den 6 Stücken Hans Rosenblüths, davon Hr. Prof. Gottsched kurze Nachrichten und Auszüge aus den Handschriften desselben gegeben hat (*b*). Da es nun unter die ersten und vornehmsten Bemühungen unsers Dichters gehöret, daß er dergleichen Fastnachtsspiele und hernach auch andere Stücken, bald geistlichen, bald weltlichen Inhalts, verfertigte; so arbeitete

(*a*) Siehe eben daselbst.
(*b*) Siehe den Vorrath S. II.

tete er, nach der Weise der Neuern zu reden, für das Theater, so gut es damals war. Ein Theil dieser nach der Zeit gedruckten Spiele war schon vorher, wie er selbst erzählt, in etlichen Fürsten- und Reichsstädten mit Freuden und Wunder der Zuschauer gespielt worden (*a*). Er hatte selbst, wie er hinzusetzt, die meisten, ich weis nicht, ob nur in den Häusern seiner Mitbürger, oder auch in der Martzakirche, wo, nach Hrn. Prof. Wills Nachricht, Komödien gespielet worden sind, vorstellen geholfen(*b*): ja es lehret der Erfolg, daß seiner Anweisung und Vermuthung nach, manche Lust bekommen haben, die darinnen zugerichteten Spiele in Schulen und andern Orten aufzuführen (*c*). So man-

(*a*) Siehe abermal die Vorrede zu dem 3ten Buche.
(*b*) Siehe den Anfang dieser Vorrede.
(*c*) Daß man im folgenden Jahrhunderte wenigstens noch Fastnachtsspiele aus H. S. gespielet habe, lehret der Ausgeber meines Nachdrucks; daß aber auch andere Spiele desselben auch auf Schulen aufgeführet worden seyn mögen, läßt mich daher das Exemplar vermuthen, welches ich zum Gebrauche gehabt habe, weil einige darinne von einer mir unbekannten Hand in Scenen abgetheilet, und zur Vorstellung eingerichtet worden zu seyn scheinen. Es bestärket auch dieses die eher besorgte neue Ausgabe des 3ten Theils und der wiederholte Abdruck einzelner Stücken, davon verschiedene Proben im Gottschedischen Vorrathe angemerket sind.

M

mannigfaltig war ehemahls der Gebrauch dieser Gedichte.

Allein worzu können sie heut zu Tage nützen? Wären die Gedichte selbst noch zu unsern Zeiten in mehreren Händen, so könnten sie von den Kindern und gemeinen Leuten so wohl als ehemals gelesen werden. Der selige Wimmer (a) bezeuget wenigstens noch als Greis, daß er sie oft und mit Vergnügen in seiner Jugend gelesen habe, und die eigne Erfahrung bestätiget, daß nicht leicht ein Bürger oder Bauer, der irgend einen Theil seiner Werke besitzt, diesen ihm so lieben Schatz an die Gelehrten verkauft, sondern sich lieber mit der Lesung desselben nach gethaner Arbeit oder an den Tagen der Ruhe auf angenehme Art unterhält. Wollte man einwenden, daß der Geschmack solcher Leser verderbt oder verwöhnt werden möchte; so würde doch das Unglück nicht so gar groß seyn, und ich sollte meynen, daß dieser Schade nicht einmal so gewiß, als von der Lesung vieler Schriften und Gedichte unserer Zeit, wodurch Verstand und Herz leider! mehr als zu sehr verderbt werden, zu befürchten, hingegen der Nutzen desto größer seyn würde, weil ihre Erkenntniß so wohl in der Schrift, als in andern Wissenschaften vermehrt, und wohl gar ihre Sitten verbessert werden könnten. Doch dieser Gebrauch fällt von sich selbst weg. Allein ein noch
gewis-

(a) In seinem Liedercommentario, S. 125.

gewisserer Nutzen könnte daraus für die Kunstrichter, für die Verehrer der deutschen Sprache und für die Liebhaber der Geschichte, ja für die Dichter selbst, entstehen. Der Kunstrichter könnte darinne die ersten Proben der mit der Religion zugleich wieder hergestellten Dichtkunst unsers Vaterlandes sehen: er könnte daraus erkennen, wie weit die Natur geschickte Köpfe durch bloses Lesen, fleißige Uebung und einiges Nachdenken auch in der Dichtkunst zu bringen vermögend sey: er könnte sich desto glücklicher achten, daß er die mit vieler Mühe später wiedergefundenen Regeln nun wisse, ohne deren Kenntniß die Fehler im Schreiben und Urtheilen unvermeidlich sind: er könnte mit nicht geringerer Verwunderung als Freude die deutsche Poesie in ihrer Kindheit mit demjenigen Alter, welches sie einigen nun erreicht zu haben scheint, vergleichen, und aus dieser Vergleichung wahrnehmen, an was für Tugenden jene Anfänger von ihren Nachfolgern und hinwiederum eben diese Nachfolger von jenen Vorfahren übertroffen würden. Ja daß die geschriebenen Sammlungen seiner Meistergesänge schon Wagenseilen das meiste Licht gegeben haben, wird noch vorkommen, und niemand kann künstighin von der Geschichte oder Beschaffenheit dieser Kunst schreiben, ohne sie zu Rathe zu ziehen. Der Verehrer der deutschen Sprache könnte wohl in diesen Gedichten einen Schatz von Wörtern und Redenßarten finden, welche gleichwohl völlig aus der Gewohnheit gekommen sind (*a*): er könnte sehen, wie man jene vor Alters geschrieben (*b*) und diese in der Verbindung gebraucht habe: er könnte hier und da einen Unterschied zwischen der allgemeinen Art Deutschlandes und zwischen der eignen Weise Frankenlandes zu reden entdecken: er könnte alle diese Mundarten prüfen und einige Dinge beybehalten, um die Sprache unsers Vaterlandes theils zu bereichern, theils zu verschönern. Nicht weniger die Liebhaber der Geschichte überhaupt und der fränkischen, ja der nürnbergischen insonderheit, könnten diese Werke nach des Hrn. Prof. Wills gelobtem Beyspiele nützlich gebrauchen. Es finden sich vieleicht an manchen Orten unvermuthete Nachrichten, welche seine Wissenschaft der älteren Begebenheiten erweitern oder bestärken würden. Hat sie gleich nur ein gemeiner Bürger und ungelehrter Schriftsteller aufgezeichnet; so sind doch seine Erzählungen alles Glaubens würdig, weil

er

(*a*) Z. E. Auf gleiche Art hat neuerlichst Hr. Schöber ein altdeutsches biblisches Register aus einer alten deutschen geschriebenen Bibel mit löblichem Fleiße verfertiget, und zu Schleitz 1763 herausgegeben.

(*b*) Z. E. dienet das oben vorgekommene Wort Schönpart, welches in der ersten Ausgabe Scheinbart, vielleicht durch einen Druckfehler, für Schempart geschrieben ist, und die Larve entweder für das bloße Gesicht, oder auch eine Kleidmaske für den ganzen Körper bedeutet.

er ein Augenzeuge merkwürdiger Auftritte gewesen ist, und dabey das Lob eines die Wahrheit liebenden Mannes stets gehabt hat.. Seine Nachrichten bleiben auch immer desto schätzbarer, weil sie dasjenige Jahrhundert erläutern, dessen Geschichte noch die späteste Nachwelt zur Aufmerksamkeit reizen wird. Hat endlich Virgil, nach einer bekannten Erzählung, aus dem Kothe der ennischen Schriften Gold herausgesucht, sollte nicht auch noch mancher Dichter unserer Zeit in den Gedichten H. S. hier und da Ueberbleibsel antreffen, welche aus dem übrigen Unrathe gesammlet und nützlich angewandt zu werden verdienten? Welche unerkannte und bisher verachtete Vortheile könnte man also aus diesen Poesien erhalten! So ist denn kein Buch, nach dem Ausspruche des Weisen, so schlecht, daß nicht etwas Gutes darinne zu finden seyn sollte.

§. II.
Von ihren Tugenden.

Wenn ich gleichwohl bedenke, daß diese Gedichte ehemals so hochgeachtet wurden, itzt aber so geringe geschätzet werden; so kann es nicht anders seyn, als daß sie ihre Tugenden, aber auch ihre Fehler haben: und also befinden es auch alle, die sie zu prüfen sich die Mühe geben, und zugleich nach der Billigkeit urtheilen. Wollen, oder vielmehr sollen die Dichter überhaupt, wie Horaz mehr mit Worten als Thaten lehret,

ret, nützen und vergnügen; so verdiente unser Poet wegen der Erfüllung dieser Pflicht vor vielen Dichtern der ältern und neuern Zeiten unter den Heyden und Christen wohl einen besondern Vorzug, ob sie ihn gleich an Gelehrsamkeit, Kunst und Schönheit, des Standes zu geschweigen, weit übertreffen. Daß er bey ihrer Ausarbeitung und Ausgabe beyde Absichten vor Augen gehabt habe, zeigen schon zur Genüge die Gedichte selbst. Was die bereits angeführte Aufschrift der Herausgeber verspricht, bestätiget die Probe. Was die eigenen Vorreden und der Lebenslauf des Dichters melden, daß er seine Werke niemanden zu Leide, noch Nachtheile, noch viel weniger zur Heuchelen, sondern mit guten Herzen Gott zu Ehren, zur Aufbauung löblicher Sitten, zur Ausrottung schändlicher Laster an den Tag gegeben habe, bekräftigen ganze Theile so wohl, als einzelne Stücken. Ich mag seine Schauspiele oder andere Gespräche, seine Lieder oder Lehrgedichte, seine Erzählungen oder Übersetzungen, seine Fabeln oder Schwänke durchlesen, so ist ihr Inhalt größtentheils so beschaffen, daß sie ihre Liebhaber auf so angenehme als lehrreiche Art unterhalten konnten. Ich mag auf die Beschaffenheit seiner Gedanken oder auf die Einkleidung seiner Worte insonderheit sehen, so wundere ich mich noch weniger, daß sie damals einen so grossen Nutzen gestiftet, und ein so unschuldiges Vergnügen erwecket haben.

ben. Waren nicht der Inhalt seiner Gedichte die merkwürdigsten Begebenheiten der geistlichen und weltlichen, der ältern und neuesten Geschichte, annehmliche Schilderungen aus der Natur= und Sittenlehre? Waren nicht die meisten Gattungen derselben die belobtesten Lehrarten, den Unterricht auf das leichteste und beste beyzubringen? Sind nicht seine Gedanken insgemein so richtig als erbaulich, und seine Einfälle oft so scharfsinnig, als an den meisten Orten ohne Verletzung der Ehrbarkeit scherzhaft? Sind nicht seine Worte so rein, deutlich und zierlich, als man zu seinen Zeiten zu reden und zu schreiben pflegte? Hierzu kömmt, daß der vorzüglichste Theil seiner Materien durch den Reiz der Neuheit damals empfohlen ward, ihr ganzer Vortrag in der herrschenden Dichtungsart abgefasset war, und überdieß ihr Verfasser selbst so wohl wegen der Niedrigkeit seines Standes mehrere Aufmerksamkeit, als auch wegen des Lobes seines Charakters größere Hochachtung erregte. Doch was bemühe ich mich erst, das durch sie entstandene Vergnügen und den aus ihnen erhaltenen Nutzen noch weitläuftiger zu beweisen, da wir die Zeugnisse seiner Zeitgenossen schon angeführet haben, und die ganze Geschichte seiner Poesie uns davon überflüssig überzeuget? Fraget aber jemand, wie er auch zu dieser Kenntniß und Geschicklichkeit gelanget sey; so läßt sich überhaupt leicht darauf antworten:

184 Von seinen Gedichten überhaupt.

Jederman giebt mir ohne Zweifel Beyfall, wenn ich sage, daß er zum Poeten gebohren war. Er hatte von der Natur ein vortreffliches Genie empfangen, welches er durch das beständige Lesen und Schreiben zu der erlangten Vollkommenheit verbesserte. Hernach hatte er nicht allein die neuern Meistersänger seines Ortes, sondern auch einige der besten Schriftsteller des Alterthums zu seinen Lehrern, wie er dichten und schreiben sollte. Die übersetzten Werke, welche ich schon erwähnet habe, waren diejenigen Schriften, nach deren Muster er sich selbst, wie es scheint, ohne Anleitung gelehrter Kenner, willkürliche Regeln aussann, und nach deren Beyspiele er sich, jedoch bey völligem Gebrauche einer unumschränkten Freyheit, richtete. Auf solche Art brachte er es durch eignen Trieb und Eifer glücklich genug so weit, daß er unter die Dichter unsers Vaterlandes gehöret, welche man, nach der Weise der Alten zu reden, Gottesgelehrte, Schriftausleger, Geschichtschreiber, Naturlehrer und Sittenrichter nennen könnte.

§. 12.

Von seinen Fehlern.

Allein ich darf und mag auch seine Fehler nicht verschweigen, welche ihn nunmehr in unserm aufgeklärten Jahrhunderte dem Gelächter und Gespötte aussetzen.

Nie-

Von seinen Gedichten überhaupt.

Niemand verlange, daß er so gut, als Aristoteles und Horaz, welche noch nicht übersetzt waren, den richtigen Unterschied und die wesentlichen Eigenschaften der Komödie so wohl als der Tragödie gewußt habe. Bald irret er in der Benennung der Stücke, bald in der Wahl der Materie, bald in der Erdichtung der Personen, bald in der Ausführung der Fabel. Spiele, welche von den erhabensten Personen handeln und nichts weniger als einen vergnügten Ausgang haben, überschreibt er Lustspiele: andere, welche zwar einen traurigen, aber nicht eben heroischen, noch viel weniger lasterhaften Inhalt haben, benennet er Trauerspiele. Und was soll ich von seinen Fastnachts- oder von ihm selbst so genannten Schimpfspielen urtheilen? Diese sind nicht viel besser, als die gewöhnlichen Nachspiele, womit die Schauspieler den Pöbel zum frölichen Abschiede vorbereiten. Die Materien, welche er auf den Schauplatz brachte, waren öfters viel zu heilig und zu ernsthaft, als daß sie zu theatralischen Ergetzungen gemisbrauchet werden sollten. Die Personen sind zwar sehr oft also bezeichnet, daß ihre Weise zu denken, zu reden und zu handeln mit dem Charakter übereinstimmt; aber er beleidigt auch nicht selten die Wahrscheinlichkeit, und läßt wohl gar wirkliche mit erdichteten sich unterreden. In einigen ist der Knoten gut genug geknüpft und aufgelöset; aber in mehreren ist dieses schönste Kunststück eines Schauspiels gar nicht beobachtet. Eben so viel ließ sich an der Schreibart und Ausführung erinnern. Da ist kein Unterschied der Stücke, noch der Personen. In Trauerspielen ist keine andre Weise zu reden, als in Lust- und Schimpfspielen. Die Fürsten drücken sich nicht erhabener als die Knechte aus, sondern es herrschet in allen dergleichen Werken des Witzes eine gleich niedrige, obwohl fließende Schreibart. An die drey berühmten Einheiten der Handlung, der Zeit und des Orts hat er gleichfalls so wenig, als an die richtige Eintheilung in Handlungen und Auftritte gedacht. Denn nachdem die Begebenheiten kürzer oder weitläuftiger sind, so schränken sich seine Stücken ein, und so breiten sie sich auch wieder aus. Die Handlungen erstrecken sich daher von einer einzigen bis auf zehnte, und die Personen beobachten, weder wenn sie auftreten, noch wenn sie abgehen, die künstliche Verbindung. Ja was vornehmlich zu tadeln ist, er läßt schändliche und unanständige Thaten, der Erzählung nach, in Gegenwart aller Zuschauer verrichten, welche freylich die Nachkommenschaft in der Nachfolge der klügern Alten lieber verbirgt oder errathen läßt. Indessen verdient er doch eher, als die Lehrer der freyen Künste, welche sich täglich mit der Lesung und Erklärung der besten Muster beschäftiget und doch gleich unregelmäßige Stücken in viel neuern Zeiten verfertiget haben, wegen aller dieser

ser begangenen Fehler entschuldiget zu werden. Er wußte anfänglich die Regeln dramatischer Gedichte gar nicht; und fand auch unter seinen Landesleuten gar keine Beyspiele untadelicher Dichter. Nahm gleich seine Erkenntniß der Regeln nach und nach zu; so blieb sie doch allezeit bey ihm als einem Ungelehrten sehr mangelhaft. Was fragten auch seine Zuschauer und Zuhörer nach der Beobachtung dieser Gesetze, die sie noch weniger, als er, kannten? Lehret doch noch itzt die Erfahrung, daß noch so fehlerhafte Stücken, wenn sie nur lustig sind, der große Haufen belachet, bewundert und mit freudigem Händeklatschen beehret, ja je wunderlicher die Titel klingen und je toller die Spiele selbst sind, desto größer ist ja insgemein zur Schande unserer Zeiten, aber zum Vortheile der Schauspieler, der Zulauf und Beyfall des Volkes auch in gesitteten Städten. Ueber dieses wird auch dadurch die Größe seiner Schande in etwas vermindert, weil nicht leicht einer unter den besten Dichtern gefunden wird, der nicht in einen oder den andern der erwähnten Fehler bisweilen gefallen ist. Was seine andern Sprüche anbelanget, so will ich nur noch einige Erinnerungen hinzu setzen. Da sich in den Uebersetzungen der Sinn auf die bereits vorhandenen Dollmetschungen und Auslegungen anderer gelehrten Männer gründete, so beurtheilen wir blos seinen Vortrag dieser fremden Arbeiten. Was das wahre Poetische in solchen

Wer=

Werken zu seyn pflegt, und auch mit Rechte seyn soll, dürfen wir in seiner Einkleidung nicht suchen. Hierzu wird schon eine größere Einsicht in den Unterschied der prosaischen und poetischen Schreibart erfordert. Es war über dieses nicht anders möglich, als daß die Schwierigkeiten, solche Stellen und Materien in Verse zu bringen, vermehret wurden, weil er sich an sein kurzes Sylbenmaaß von ohngefähr 6 bis 9 Sylben band, und allezeit Zeile auf Zeile reimte. Eben daher konnte es auch nicht anders kommen, als daß er weniger Schönheiten in dem Zusatze der Beywörter, deren Gebrauch er sonst trefflich in seiner Gewalt hatte, anbringen konnte, hingegen desto mehr Reime, in deren Beobachtung er noch darzu nicht allezeit sorgfältig genug gewesen ist, gebrauchte. Diese Mängel nun, worzu an vielen Orten die altdeutsche und besonders fränkische Mundart kömmt, vermindert in unsern Tagen bey zärtlichen Ohren das Vergnügen des Lesers gar sehr. Endlich da unserm Dichter die Verse nicht mehr Mühe, als dem Ovid, gekostet zu haben scheinen, so ist er insgemein in der Erzählung, es sey nun der Begebenheiten oder Mährgen, so weitläuftig, als in der Anwendung der nützlichen Lehren, welche die ältern Dichter dieser Art lieber den Leser zur Vermehrung seiner heimlichen Freude errathen ließen, oder nur mit wenigen Worten entdeckten. Doch vielleicht erforderte die Unwissenheit seiner Zeitgenossen,

für

für welche er eigentlich schrieb, diese umständliche Belehrung, und wohl ihm, wenn diejenigen Fehler, welche von uns itzt getadelt werden, von seinen Verehrern ehemals für tugendhafte Vorzüge erkannt wurden!

Dieß ist also die allgemeine Beschreibung seiner Gedichte, welche, wie ich befürchte, einigen zu weitläuftig, und andern zu kurz vorkommen wird. Die Weitläuftigkeit aber wird die Menge der vorgetragenen Sachen entschuldigen, und die Seltenheit seiner Werke selbst rechtfertigen; hingegen der Kürze hätte ich leicht durch die Anführung theils mehrerer deutscher Schriftsteller seines Jahrhunderts, theils aller einzelnen Aufschriften seiner Komödien und übrigen Gedichte, ja auch insonderheit durch die Beweisung der beyden letztern Abschnitte mit Exempeln abhelfen können, wenn mir nicht immer der Rath des Cicero eingefallen wäre, daß man in Erforschung der Wahrheit auf zu dunkle, schwere und noch darzu unnöthige Dinge nicht allzuviel Zeit und Mühe verschwenden solle.

Viertes

Viertes Hauptſtück
Von ſeinem noch gewöhnlichem Liede, Warum betrübſt du dich mein Herz ꝛc.

§. 1.
Von dem Verfaſſer des Textes.

Nachdem wir die Gedichte H. S. überhaupt betrachtet haben, ſo wende ich mich nun zu dem beſondern Kunſtſtücke ſeiner Arbeit, nehmlich zu dem angezeigten Liede, deſſen Geſchichte und Merkwürdigkeiten mir einer umſtändlichen Erzählung würdig ſcheinen. So fälſchlich die beyden Kirchengeſänge, Ach Herr mich armen Sünder (*a*), und, Es iſt das Heil uns kommen her (*b*), H. S. zugeſchrieben werden; ſo unrecht wird hingegen unſer genanntes Lied dem berühmten Sup. zu Mühlhauſen Ludwig Helmbolden (*c*) zugeeignet. Daß es

---

(*a*) Siehe Serpilii, zuf. Liedergedanken S. 11. und deren Cont. S. 23. auch Wimmers 3ten Th. S. 44.

(*b*) Siehe ebendaſelbſt S. 283, wo zugleich geſagt wird, daß dieſes fälſchlich die Papiſten, inſonderheit der Jeſuit, Johann Decumanus, vorgeben, und es deswegen ein lutheriſches Schuſterliedlein nennen.

(*c*) Siehe ebendeſſelben 4ten Th. S. 125, wo aus der angezeigten Stelle Serpilii gemeldet wird, daß

es aber der nürnbergische Schuhmacher verfertiget habe, wird nicht nur heut zu Tage in den Registern der Liederdichter bey allen Gesangbüchern für bekannt angenommen, sondern es ist schon vor mehr als hundert (a) Jahren geglaubt worden. Wer gleichwohl nach der Gewohnheit der itzigen Zeiten, unter dem Vorwande Fabeln aus der Geschichte auszurotten, auch an der Wahrheit dieser auf die mündliche Fortpflanzung gegründeten Nachricht zweifeln möchte, sollte vom sel. Hirsch davon überzeuget werden. Denn er hatte sich vorgesetzt, gründlich darzuthun, daß es keinem andern Verfasser, als ihm zugehöre; nur sah er sich damals, als er sein Sendschreiben aufsetzte, nicht im Stande, die gemeine Meynung sattsam zu beweisen. Er meynte, daß es, ob es schon nicht in den gedruck-
ten

daß einige dieses haben erstreiten wollen. Es ist aber auch nicht in *Motschmanns Erfordiae Litteratae* 2ten Fortsetzung, wo sein Leben S. 228 beschrieben ist, unter seine Lieder gerechnet.

(a) Die älteste Schrift, worinne ich es ihm zugeschrieben gefunden habe, ist unsers M. Clauders 1630 zu Leipzig gedruckte *Psalmodia Centur.* I, S. 82. wo die Buchstaben H. S. darüber stehen, welche auch in der Erklärung dieser großen Buchstaben von unserm Dichter verstanden werden. Daß aber diese Beyfügung seines Namens nicht ohne Grund geschehen sey, erkenne ich daraus, weil die allgemeine Nachricht von den Dichtern mich lehret, daß er nach dem Urheber dieses Liedes geforschet und diesen Verfasser erfahren habe.

ten Bänden seiner Gedichte stünde, doch in seinen geschriebenen Büchern der Meistergesänge oder Bar, das ist, nach seiner Erklärung, der Oden, als worunter es ihm eigentlich zu gehören schien, zu finden seyn würde, wo sichs anders nicht unter den 13 Liedern befände, welche er nicht gleich bey der Hand hatte. Allein es ist nicht zu verwundern, daß es in den gedruckten Gedichten nicht steht, weil die ersten 3 Bände schon von 1558 bis 1561 herausgekommen sind, und die letzten beyden, wie die erstern, eigentlich keine Lieder in sich enthalten. Ich zweifle auch gar sehr, ob es unter den Meistergesängen oder Bar, welches einerley ist, angetroffen werden möchte; denn es ist kein Meistergesang, wie es gleichwohl der sel. Past. Götzinger (a) ausdrücklich nennet. Völlig habe ich aber schon längst gezweifelt, ehe ich auch noch Hrn. D. Riederers Abhandlung gelesen hatte; daß es sich, ob schon Hr. Dunkel (b) diese Muthmasung billiget, unter den 13 Liedern befände. Es ist zwar nach Anleitung des letztern Verses des 42 und 43 Pf. gedichtet; gleichwohl gleichet es der oben angeführten Probe jener Uebersetzungen gar nicht, ja auch die Melodie, wornach jene Gesänge gegangen sind, unterscheidet sich gar sehr. Wäre es schon 1526 im Drucke herausgekommen;

(a) Siehe dessen 1ste Predigt S. 1014 und die 3te S. 1090.
(b) Siehe dessen Beschreibung S. 310

men; so hätte es **Luther** ohne allen Zweifel in die neuere Auflage seines Gesangbuches aufgenommen; es steht aber weder in der Ausgabe von 1533, noch auch in irgend einem Gesangbuche desselben, welche bey und auch einige Jahre nach desselben Lebzeiten gedruckt worden sind(*a*). Doch was braucht es einer weitern Widerlegung, da es dem Hrn. D. **Riederer** geglücket hat, diese Sammlung der 13 Gesänge zu bekommen? Dürfte ich eine andere Muthmasung wagen, so halte ich für wahrscheinlicher, daß dieses Lied in demjenigen Bande seiner Handschriften stehen möchte, worinne die von ihm deutlich unterschiedenen Kirchengesänge, oder geistlich veränderten Lieder sich befinden, und daß es vermuthlich im Anfange entweder auf einzelnen Blättern besonders, oder als ein Anhang bey andern Liedern, wie das obige, **O Gott Vater** u. s. w. im Drucke herausgekommen sey. Wer weis, wo diese Blätter verborgen stecken und andern Werken seiner Zeiten angebunden, oder wohl gar von unwissenden Erben längst in die Kramläden verkauft und zerrissen sind? Denn es kann leicht seyn, daß manche Besitzer den ersten Abdruck dieses Liedes deswegen nicht geachtet haben, weil es nunmehr in allen Gesangbüchern steht. Ich wünschte selbst, daß der sel. Hirsch

---

(*a*) Siehe sowohl D. **Riederers** Abhandlung überhaupt, als auch die Hauptst. M. 287.

Hirsch seinen Vorsatz vor seinem Ende noch ausgeführt hätte, oder daß die Besitzer theils seiner Handschriften, theils anderer alten Bücher desselben Jahrhunderts, sich die Mühe gäben, ihre Schätze in dieser Absicht ein wenig zu prüfen. Denn es hat der öfters gelobte Hr. Dunkel nicht ohne scheinbaren Grund wegen des Verfassers einen neuen Zweifel gemacht, und Hr. D. Riederer sagt deswegen, daß es ihm nicht mit völliger Gewißheit zugeschrieben werden wolle. Jener Gelehrte fand ein altes Büchlein, welches diesen Titel hatte: **Gassenhawer, Reuter und Bergliedlein, christlich moraliter und sittlich verändert, u. s. f. durch Hrn. Heinrich Knausten, u. s. w. Franckfurth am Mayn 1571 in 8.** Hierüber macht er nun folgende Anmerkungen: 1) daß fast über alle diese Lieder D. H. A. steht, sehr wenige ausgenommen, unter diese wenige aber auch unser Lied gehöre 2) daß dessen Ueberschrift blos diese sey: **Warumb betrübst du dich mein Herz, übersehen vnd gebessert.** Ferner berichtet er uns 3) daß dieses Lied, wie wir es itzt singen, von dem, welches, wie er schließt, Knaust verbessert hat, fast gar nicht unterschieden sey, und nur hin und wieder sich geringe Veränderungen in Wörtern und deren Setzung finden. 4) daß H. S. als Urheber nicht darüber stehe. Nach wiederholter Bestätigung des Verbesserers fügt er 5) bey, daß dieses Lied um 1571 geschrieben

ben herumgegangen und von K. verändert worden seyn müsse; endlich schlüßt er mit dieser Folge, daß wir also nicht so wohl S. Lied, als K. Verbesserung heutiges Tages in den Gesangbüchern hätten. Was mir nun bey diesen Anmerkungen gleich, so bald ich sie las, für andere Zweifel einfielen, eben dieselben hat auch Hr. D. Riederer darüber theils in seiner Abhandlung gemacht, theils mir schriftlich gemeldet. Ich setze zuförderst voraus, daß nicht D. K. sondern ein anderer dieses Büchlein herausgegeben habe, weil der Ehrenname vorausstehet. Hernach antworte ich 1) daß es selbst nach dieser Beschreibung höchst ungewiß sey, ob dieses Lied Knaust oder H. S. selbst verbessert habe? Denn es ist ja unter den wenigen, worüber sein Name nicht stehet. Worzu diente diese besondere und neue Anzeige, wenn nicht der Herausgeber zu den knaustischen Veränderungen andere Lieder anderer Verfasser hinzugethan hätte? Die Ueberschrift an sich erlaubt uns wenigstens, einen andern Verbesserer, als jenen Urheber der veränderten Gesänge, anzunehmen, wo sie nicht gar die Absicht hat, Knaüsten von dieser Verbesserung völlig auszuschlüßen? Und warum sollte H. S. selbst nicht dieses Lied übersehen und verbessert haben? Er lebte ja noch 5 Jahre so gar nach der Ausgabe dieses Büchleins, und hatte es in der Art, daß er seine Gedichte fleißig durchlas und verbesserte? Ja, möchte jemand einwerfen,

196 Von seinem noch gewöhnlichen Liede.

sen, es ist ja noch streitig, und erst die Frage, ob er der Verfasser sey? Hierauf antwortete ich 2.) daß durch den verschwiegenen Namen des damals bekannten Dichters nichts weniger, als die gemeine Meynung widerlegt werde. Er ist nicht nur in dem dunkelischen, sondern auch in andern spätern, ja so gar nürnbergischen (*a*) Gesangbüchern unangezeigt. Allein es läßt sich nichts daraus folgern. Denn wir haben gesehen, daß der Name eben dieses Dichters auch über dem Liede, **O Gott Vater, du hast Gewalt** ꝛc. in keinem einzigen der ältern sowohl, als neuern Gesangbücher gestanden habe, und doch H. S. desselben unleugbarer Verfasser gewesen sey. Ja wir erinnern uns ohne Zweifel noch aus dem zweyten Hauptstücke, daß in eben denselben Gesangbüchern fremde Namen über solchen Liedern als Verfasser angezeiget stunden, welche doch ihm unstreitig zugehörten. Was Tacitus (*b*) klagt, daß man sich damals zu Rom um die Begebenheiten seiner Zeit wenig bekümmert habe, erstreckt sich auch auf die nachfolgenden Jahrhunderte, und diese Nachläßigkeit ist
der

(*a*) Z. E. in demjenigen, welches unter dem Titel Psalmen, geistliche Lieder und Kirchengesänge 1584 bey Valentin Neubern gedruckt ist, (s. S. 180) und auch in dem Nachdrucke desselben von 1599, desgleichen von 1631, von welchem letztern mich es um so viel mehr wundert, da gleich vorher ihm andere Lieder zugeschrieben werden.

(*b*) In der Lebensbeschreibung des Agricola, C. 1.

der Geschichte nicht nur des Staats, sondern auch der Gelehrsamkeit sehr schädlich gewesen. Wer weis, wo sich bey dem rühmlichen Fleiße, womit man die Geschichte der Lieder mehr und mehr zu untersuchen aufs neue anfängt, die ältern und ersten Ausgaben dieses Gesanges noch unverhoft finden? Indessen billige ich das Urtheil des Hrn. D. Riederers, welcher dafür hält, daß H. S. so lange im Besitze bleiben soll, dieses ihm sonst durchgängig zugeschriebene Lied verfertiget zu haben, bis ein anderer Verfasser davon unwidersprechlich dargethan werden kann. Wer ihn übrigens für den Urheber schon hält, wird durch die alte Vers und Reimart, ferner durch die Klage über seine Armuth und Verachtung, wie auch durch die beygefügte Danksagung für die Erkenntniß der trostreichsten Lehren des göttlichen Worts noch mehr bestärket. Allein noch eins kann ich nicht unberührt lassen. Aus dem Inhalte jenes Titels erhellet, daß dieses Lied aus einem weltlichen Stückgen geistlich verändert worden seyn soll. Ob er aber auch der Verfasser jenes Stückgens (denn wie wir wissen, hat er auch Gassenhauer gemacht) läßt sich leicht fragen, aber schwer beantworten.

§. 2.
Von dem Setzer der Melodie.

Eine andere Frage ist es, von was für einem Tonkünstler die treffliche Melodie herrühre. Da

198 Von seinem noch gewöhnlichen Liede.

H. S. nicht nur die Setzkunst überhaupt verstanden, sondern auch 16 Melodien zu allerhand Liedern erfunden hat; so könnte es wohl seyn, daß auch die Weise dieses Liedes darunter gehörte (*a*). Je mehr die Töne mit den Gedanken übereinstimmen, desto wahrscheinlicher ist es, daß Text und Melodie in ihm einen Urheber haben. Ja was die Wahrscheinlichkeit noch vermehrt, ist das Urtheil, welches er von seinen Gesangweisen selbst fället, daß sie schlecht und gar gemein gewesen wären, welches insonderheit in dieser Melodie auch von gelehrten Kennern bewundert wird. Da ich die Schönheit dieser Weise, nach meiner geringen Kenntniß der Singekunst, zwar empfinde, aber nicht nach den Regeln dieser Wissenschaft sattsam zu erklären geschickt bin, so will ich mich lieber der eignen Worte des wegen der gesetzten Melodien der gellertischen Lieder belobten Hrn. Doles (*b*) bedienen, zu deren Uebersendung er durch einen Zufall veranlasset worden ist. „Diese Melodie, urtheilet er, hat alle erfor„derliche

(*a*) Ein Zweifel entsteht bey mir, weil in meinem nürnberg. Gesangbuche oben darüber steht, daß es im Tone: Frölich will ich aus rc. gesungen werde. Was dieses aber für ein Lied sey, ob es von ihm selbst, oder von wem es sonst herrühre; ist mir unbekannt.

(*b*) Sie sind zu Leipzig in des jüngern Hrn. Breitkopfs Verlage 1758 vierstimmig mit untergelegtem Texte und fürs Clavier mit bezifferten Basse herausgekommen.

„derliche Eigenschaften einer guten Melodie an
„sich: ihre Fortschreitung der Töne in der äoli-
„schen Tonart ist ungemein natürlich, leicht und
„so eingerichtet, daß ihr ganzer Umfang vom
„Grundtone an genommen, nur eine Qvinte
„ausmachet.   Diese Eigenschaft müssen gute
„Kirchen-Melodien haben, wenn sie von der
„Gemeine leicht und ohne Fehler gelernt werden
„sollen. Gleichwohl sind diese 5 Töne, woraus
„die ganze Melodie in dem erwähnten Liede be-
„steht, in ihrer Folge so weislich gewählt, daß
„sie nicht nur einen verständigen und gründlich
„geübten Componisten verrathen, sondern auch
„das Vertrauen, welches der Text in sich ent-
„hält, vollkommen ausdrücken". Noch genauer
hat diese Kunst unser geschickter Hr. Cantor
Schreiter in dem neuesten 36ten Stücke des
hiesigen Wochenblatts gezeigt, und ich halte mich
um so vielmehr für verbunden, sein gelehrtes Gut-
achten hierüber einzurücken, da ihm eine alte
Bitte zu diesem Aufsatze Anlaß gegeben hat.
„Die Einleitung, heißt es, machet H. S. mit dieser Aufmunterungsfrage:

Warum betrübst du dich mein Herz?

Der vom Componisten erwählte Modus oder
Tonart G b drücket hier den Affect der Betrüb-
nis bis auf die Sylbe, *dich*, ganz eigentlich
aus; der Ambitus in die Qvinte D muntert in
den zwey Worten: *Mein Herz!* zum Nachsin-
nen auf, *warum?* Hierauf setzt er die nemliche

Frage mit großem Nachdrucke fort, indem er die Betrübniß um zwey Grade erhöhet:

Bekümmerst dich und trägest Schmerz;

Hier bekam also der Componist die schönste Gelegenheit, in die noch kläglicher ausfallende Quarte C moll auszuweichen, und folglich diesen verdoppelten Affect so rührend, als nur möglich, auszudrücken, sonderlich, wenn ein geschickter Organist mit dem 6ten Accord D moll ins Dis fort geht, z. E.

b	g	d	c	d	g	h	c
d	dis	b	f	d	dis	d	c

Der dritte Abschnitt heißt:

Nur um das zeitliche Gut

Hier wird die Seele wegen des übertriebenen Kummers gleichsam beschämt, daß sie blos um das Zeitliche sich so empfindlich kränke; folglich lenkt der Componist auch wieder ein, und geht, wie im ersten Commate, vermittelst der Tertie zweymal in die Quinte, und wiederholt gleichsam die erste Frage

Warum? betrübst du dich mein Herz, nur um das zeitlich Gut?

Im vierten Abschnitte folgt die Aufmunterung zu einer ruhigen Gemüthsfassung:

Vertrau

Von seinem noch gewöhnlichen Liebe. 201

Vertrau du deinem Herrn und Gott

Hier macht nun der Melothet eine solche Digreßion, welche das **Vertrauen auf Gott** recht lebhaft abschildert, indem er in das pathetische Dis, als in die Sextam Modi oder Haupttons ausweicht, mit selbiger anhebt, und auch schlüßt, z. E.

$$\begin{Bmatrix} g & b & b & c & c & d & d & b \\ dis & d & g & dis & f & b & b & dis \end{Bmatrix}$$

Der Beschluß der ersten Strophe führt auf die Betrachtung der Allmacht Gottes:

Der alle Ding erschaffen hat,

als in welcher das kindl. Vertrauen sich beruhiget.

Der Componist thut es auch und geht gradatim ganz gelassen wieder zurück in den Haupton G moll.

Aus dieser kurzen Deduction ergiebt sich die wahre Ursache, warum oftgewehnter Kirchengesang aufmerksame und gottselige Herzen hauptsächlich bewege". Die Melodie aber selbst befindet sich vierstimmig (*a*) und

(*a*) Siehe des gelehrten Cantors *Sethi Calvisii* Gesangbuch, welches unter dem Titel *Harmonia Cantionum ecclesiasticarum* zuerst 1596 zu Leipzig herausgekommen ist, S. 2 der 4ten 1612 besorgten Ausgabe: desgleichen in Gottfried Ripelii Cantors zu Nicolai daselbst 1682 abgedrucktem Gesangbuche, S. 715.

und zweystimmig (*a*) in verschiedenen Gesangbüchern.

§. 3.
Von der Zeit seiner Verfertigung und Aufnahme.

Gleich ungewiß ist es, zu welcher Zeit dieses Lied gedichtet und bey dem öffentlichen Gottesdienste eingeführet worden sey. Niemand hat sich, so viel ich finde, bis auf unsere Zeiten die Mühe genommen, nach diesen Umständen zu zu fragen. Wetzel sagt nur in allgemeinen Ausdrücken mit allem Rechte, daß es H. S. zur Zeit kümmerlicher Nahrung aufgesetzet habe. Je weiter aber Hirsch in der Bestimmung dieser Zeit ausgeschweifet ist; desto näher scheint Hr. Dunkel, meinen Gedanken nach, dem Jahre seiner Verfertigung gekommen zu seyn. Gleichwohl dürfen wir nicht völlig so weit gehen, weil nach Wimmers Anzeige dieses Lied schon in einem Gesangbuche, welches 1569 bey Joh. Eichhorn zu Frankfurth gedruckt ist (*b*), gestanden haben soll. Da es aber in der großer Ausgabe des bereits S. 108 erwähnten vollständigen Gesangbuches, welches in eben diesem Jahre und an eben diesem Orte vielleicht eher besorgt worden ist, nicht angetroffen wird; so läßt sich hieraus

(*a*) Siehe in Telemanns 1730 zu Hamburg herausgegebenen evangelisch musicalischen Liederbuche, S. 44.

(*b*) Siehe den 3ten Theil seines Com. S. 139.

hieraus mit zieмlicher Gewißheit schließen, daß es in den vorherbekannten Gesangbüchern der lutherischen Kirche noch nicht eingerückt gewesen sey. Indessen soll doch nach Wetzels Urtheile' aus Heinrichs Rothens *Speculo humanæ vitæ* (*a*) erhellen, daß dieser Gesang schon 1565 üblich gewesen wäre. Dieses ist, so viel ich weis, die älteste Zahl, da desselben bey den Schriftstellern gedacht wird. Später aber, nemlich nach der Ausgabe des knaustischen Liederbuchs finden sich mehrere Anzeigen, unter denen ich mich nur auf die Erzählung beruffen will, daß Johann Willhelm, Herzog zu Sachsen-Weimar, dieses Lied 1573 kurz vor seinem Ende im Traume sehr lieblich singen gehört hatte (*b*). Soll ich nun diesen Umstand der Zeit nach meinem Gutachten deutlicher bestimmen; so würde ich auf das 1552 oder 61te Jahr rathen, wo bey der Belagerung die Theurung gar groß und zur Pestzeit die Nahrung kümmerlich genug gewesen seyn mag, folglich ein so starker Glaube, als

aus

(*a*) Siehe am angef. Orte. Dieses Buch eines eislebischen Predigers soll nach Draudens Anzeige S. 257 eine Erklärung der vornehmsten Hauptsprüche in Leichenpredigten enthalten, und zu Leipzig bey Großen dem Aeltern 1614 herausgekommen seyn.

(*b*) Olearius erwähnt diesen Traum im 4ten Th. S. 14. und andere nach ihm, aus der ersten Leichenpredigt, welche auf diesen Fürsten zu Regenspurg 1574 nebst zwo andern gedruckt worden ist.

aus dem Gesange hervorleuchtet, erfordert worden ist. Sehr wahrscheinlich aber kömmt es mir vor, daß es noch 1571 durch das erwähnte Liederbuch, zumal nach geschehener Verbesserung noch bekannter und endlich auch gegen das Ende des 16ten Jahrhunderts in den Kirchen gesungen worden ist (*a*). Gleichwohl erwähnte noch 1587 der gleich anzuführende M. Julius, daß dieser Gesang in der christlichen Versammlung nicht so gemein, aber in eines jeden Hauskirche und Handwerksladen wohl bekannt wäre.

§. 4.

Von seinen Uebersetzungen.

Außer dieser Art des Beyfalls, verdient ferner ein gewisses Glück gerühmt zu werden, welches zu allen Zeiten unter die Kennzeichen guter Schriften, von was für einer Gattung sie nur seyn mögen, gerechnet worden ist. Rühmlich genug ist es, daß dieses Trostlied Lor. Rhodomann (*b*), Prof. zu Jena und Wittenberg, M. Jo=

(*a*) Z. E. in den nürnbergischen Gesangbüchern, welche 1561 und 79 gedruckt sind, steht es noch nicht; aber in den bald darauf folgenden; auch befindet sichs in dem 1586 zu Bonn gedruckten S. 146. 6 unter den neuen geistlichen Liedern.

(*b*) Siehe den Appendix zu *Martin Crusii Hom. Hymn.* n. X. p. 482.

Von seinem noch gewöhnlichen Liebe. 205

M. Joseph Clauder (*a*) damals Schulrector allhier, Johann Gottfried Petschel (*b*), itzt evangelisch lutherischer Pfarrer zu Sulzburg in der Grafschaft Wolfstein lateinisch, M. George Leuschner (*c*), Rector zu Grimma, griechisch, drey unbekannte Dichter aber französisch (*d*), niedersächsisch (*e*) und holländisch

(*a*) In dessen Psalmodia Nova; daraus es auch M. Hausen in sein lateinisches Gesangbuch, welches *pietas melica* überschrieben und 1704 zu Dreßden gedruckt ist, S. 488 eingerückt hat.
(*b*) In *Cantore Christiano*, i. e. canticis sacris ad quaevis tempora et ad quemvis animarum statum accommodatis Solisbaci 1754, in 8. p. 656.
(*c*) Siehe dessen *Hellenodiam Lutheranam* n. 84, p. 150, welche zu Leipzig 1648 gedruckt ist.
(*d*) Hr. D. Riederer zeigt mir eine sehr alte Ausgabe an, welche diesen Titel hat: Livre de cantiques spirituels traduites de l' allemand en francois, avec quelques prieres imprimé a Strasbourg chez Iean Frederic Spoor 1580 in 21. S. 127. Es steht aber auch mit Veränderung einiger Worte in den neuern Ausgaben, welche unter der Aufschrift les occupations des ames fidelles bey Fabern zu Frankfurth am Mayn 1683 (f. 252) und zu Straßburg 1723. (f. S. 167.) herausgekommen sind.
(*e*) Hr. Schöber hat mir ein solches Gesangbuch gezeigt, welches unter dem Titel D. Martin Lutheri Liede vnde Psalmen 1618 zu Rostock bey Augustin Ferbern gedruckt sind: desgleichen Hr. Prof. Gottsched, welches unter dem Titel Geystlicker Lieder vnde Psalmen D. M. L. 1584 zu Magdeburg gedruckt ist, in deren beyden es steht.

ländifch (a) in so genannte Verse übersetzt, ja so gar die Melodie ohne Zwang beybehalten haben. Doch wer weis, was sich außer diesen für Uebersetzungen sonst noch finden möchten. Indessen begnüge ich mich, nach dem Beyspiele zweener zu Hannover und Zittau ehemals verdienten Prediger Past. Buschens (b) und Sen. Hausdorfs, (c) die 7 angeführten Uebersetzungen hier einzurücken, und hoffe, daß deren Mittheilung meinen Lesern angenehm seyn werde.

Erste

(a) De CL Psalmen Davids, fol. 533, welche an der 1701 zu Amsterdam herausgekommenen nederduytse Bibel angedruckt sind.

(b) Da er die ausführliche Historie und Erklärung des Heldenliedes Lutheri, Eine feste Burg ist unser Gott ꝛc. 1731; die theologische und historische Betrachtung des Lobgesangs, Herr Gott dich loben wir, nebst einem Anhange der Historie des Lobliedes Nun lob mein Seel ꝛc. 1735; und die ausführliche Historie und Vertheidigung des evangelischen Kirchenliedes Erhalt uns Herr bey deinem Wort; 1735. herausgab; so fügte er 236, 45, 164, 166 Uebersetzungen dieser Lieder selbst, und auch Nachrichten von solchen bey.

(c) Auch dieser hat in der 1741 zu Nürnberg ans Licht gestellten Lebensbeschreibung Laz. Spenglers, von dessen Liede, Durch Adams Fall ist ganz verderbt 13 Uebersetzungen von S. 484 an und am Ende angeführt, der talmudischen aber nur erwähnt.

Erste Lateinische Uebersetzung.

Laurentii Rhodomanni.

1.

Quare meum cor angeris,
Doloribusque frangeris,
　　ob friuolas opes?
Quin in Deum locas tuum
spem, qui creator omnium.

2.

Te posthabere non potest,
nec vult. Tibi scit; quod deest;
　　(coelum, solum tenet)
Tuus parens Deus, malis
Seruator in periculis.

3.

Ergò, parens cùm sis bonus,
haud deseres natum Deus,
　　paterna charitas.
Sum gleba vilis: est mihi
in orbe nil solatii.

4.

Fidit bonis diues suis.
Ego bonis fido tuis.
　　Sim spretus hic licet;
Credo tamen, quod nil boni
desideret fidens tibi.

5.

Thesbita quisnam te cibat,
famis per annos: dum negat

aër suas aquas?
Phoenissa, non habens virum,
cui tu Dei fers nuntium.

6.

Sub fronde dum moestus cubat,
Dei minister proximat,
potum, cibum ferens:
Vi cujus ivit dissitum
ad montis Orebi jugum.

7.

Quàm Daniel curae Deo,
dum saeuus hunc cingit leo!
Nam mittit Angelum,
qui curat huic alimoniam,
per Habacuci sportulam.

8.

Aegyptiis venundatur,
vinclisque Joseph traditur.
Hoc sanctitas facit.
Quem Joua fecit principem,
fratres ut aleret, & patrem.

9.

Nec in camino tres viros
fidissimus linquit Deus.
His mittit Angelum.
Is cauma reddit frigidum,
et omne tollit noxium.

10.

A seculis ut diues es,
sic vsque Joua permanes.

In te fides mea.
Modò perbees animam mihi,
sat hic & illic est boni.

11.
Deus caducum nil moror,
bonis fac æternis fruar,
　　quae parta sunt tibi,
crucis per horridae necem.
Hoc est, quod vnicè petam.

12.
Auri talenta fulgidi,
et pondus argenti boni,
　　ac, quae fluunt, opes,
ad tempus haud longum manent,
nec ad salutem quid valent.

13.
Tibi, Christe, laus, proles Jovae:
Quod scire mi das haec, tuae
　　per verba gratiae.
Da, quaeso, mi constantiam,
metam salutis ad bonam.

14.
Tibi sit omnis gloria:
Quòd tot mihi das munera.
　　Supplexque te rogo:
Tuis fac à complexibus
nunquam reuellar, mi Deus.

Zweyte lateinische Uebersetzung
M. Ioseph Clauders.

1.

Cor triste quid moeroribus
Te frangis, ac doloribus,
    Ob temporalia?
Stet in Deo fiducia,
Qui fecit unus omnia!

2.

Te nescit hic relinquere:
Quo tu iuueris, scit benè.
    Polum, solum tenet;
Mihi Pater, mihi Deus
Malis adest in omnibus.

3.

Cùm sis mihi Pater-Deus,
An derelinquar filius?
    Paterna Charitas!
Sum gleba terrae: terrea
Sed nulla dant solamina.

4.

Spes Diuiti pecunia:
Fruar tuâ sed gratiâ;
    Sim spretus hic licèt:
Mihi tamen certò liquet;
Fidens tibi nil indiget.

5.

Dapes quis, *Helia*, tibi
Ferebat, agri cum siti

Preſſi famem darent?
Relicta *Zidonitica,*
Cujus petebas limium.

6.
Sub fronde dum moeſtus cubat,
DEI miniſter proximat,
    Potum, cibum ferens:
Vi cujus iuit diſſitum
Ad montis *Horebi* jugum.

7.
Nec *Danielis* immemor
DEUS, leonum quem furor
    Urgebat: Angelus
Porrexit illi fercula
In *Habacuci* ſportula.

8.
Aegyptiis venundatur,
Vinclisque *Joſeph* traditur,
    Ob caſtimoniam:
Princeps fit à DEO potens,
Cum Patre fratres nutriens.

9.
Nec deſerebat prouidus
In igne tres viros DEUS:
    Miſſô ſed Angelô,
Flammas edaces diſpulit,
Et è malis hos eruit.

10.
Tam diues es jam nunc DEUS,
Quàm ſeculis ab omnibus:

In Te fides mea.
Mens diues esto, quippiam
Nec hîc nec illic appetam.

11.

Humana, vana gloria:
Desidero coelestia,
   Tuâ lucratus es
Quae, CHRISTE, morte pessimâ,
Pro quâ Tibi sit gratia!

12.

Quae mundus hîc jactat bona:
Auri talenta splendida,
   Gazaeque nobiles,
Non sunt diu durabiles,
Nec ad salutem fertiles.

13.

Magnam rependo gratiam,
JESU, Tibi quòd haec sciam
   Verbi potentiâ.
In hisce da constantiam
Meae saluti commodam!

14.

Sit laus Tibi! sit gloria,
Ob vniuersa commoda,
   Supplexque Te precor,
A claritate'ne mihi
Vultus tui des rejici!

Dritte Lateinische Uebersetzung
M. Gottfried Petschels.

1.

Cur te adfligis, anima,
Et torques opum cupida
    Tantum terrestrium?
In DOMINVM spem colloca,
Qui haec creauit omnia.

2.

Nec vult, nec potest linquere
Te Is, qui scit egenum te,
    Qui cuncta possidet,
Est PATER, DEVS, quibusuis
Adiutor in periculis.

3.

Si ergo DEVS meus es
Et PATER, nunquam deseres
    Me, O PATERNVM COR!
Abjectum me scis puluerem,
Cui terra nullam affert spem.

4.

In auro diues fluido
Confidit; ego DOMINO
    Confidam, atque' me
In DEVM spe, si jaceam,
Quae nunquam fallit, erigam.

5.

Quis aluit, Elia, te,
Cum coelum nollet pluere

Tam duro tempore?
Monstrata Tibi vidua
A DOMINO Sidonia.

6.

Is cubans sub iunipero
Cibatus est ab Angelo
 Vt longum iter sic
Mox pede posset agili
Ad montem Horeb prosequi.

7.

Et Danieli DOMINVS
Obiecto jam leonibus
 Per suum Habacuc
Porrexit necessaria
In fouea cibaria.

8.

Iosephum DEVS venditum
In vincla datum postmodum
 Ob vitam integram
Euexit, vt sic ipsemet
Cum Patre fratres aleret.

9.

Nec viros tres in clibano
Deseruit ignitomo,
 Nam misit Angelum
Flammarum ab iniuria
Illos tegendi gratia.

10.

Et tunc, O DEVS! singulis,
Vt olim, bonis adfluis,

Fiden-

Fidentem opibus
Diuinis auge animum!
Sic hic, sic ibi diues sum.

11.

Caduca hic despicio,
Aeterna tantum expeto,
  Acerba morte Tu
In crucis mihi stipite
Quæ peperisti, DOMINE.

12.

Quas mundus habet, singulæ
Et opes, et diuitiæ,
  Aes, aurum, numuli
Sunt bona tantum fluida,
Nec ducunt ad coelestia.

13.

Sit, IESV, tibi gratia
Quod nota mihi reddita
  Per verbum ista sint
Constantem ad salutem me
Et fidum tantum effice!

14.

Et gloria pro singulis
Sit Tibi beneficiis!
  Te supplex rogito,
A Tua me ne facie
Reiicias, o DOMINE!

Von seinem noch gewöhnlichen Liede.

Griechishe Uebersetzung
M. George Leuschners.

α.

Τίη, μευ ἦτορ, ἄχνυσαι,
Μεριμνάεις καὶ ἄχθεαι,
  Τῶν χρημάτων περὶ;
Θεῷ πίθοιο κυρίῳ,
Κόσμοιο ποιητῇ σοφῷ.

β.

Οὐ βέλεται, ὐ θένει σ' ἐὰν
ὦν γὰρ δέῃ, οἶδ᾽ εἰσάπαν,
  Γῆς καὶ πόλων ἄναξ,
Πατήρ σευ ἠδὲ κύριος;
Ὅς σοι ἄμυνε πᾶν ἄχος.

γ.

Ἐπεὶ πατὴρ μευ καὶ Θεὸς
Πέλεις, σὸν ὐ λείψεις τέκος,
  Πατρῷα καρδία.
Βῶλαξ ἀρήρης εἰμ᾽ ἐγώ.
Οὐχ, ὃς παρηγορεῖ μ᾽, ἔχω.

δ.

Πλέτω πέποιθεν ἀφνεός·
Ἐγὼ δὲ σοὶ θαρσῶ, Θεός·
  Κἂν ὦ ἀϊτημελής.
Τόδ᾽ οἶδα, πιςεύων, σαφῶς·
Θαρσῶν ὅτι, ἐνδεῖ ὐδαγός.

ε.

Τίς, Ἠλίαν, σε ἔτρεφεν,
Οὐ τόσσον ὕσαντος χρόνον;

Ἐν

Von seinem noch gewöhnlichen Liede.

Ἐν τῇ σπάνει βίῳ;
Χήρα Σαρέπτις εὔνοος,
Πρὸς ἣν σε πέμψε κύριος.

5.

Εὕδονθ' ὑπ' ἀρκεύθῳ θοὸς
Πόλων κατῆλθεν ἄγγελος,
Ἄρτον φέρων χ' ὕδωρ.
Ὁ δ' ἔστιχεν μακρὰν ὁδὸν,
Χώρηβον εἰς ὄρος κλυτόν.

6.

Οὐ Δανιῆλος λήθετο,
Τιθέντος ἐν λιῶν βόθρῳ
Θεός, ὃν ἄγγελον
Πέμψας, οἱ εἶδαρ κέκλετο
Φέρειν διὰ προφητέω.

7.

Πραθεὶς Ἰωσὴφ ἐν Φάρῳ,
Τλῆ δεσμὰ δὴν μονάρχεω,
Δι' εὐσέβειαν ἦν.
Ἀρχὴν Θεὸς δέδωκέν οἱ,
Κἄσεις γονῆά θ' ὡς τρέφοι.

8.

Οὐ λεῖπε καὶ πιστὸς Θεὸς
Τρεῖς ἐν καμίνῳ ἀνέρας.
Στείλας ἰὸν ἄγγελον,
Φύλαξε τοὺς ἀπὸ φλογῶν,
Καὶ λῦσε πασῶν ἐκ δυῶν.

10.

Σὺ τόσσ' ἔτι πλυτεῖς, θεὲ,
Ἀρχῆθεν ὅσσα πώποτε.

O 5   Πέποι-

Von feinem noch gewöhnlichen Liebe.

Πέποιθά σοι μόνῳ.
Ψυχῇ μευ ὄλβον σὸν πόρε,
Πάντων καὶ εὐπορήσομαι.
    ιαʹ.
Χήρευσα προσκαίρων ῥέα·
Ἐμοὶ μόνον δὸς ἄφθιια,
   Ἃ κλήσαο βροτοῖς
Πότμυ διὰ ςυγνῦ σέθεν.
Εὐχὴ μὲν ἤδ' ἀεὶ πέλεν.
    ιβʹ.
Τὰ τῆσδε τίμια χθονὸς,
Νόμισμα, χρυσὸς, ἄργυρος,
   Πλῦτος, τὰ χρήματα,
Βαιὸν μένει πάντα χρόνον,
Οὐδ' ὠφελεῖ τι πρὸς πόλιν.
    ιγʹ.
Ὦ Χριςὲ, σοὶ ἄγω χάριν,
Ὃς μοι τὰ δῶκας ἐῦ μαθεῖν
   Θείων σευ ἐκ λογών.
Τὸ ἐυςαθὲς δοίης μοι ἂν
Ψυχῆς μευ εἰς σωτηρίαν.
    ιδʹ.
Σοὶ δόξα, σοὶ κλέος πέλει,
Ἀνθ' ὧν μ' ἔδρασας ἐῦ ἀεί.
   Γινώζομαι δέ σε.
Μὴ σῆς ὀπωπῆς, κύριε,
Ἡμᾶς ἀπώσειάς ποτε.

Fran=

Französische Uebersetzung.

1.

Pourquoi te troubles-tu mon coeur,
Triste, affligé, plein de douleur,
    Tout pour ces biens mondains?
Répose-toi sur l'Eternel,
Qui fait tout d'un soin paternel.

2.

Connoissant assez ton besoin,
Il veut se charger de ton soin;
    Il est maître de tout.
Mon Pere, mon Seigneur, mon Dieu,
C'est toi, qui m'aides en tout lieu.

3.

Etant mon Pere & mon Seigneur,
Jamais ton favorable coeur
    Ne laissera ton fils,
Qui d'ailleurs n'est qu'un pur néant,
Ici bas sans soulagement.

4.

Pour ses biens le riche est enflé,
Mais moi, bien que j'en sois sifflé,
    Me fierai sur Dieu.
Car voici mon meilleur soûtien:
Aux vrais croyans ne manque rien.

5.

Cher Elie, qui te repût,
Tandis que la disette fut,

be
th
ze
of
B
ba

di
fei

Fran=

Französische Uebersetzung.

1.

Pourquoi te troubles-tu mon coeur,
Triste, affligé, plein de douleur,
 Tout pour ces biens mondains?
Répose-toi sur l' Eternel,
Qui fait tout d'un soin paternel.

2.

Connoissant assez ton besoin,
Il veut se charger de ton soin;
 Il est maitre de tout.
Mon Pere, mon Seigneur, mon Dieu,
C' est toi, qui m' aides en tout lieu.

3.

Etant mon Pere & mon Seigneur,
Jamais ton favorable coeur
 Ne laissera ton fils,
Qui d' ailleurs n'est qu'un pur néant,
Ici bas sans soulagement.

4.

Pour ses biens le riche est enflé,
Mais moi, bien que j' en sois sifflé,
 Me fierai sur Dieu.
Car voici mon meilleur soûtien:
Aux vrais croyans ne manque rien.

5.

Cher Elie, qui te repût,
Tandis que la disette fut,

Dans un païs tout sec?
Une veuve de Sarepta,
Vers qui l' ordre saint te porta.
6.
L'ange de Dieu sous le sureau
Lui porta du pain & de l'eau.
Dequoi s'étant repait
Un long voyage il acheva,
Et sur Horeb il arriva.
7.
Dans l'antre du lion cruel
Dieu n'oublia point Daniel,
Son Ange l'assista,
Et le prophete Habacuc
Lui porta vivres de bon suc.
8.
Joseph, en Egypte vendu,
En dure prison fut rendu,
Malgré sa probité.
Mais Dieu l'ayant fait grand Seigneur,
Il fut des siens le Protecteur.
9.
Aux flammes Dieu n' abandonna
Les trois enfans, mais ordonna
Son Ange tres-puissant,
Pour les garantir de ces feux
Et des dangers les plus affreux.
10.
Or Seigneur, autant que jamais
Tu nous peux combler de bienfaits

J'ay

J'ai mon espoir en toi.
Mon ainé enrichi seulement,
Et j'auray tout contentement.

11.
Je quitterai le temporel,
Donne-moi l'honneur eternel,
 Que Jesus nous acquit
Par un supplice tres-honteux,
J'en prie ton nom glorieux.

12.
Tout ce qu'on possede icy bas,
Soit or, argent, soit autre amas,
 Richesses, biens, maisons,
Ne dure qu'un petit moment,
Et n'aide au salut nullement.

13.
Je te rends graces, mon Sauveur.
Que par ta parole & faveur
 J'ai ce discernement.
Fai qu'en la foi je sois constant,
Pour étre un jour au Ciel content.

13.
Cependant pour tous tes bienfaits
Je te glorifie à jamais,
 O Pere de pitié.
Ne rebutte pas ton Enfant,
Et ren mon espoir triomfant.

Von seinem noch gewöhnlichen Liede.
Niedersächsische Uebersetzung.

1.

Worümme bedrövest du dy mhn hert,
Bekümmerst dy vnde bregest smert,
   Men vmme dat tydtlick gudt?
Vörtrüw du dynem Heren vnde Godt,
De alle dinck geschapen hefft.

2.

He kan vnde wil dy vörlaten nicht,
Beweth gar wol wat dy gebrickt,
   Hemmel vnde Erdt ys syn,
Myn Vader vnde myn Here Godt
De my bysteit in aller noth.

3.

Wyl du myn Godt vnde Vader bist,
Dyn Kindt werstu vörlaten nicht,
   Du Väderlicke Hert,
Ick ben ein arme Erden Kloß,
Op Erden weth ick keinen trost.

4.

De Ryke vörleth sick op syn tydtlick gudt,
Ick overst wil dy vörtrüwen myn Godt,
   Efft ick gelyck hyr werde vöracht,
So weth ick vnde gelöue fastiglick
Wol dy vörtrüwet, dem mangelt nicht.

5.

Helia wol erneeret dy,
Do ydt so lange regnet nicht,

Von seinem noch gewöhnlichen Liede 223

In so sware düre tydt,
Eine Wedwe vth Sarepten landt,
Tho welcker du van Godt werest gesandt.

6.

Do he lach vnder dem Wacholder Boem,
De Engel Godes vam hemmel kam,
 Bracht em Spyß vnde Dranck,
He ginck gar einen wyden ganck,
Beth tho dem Berg Horeb genandt.

7.

Des Daniels Godt nicht vörgath,
Do he vnder den Löwen satt,
 Syn Engel sandt he hen,
Vnde leth em Spyse bringen gudt,
Dörch synen Dener Habacuc.

8.

Joseph in Egypten vörköfft wart,
Vam Köninck Pharao gefangen hart,
 Vmm syne Godtfrüchtigkeit,
Godt mackt en tho einem groten Heren,
Dat he kondt Vader vnde Bröder erneeren.

9.

Ydt vörleth ock nicht de getrüwe Godt,
De dre Menner in Fürauen rodt,
 Syn Engel sende he hen,
Bewarde se vör des Füres globt,
Vnde halp en ock vth aller noth.

10.

Ach Godt du bist noch hüdt so ryck,
Als du geweesen bist ewicklick,

Myn

Von seinem noch gewöhnlichen Liede.

Myn vörtruwen steit gantz vp dy,
Mack my an mynner Seelen ryck,
So hepp ick genoech hyr vnde dort ewicklick.

11.

Der tydtlicken ehr wil ick gerne entbeern,
Du willest my men dat ewige nicht weern,
Dat du erwornen hefft,
Dörch dynen schwaren bittern Dodt,
Dat bidde ick dy myn Heer vnde Godt.

12.

Allent wat ys vp disser Welt,
Ydt sy Sülver Goldt edder Geldt,
Ryckdom vnde tydtlick gudt,
Dat waret men eine kleine tydt,
Vnde helpet doch nicht thor salicheit.

13.

Ich dancke dy Christ O Godes Söhn,
Dat du my sölckes hefft erkennen lahn,
Dörch dyn Gödtlike Wordt,
Vörleen my ock bestendicheit,
Tho myner Seelen salicheit..

14.

Loff ehr vnde prysz sy dy gesecht,
Vör all dy ertögede woldadt,
Vnde bidde dy demödichlick,
Lath vns nicht van dynen Angesicht,
Vörstöten werden ewicklick.

Hollin=

Von seinem noch gewöhnlichen Liede.

Holländische Uebersetzung

Tegen onnutte tydelyke forge.

1.

Warom bedroeft gy u, myn hert,
    Bekommert u, en draget smert
      Al om het tyd'lyk goed?
Vertrouw op uwen God, die leeft,
Die alle ding geschapen heeft.

2.

Hy kan en wil u (*) laten niet; (*)D. Ver-
Want Hy weet wel, wat u geschied; laten.
      Hemel en ard' is syn;
Myn Vader en myn Heere God,
Die my bystaat in alle nood;

3.

Wyl Gy myn God en Vader zyt,
Uw kind sult Gy verlaten niet,
      O Vaderlyke Hert;
Ik ben een arme aarden-kluyt,
Op aarden is myn troost heel uyt.

4.

De ryk' verlaat sig op syn goed;
Maar ik vertrouw op U, myn God,
      Of ik schoon werd' veragt;
So weet ik dog, en g'loove, siet,
Wie U vertrouwt, dien gebreekt niet.

5.

Elias dien geneerde, siet,
Toen het so lang regende niet,

P   In

Von seinem noch gewöhnlichen Liede.

In een so duuren tyd,
Een Weedwe uyt Sidoner land,
Tot welk hy wierd van God gesant.

6.

Hy lag onder d'genever-boom,
Daar quam d'engel van d'hemel, vroom,
   Bragt hem spys ende drank:
Hy ging heel enen verren gang,
Tot aan den berg Horeb, seer lang.

7.

Den Daniel God niet vergat,
Toen hy onder de leeuwen sat:
   Syn engel sond Hy heen,
En liet hem spyse brengen goed
Door Habakuk, syn dienaar vroed.

8.

Joseph in Egypte verkogt werd,
Van Pharao gevangen herd,
   Om syn godvrugtigheyd:
God maakt' hem tot een groten heer,
Dat hy vader en broe'rs geneer.

9.

Ook verliet niet de trouwe God
De drie mans in d'vuur-oven root:
   Syn engel sond Hy heen,
Bewaarde hen voor des vuurs gloed,
En hielp hen ook uyt alle nood.

10.

God, Gy zyt heden nog so ryk,
Als Gy geweest zyt eeuwiglik;

                              Ik

Ik betrouw vást op U;
Maak my aan myne ziele ryk,
So heb ik g'noeg hier en eeuw'lyk.

11.

Tydlyk' eer wil ik geern ontbeer'n,
Wilt slegts my maar 't eeuwig bescheer'n,
   Dat Gy verworven hebt,
Door uwen swaren bitt'ren dood:
Dat bid ik U, myn Heer en God.

12.

Alles wat is op dees' wereld,
Het zy silver, goud, ofte geld,
   Rykdom en tydlyk goed,
Dat duurt maar eeneu kleynen tyd,
En helpt dog niet ter saligheyd.

13.

Ik dank U, Christ, ô Godes Soon,
Dat Gy my sulks laat kennen schoon
   Door uw' Godd'lyke Woord:
Verleen my ook volstandigheyd,
Tot myner zielen saligheyd.

14.

Lof en prys zy U, vroeg en laat,
Voor al uw bewesen weldaad:
   Ik bid ootmoediglyk,
Laat my, Heer, van uw aangesigt
Verstoten worden eeuwig niet.

In een so duuren tyd,
Een Weed'we uyt Sidoner land,
Tot welk hy wierd van God gesant.
6.
Hy lag onder d'genever-boom,
Daar quam d'engel van d'hemel, vroom,
Bragt hem spys ende drank:
Hy ging heel enen verren gang,
Tot aan den berg Horeb, seer lang.
7.
Den Daniel God niet vergat,
Toen hy onder de leeuwen sat:
Syn engel sond Hy heen,
En liet hem spyse brengen goed
Door Habakuk, syn dienaar vroed
8.
Joseph in Egypte verkogt werd,
Van Pharao gevangen herd,
Om syn godvrugtigheyd:
God maakt' hem tot een groten heer,
Dat hy vader en broe'rs geneer,
9.
Ook verliet niet de trouwe God
De drie mans in d'vuur-oven root:
Syn engel sond Hy heen,
Bewaarde hen voor des vuurs gloed,
En hielp hen ook uyt alle nood.
10.
God, Gy zyt heden nog so ryk,
Als Gy geweest zyt eeuwiglik;

Ik

Von seinem noch gewöhnlichen Liede.

Ik betrouw väst op U;
Maak my aan myne ziele ryk,
So heb ik g'noeg hier en eeuw'lyk.

11.
Tydlyk' eer wil ik geern ontbeer'n,
Wilt slegts my maar 't eeuwig bescheer'n,
    Dat Gy verworven hebt,
Door uwen swaren bitt'ren dood:
Dat bid ik U, myn Heer en God.

12.
Alles wat is op dees' wereld,
Het zy silver, goud, ofte geld,
    Rykdom en tydlyk goed,
Dat duurt maar eenen kleynen tyd,
En helpt dog niet ter saligheyd.

13.
Ik dank U, Christ, ô Godes Soon,
Dat Gy my sulks laat kennen schoon
    Door uw' Godd'lyke Woord:
Verleen my ook volstandigheyd,
Tot myner zielen saligheyd.

14.
Lof en prys zy U, vroeg en laat,
Voor al uw bewesen weldaad:
    Ik bid ootmoediglyk,
Laat my, Heer, van uw aangesigt
Versloten worden eeuwig niet.

228 Von seinem noch gewöhnlichen Liede.

§. 5.

Von seinen Erklärungen.

Gleich rühmlich ist es, daß verschiedene Lehrer der Kirche nicht nur über dieses Lied zu theuern und kummervollen Zeiten Predigten gehalten, sondern auch besondere Abhandlungen darüber geschrieben haben. Unter die erste Gattung gehören M. Michael Julius (a), Hofprediger zu Gotha, M. Leonhard Ulr. Buroner (b), Inspector zu Saltzwedel, D. Joh. Bened. Carpzov (c), der berühmte Pastor zu Leipzig, M. Joh. Götzinger (d), Pfarrer zu Burgstädt, M. Joh. Avenarius (e), Predi-

(a) Dessen 1587 gehaltene 3 Predigten sind zum erstenmal 1588, zum 2ten mal aber vermehrt und verbessert 1610 zu Erfurt herausgekommen. Da ich die erste Ausgabe vor mir habe; so bestätige ich hiermit Dunkels Verbesserung, daß sie nicht schon 1558 gedruckt worden sind.

(b) Die etlichen Predigten desselben sollen 1678 in 4. gedruckt seyn.

(c) Er hat es am 15 Sonntage nach Trin. im 2ten Eingange 1689 erklärt, und es befindet sich im 2ten Theile der Lehr= und Liederpredigten, welche zu Leipzig 1706 herausgekommen sind, von S. 1108 bis 1129.

(d) Dessen 3 Predigten stehen in der erbaulichen Auslegung der 20 Lehr= Buß= Bet= und Trost= lieder, welche zu Dreßden bey Zimmermann 1711 verlegt sind, von S. 1012 bis ans Ende.

(e) Er hat 1707 nach seiner Gewohnheit die christliche Lehre nach Anweisung der 6 Hauptstücke durch

erbau=

Prediger zu Schmalkalden. Von der andern Gattung sind mit Martin Crusius (a) Prof. der griechischen und lateinischen Beredsamkeit in Tübingen, D. G. Heinr. Götze (b) Sup. zu Lübeck, M. Joh. Christoph Olearius (c) Sup. zu Arnstadt, desgleichen M. Wimmer (d) Past. zu Altenmörbitz bekannt worden.

§. 6.
Von seinen Lobsprüchen.

Was soll ich von den herrlichen Lobsprüchen sagen, welche diesem Gesange und um desselben willen allein seinem Verfasser, obgleich nicht von

allen

erbauliche Lieder zu erläutern, dieses Lied über die 4te Bitte erklärt und daraus einen unbekümmerten Christen vorgestellt, s. den Entwurf in dessen evangelischen Liedercatechismo, welcher 1714 in Stößels Verlage herausgekommen ist, von S. 120 bis 126.

(a) Siehe dessen Hom. Hymn. S. 287 bis 291.
(b) Siehe dessen Liederbetrachtung S. 70.
(c) Siehe den 4ten Theil des Liederschatzes von S. 10 bis 22.
(d) Siehe den 4ten Theil seines Comm. von S. 125 bis 147, wo der Verfasser beschrieben, das Lied mit daruntergesetzten Sprüchen bewiesen, dessen Inhalt und Eintheilung angezeigt, die Geschichte dessen, was sich mit manchen Worten und Versen merkwürdiges zugetragen hat, erzählt, endlich allerhand exegetische, dogmatische, auch kritische Anmerkungen beygefüget sind.

230 Von seinem noch gewöhnlichen Liede.

allen aus gleich guten Absichten, ertheilet worden sind? Je seltner er zu unsern Zeiten anders, als schimpflich erwähnt wird, desto weniger kann ich mich enthalten, die Worte selbst, welche ihm schon dieses Liedes wegen zu vorzüglichem Ruhme gereichen, besonders anzuführen. Es loben ihn aber Julius(a), Crusius(b), Dannhauer(c), Buroner(d), Carp-

(a) Er meldet im Anfange der ersten Predigt, daß dieser Gesang von einem frommen Gottseligen geistreichen Mann aus Gottes Wort in christliche Reimen verfasset sey: desgleichen lobt er ihn am Ende also: Ach es sind trostreiche hertzdringende Wort drin begriffen, die manchem können trost, safft und leben geben.

(b) Er überschreibt seine Erklärung als einen schönen Gesang wider das Sorgen der Leibesnahrung. Nach dem Anfange aber sagt er also: *Suauiter composita est, cum, qui canit, suam ipsius alloquitur animam, vt sibi vicinitate et domestica charitate conjunctam.*

(c) Er ist, sagt er in Postill. S. 177, ein feiner verständiger und wohl belesener und erfahrner Schuster gewesen, der den Gelehrten nicht uneben kann mit zugesellet, und auf eines deren Ehrenbänklein gesetzet werden. Nach diesen lobet er weitläuftig unser Lied.

(d) Er nennet ihn armer Leute Haustrost und urtheilet also: Der Autor hat dieses Lied nicht aus seinem Kopfe genommen, sondern der heilige Geist ist bey ihm geschäftig gewesen.

Carpzov (a), Wagenſeil (b), der Verfaſſer der zu Kiel herausgegebenen Einladungsſchrift (c),

Serpi-

(a) Dieſes Lied hat zwar nur, ſagt er, der alte teutſche Poet und Meiſterſänger H. S. aufgeſetzt, aber recht lehr und troſtreich gemacht, gleich als ob es von einem geiſtreichen Theologo verfertiget wäre.

(b) „Abſonderlich, ſchlüßt er die Nachricht von ihm, „iſt zu gedenken, daß ſein Lied in der gantzen „Evangeliſchen Kirche, ſo weit dieſelbe ſich erſtre„cket, als Geiſtreich und Seelen erquickend, in „denen Verſammlungen geſungen, und in den „Predigten angezogen wird; und hab ich einmal „einen fürnehmen Theologum in öffentlicher Pre„digt bezeugen hören, daß er in ſeinem langwie„rigen Seelſorgers Ampt, auf der Welt nichts „gefunden, ſo nach den Kraft-Sprüchen Heili„ger Göttlicher Schrift, betrübte, niedergeſchlage„ne, kleinglaubige, geängſtete und faſt verzagende „Gewiſſen mehr getröſtet, aufgerichtet und geſtär„ket hätte, als das in ſelbigem Lied enthaltene „güldene, ja gantz unvergleichliche Geſetz, welches „kein Menſch beſſer machen könnte”: Weil du mein Gott ꝛc.

(c) Sie iſt 1703 bey der Feyer des Michaelis-Feſtes geſchrieben, handelt von gewiſſen Liedern dieſes Feſtes und iſt bey der gleich anzuführenden Schrift wieder abgedruckt worden. Da nun H. S. auch in unſerm Liede der Engel gedacht hat, ſo urtheilet er von ihm alſo: Quod attinet ad ipſam verſuum formam, nemo non videt, diuitem ei fuiſſe et benignam venam, in jambis praecipue, quos magno numero conjicere ſimul in chartam potuit, et ſine ullo quidem negotio.

Serpilius (a), Olearius (b), Göſe (c), Omeis,

(a) In den S. 13. erwähnten Gedanken, worinne er manche Dinge jener Schrift widerlegt, aber auch Gelegenheit nimmt, von H. S. seine geſammleten Nachrichten und Urtheile von S. 23. bis 41 zur Probe beyzufügen.

(b) Er schreibt S. 11. also: „Unrecht wäre es, wenn „man dieses Mannes Namen nicht wollte über „das Lied setzen, massen es auch hierinn seinen „Nutzen hat, daß man neulich andern damit „zeigen kan, wie auch ein geringer armer und ge= „meiner Mann, dergleichen H. S. gewesen, bey „seiner vielleicht gar kummerhaften und schlech= „ten Nahrung, gleichwohl ein solch gutes Ver= „trauen auf Gottes Vorsorge hat setzen können, „daher mancher wird anfangen zu denken: hat „dieser Mann so können gesinnet seyn, warum „bin ich es nicht auch„? Desgleichen fügt er in der Anmerkung zu der crusischen Erklärung dieſes Liedes folgendes Urtheil bey, daß der wahre Verfasser derselben *pius ille et satis doctus Norimbergensium poeta et Phonascus* gewesen sey.

(c) Siehe dessen *Observ. miscell.* 1708 *Lubecae propositas de sutoribus cruditis*, welche zu Je= na in einer deutschen Uebersetzung 1729 unter dem Titel, **Vermischte Anmerkungen von gelehr= ten Schustern** heraus gekommen sind. „Hätte „er, heißt es S. 31. keinen andern Vers geschrie= „ben, als dieses einzige von der Evangelisch=Lu= „therischen Kirchen aufgenommene Lied vom Ver= „trauen und festen Zuversicht auf Gott, so erach= „te doch, daß man ihm davor alles Lob und Hoch= „achtung, so wir gelehrten Männern schuldig, „gleichermassen zu zu stehen habe. Denn man „mit

Ontels (*a*), Götzinger (*b*), auch Christian Thomasius (*c*), Past. E. F. Hilscher (*d*),

"mit aller Wahrheit von demselben sowohl, als seinen übrigen recht erbaulichen Gedichten sagen kann, was der unvergleichliche Helmstädtische Lehrer Caspar Coerberus von der Poesie überhaupt geurtheilt: Der vornehmste und nie auszusetzende Endzweck derselben sey, zu belustigen, zu trösten, und noch mehr die Sterblichen zu einem tugendhaften Leben anzuführen, und auf mancherley Art einen wahren Nutzen zu schaffen".

(*a*) Er sagt S. 33. sein geistreiches Lied wird annoch von vielen frommen Seelen sehr werth gehalten.

(*b*) Er setzt vor seine 3 Predigten dieses allgemeine Urtheil: "Das schöne Trostlied von der göttlichen Providenz und Vorsorge des Herrn für seine Gläubigen", und hernach fügt er hinzu: "Unter seinen Gedichten ist sonderlich beliebet worden das Lied, Warum ꝛc. daß es in die Kirche eingeführet wurde, welches gewißlich recht geistreich und tröstlich gefasset, und durch und durch aus heiliger Schrift genommen ist". s. S. 1022.

(*c*) "Von H. S. haben wir doch noch das geistreiche Lied in der Kirche Warum u. s. w. aber Homerus hat solche Schnitzer begangen, daß auch Heraklitus schon zu seiner Zeit sich nicht enthalten können, zu sagen: Homerus wäre werth, daß man ihm Mauschellen gäbe s. seine Anmerkungen über Melchiors von Ossa Testament". S. 118.

(*d*) Siehe dessen zu Budissin 1728 gedruckte und auf einen gewissen Friedrich Urban gehaltene Hochzeitrede, S. 6. worinne die Worte, Vertrau du

genden Beförderungen wurden. Desgleichen hatte es bey dem zu Dreßden ermordeten M. Hahn, als er auf die Universität nach Leipzig kam, eine so starke Kraft, daß es ihm damals und auch hernach die stärkste Versicherung der göttlichen Vorsorge erweckte (a). Wollte man aber die Vortrefflichkeit dieses Gesanges auch durch neuere dergleichen Wirkungen zeigen; so würde die Erzählung, welche mir einer meiner Freunde überschrieben hat, mit Rechte darzu gehören. Ein berühmter Gottesgelehrter und Weltweiser unserer Zeit kam, ich weis nicht, in was für ein Gedränge, und gerieth bey dieser Versuchung in so große Bekümmerniß, daß er darüber ganz kleinmüthig zu werden anfieng. Ob ihm nun gleich unser gemeinschaftlicher Freund viele Ursachen anführte, welche sein verzagtes Gemüth beruhigen konnten und sollten; so blieb er doch bey allen Vorstellungen ungerührt, und es war nichts als Mistrauen zu spüren. Endlich sprach er zu ihm bey dem Abschiede: *ich weis nun nichts mehr zu ihrem Troste zu sagen, als die Worte H. S. weil du mein Gott und Vater bist u. s. w.* Er bath ihn, diese Worte zu überdenken und im Glauben sich zu zueignen. Als er ihn nach einigen Tagen wiedersah; so gestund dieser Gelehrte, daß sie bey ihm den stärksten Eindruck gemacht und sein Vertrauen zu Gott aufs kräftigste

(a) Ebendaselbst S. 134.

noch gewöhnlichen Liebe. 239

sich demnach, gleichsam auf
  das zeitliche Gut eine so
 sey, daß er sich über dessen
 bekümmere? Er ermuntert
 nem Gott, zu vertrauen: er
  süsse Eigenschaften so kurz
   Mit den edelsten Vor-
  den zärtlichsten Empfin-
 redet er den Herrn, dessen
   der ihm in allen Nöthen
   auch itzt helfen könnte,
  Vater, gläubig an, und
 sicht erkläret er sich weh-
 der Erde nicht den gering-
 einzig und allein seinen Ver-
 habe. Allein nun wanket
  die Möglichkeit der göttli-
  sieht, und doch die Gewiß-
  soll. Gleichwohl erholt sich
 Geist: er erinnert sich der wun-
  welche Elias, Daniel, Jo-
 änner im Feuerofen, bey noch
 gel aller natürlichen Mittel, doch
 ja er ist untrüglich überzeugt,
 empel der göttlichen Vorsorge
 efahren zur Stärkung unsers
 n biblischen Geschichtschreibern
   Mit diesen tröstlichen Ge-
 men, redet er die längst ver-
 in ihm noch lebenden Beyspiele
                          der

gesetzt, daß er also zur Dichtkunst, dem auch sonst belobten Mittel wider die Traurigkeit, so wohl von Natur geschickt, als durch den Schmerz aufgebracht, seine Zuflucht nahm. Da er eine nicht geringe Kenntniß der christlichen Lehren besaß, das Zeugniß eines guten Gewissens hatte und in der Sprache des Herzens schrieb; so fielen ihm sogleich die natürlichsten Gedanken, die lebhaftesten Worte, die stärksten Trostgründe, die so heftigen Figuren, nebst der so beweglichen Versart (*a*) und rührenden Melodie (*b*) ohne Zwang und Mühe ein. Einen lebendigen Glauben an die göttliche Vorsehung hatte die Lesung der heiligen Schrift schon vorher in ihm erweckt, und eine Menge der wunderbarsten Beyspiele, deren Kraft er in den traurigen Zeiten seines Lebens erfahren hatte, waren ihm aus eben diesem Worte Gottes bekannt. Mitten in der größten Betrüb-

(*a*) Auch diese lobt Hr. Prof. Gottsched in der deutschen Sprachkunst S. 546. „In seinen andern Gedichten findet man kein richtiges Syllbenmaaß: ja nicht einmal die Zahl der Syllben, oder die Länge der Zeilen sind recht darinnen beobachtet. Doch scheint ihm bisweilen etwas richtigers, gleichsam von ungefähr, entfahren zu seyn, wie das Lied, Warum ꝛc. zeiget. Allein so ordentlich etliche Verse gerathen sind; so schlecht klingen andere".

(*b*) Auch Volckmar Leisring soll ihm die Composition dieses Gesanges in einem zu Erfurt 1628 gedruckten Wetterbüchlein zugeschrieben haben.

Betrübniß fragt er sich demnach, gleichsam auf sich erzürnt, ob denn das zeitliche Gut eine so gar wichtige Sache sey, daß er sich über dessen Mangel so ängstlich bekümmere? Er ermuntert sich, dem Herrn, seinem Gott, zu vertrauen: er hält sich dessen herrlichste Eigenschaften so kurz als nachdrücklich vor. Mit den edelsten Vorstellungen erfüllt, von den zärtlichsten Empfindungen gerührt, redet er den Herrn, dessen Himmel und Erde ist, der ihm in allen Nöthen sonst geholfen hatte und auch itzt helfen konnte, wie ein Kind seinen Vater, gläubig an, und in der stärksten Zuversicht erkläret er sich wehmüthigst, daß er auf der Erde nicht den geringsten Trost, sondern einzig und allein seinen Versorger im Himmel habe. Allein nun wanket sein Glaube, da er die Möglichkeit der göttlichen Erhaltung nicht sieht, und doch die Gewißheit derselben hoffen soll. Gleichwohl erholt sich sein beunruhigter Geist: er erinnert sich der wunderbarsten Arten, welche Elias, Daniel, Joseph, die 3 Männer im Feuerofen, bey noch größerem Mangel aller natürlichen Mittel, doch erfahren hätten: ja er ist untrüglich überzeugt, daß eben diese Exempel der göttlichen Vorsorge in den größten Gefahren zur Stärkung unsers Vertrauens von den biblischen Geschichtschreibern aufgezeichnet sind. Mit diesen tröstlichen Gedanken eingenommen, redet er die längst verstorbenen, aber in ihm noch lebenden Beyspiele

der

der besondern Vorsehung Gottes in der Entzückung an, und fasset aufs neue ein um so viel lebhafters Vertrauen zu dem Gott, der nach etlichen tausend Jahren noch eben so reich, als von Ewigkeit sey: er überläßt zugleich die Erhörung seines Gebets der Weisheit seines Helfers, und bittet, mit umständlicher Verachtung aller Ehre und Schätze, unter der demüthigsten Danksagung für die bisher geschenkte Erkenntniß der himmlischen Güter um ihre Vermehrung und um seine Erhaltung in der wahren Religion. Endlich schlüßt er mit dem Lobe Gottes für alle bisher erzeigte Wohlthaten, und empfiehlt sich ihm nochmals zu ewiger Gnade. Welch eine einnehmende Einkleidung! Welch eine nachdrückliche Kürze! Da wir uns in den Schulen bey der Erklärung heydnischer Dichter so viele Mühe geben, die Schönheiten z. Ex. einer horazianischen Ode nach ihren Ursachen zu zeigen; so hoffe ich, bey billigen Richtern Vergebung zu finden, daß ich einige nicht unähnliche Sorgfalt auf dieses so berühmte Lied gewendet habe. Doch ist auch meine Nebenabsicht bey dieser Anzeige seiner Tugenden gewesen, jüngere Leser an dieser Probe zu lehren, was für Eigenschaften zu einem Liederdichter erfordert werden und auf welche Weise ein erwecklicher Gesang verfertiget werden müsse, welcher solche Lobsprüche verdienen, solche Wirkungen hervorbringen, und solche Schönheiten an sich haben wolle.

§. 9.

§. 9.

Von seinen Tadler und Verächtern.

Doch was ist, wenn es auch noch so schön seyn sollte, welches nicht seine Tadler und Verächter findet? Eben dieses ist unserm Liede begegnet, ja es ist zugleich der ganzen lutherischen Kirche aus dessen gottseligem Gebrauche von ihren Feinden ein Vorwurf entstanden. Wenn ich das Urtheil erwäge, welches jener Papiste von den Liedern des Lutherthums überhaupt gefället hat, daß durch sie dem Pabstthume mehr Seelen als durch Predigten und Schriften getödtet, d. i. nach seiner Meynung, mit ihrer Seelen ewigem Verderben entrissen worden wären; so befremdet es mich gar nicht, daß die eifrigen Anhänger ihrer Gemeine von dem niedrigen Stande seines Verfassers, wie bey andern Gesängen von andern Umständen (*a*), Gelegenheit genommen haben, ihn zu lästern, uns zu tadeln. Doch der zum Pabstthume übergangene Göttinger (*b*) mag immerhin H. S. einen geringen Reimschmidt und Pritzschmeister schimpfen.

Die

(*a*) Z. E. Von Salomon Franken, der erst ein Becker war, aber hernach noch studirte und allerhand Lieder dichtete, s. Wetzeln.

(*b*) Da ich weder dieses noch der 3 andern hieher gehörige Schriften gesehen habe; so beruffe ich mich vornehmlich auf Wimmern, S. 125.

242 **Von seinem noch gewöhnlichen Liede.**

Die 3 andern Spötter, Cornerus (*a*), Curike (*b*), und wie der Verfasser der 7 bösen Geister heisen mag (*c*), mögen ihn noch so lästerlich durchziehen und das von belobten Männern gelobte Lied um seines unstudirten Verfassers willen verwerfen. Ich schätze das Lutherthum desto höher, daß es darinnen auch solche Handwerksleute gegeben hat, deren Geschicklichkeit zu dichten kein papistischer Gottesgelehrter Deutschlandes jemals beschämt und noch diese Stunde übertroffen hat. Ich lobe vielmehr die klügern Verwandten dieser Religion (*d*), die, ohne

(*a*) Siehe die Vorrede seiner geistlichen Nachtigall. Ueber dieß ersehe ich aus Serpilii Anmerkungen über Sperati Lied S. 43. daß er David Gregorius geheisen, Prior auf Göttwig gewesen und sein großes catholisches Gesangbuch 1631 zu Nürnberg gedruckt worden sey.

(*b*) Siehe das rejectum projectum S. 101. Eine Schrift dieses Titels steht in U. Nachrichten 1716. S. 993. angezeiget, und ist 1655 herausgekommen. Das Projectum war, daß Lobwassers Lieder nicht wieder einzuführen wären, das Rejectum aber vertheidiget sie. Ob aber dieses die hier gemeynte Schrift sey, kann ich nicht sagen, dort ist wenigstens der Verfasser unbekannt.

(*c*) Siehe S. 193.

(*d*) Z. E. in Leipzig ist es in das 1715 daselbst gedruckte Gesangbuch, (s. die Anzeige desselben in den U. N. 1717 S. 429.) S. 116. eingerückt, desgleichen steht es in dem zu Eger 1740 gedruckten Gesangbüchlein, S. 181.

Von seinem noch gewöhnlichen Liede.

ne auf den Stand des Dichters zu sehen, dieses
geistreiche Lied selbst bey dem ohnedieß bekannten
Mangel in ihre Gesangbücher aufgenommen haben, und in ihren gottesdienstlichen Zusammenkünften anstimmen. Uebrigens ist es nicht nöthig, diese ohne dieß übertriebenen Beschuldigun-
gen und aus Neide entsprungenen Lästerungen weitläuftig zu widerlegen, da es ohne dieß schon, wiewohl aus ungleichen Absichten, Polycarp Ley-
ser (*a*), der auch im Lobe verdächtige Arnold (*b*),
Olea-

(*a*) In der Rettung der zweyen Pragerischen
Predigten schreibt er also: S. 206 und 219. „H.
„S. hat das Zeugniß, daß er sich in seinem gan-
„zen Leben erbar, fromm und gottesfürchtig be-
„zeiget, auch eine sonderliche Gabe von Gott ge-
„habt, alles, was ihm fürkommen ist, in lusti-
„ge teutsche Reime, wie sie dazumal, da die teut-
„sche Poesie noch lange nicht so hoch gestiegen war,
„als jetzo, zu seyn pflegte, zu bringen: er ist aber
„kein Pritzschmeister gewesen, der sich liederli-
„cher oder leichtfertiger Sachen beflissen hatte, son-
„dern hat sich in allen seinen Sachen bey lustiger
„Lieblichkeit einer recht erbaren teutschen Gravi-
„tät und Tapferkeit g braucht".

(*b*) Er fängt im 2 Th. 16 B. 11 C. §. 33. mit unserm
Dichter an, die Liederdichter der lutherischen Kirche zu erzählen, und setzt dieses Urtheil voraus,
daß man leichtlich erkennen könne, aus was für
einem Herzen dieses oder jenes geflossen sey? „So
„ist mir, sagt er, erstlich bekannt das Lied, War-
„um ꝛc. welches man auch noch in den Kirchen
„singt, ohngeachtet es nur ein Schuster gemacht,
„deswegen ein Theologus ihn wider die stolzen
„Gelehrten artig verantwortet".

244 Von seinem noch gewöhnlichen Liede.

Olearius (*a*), **Schamelius** (*b*), **Wetzel** (*c*),

Werns-

(*a*) „Man kann, spricht er am angeführten Orte, „daraus keinen universal-Schluß machen, daß, „weil man dieses H. S. Lied in allen Kirchen singt, „derowegen man aller Leute Lieder ohne Unter-„schied sollte annehmen, gelten und öffentlich sin-„gen lassen, immasen H. S. seines gleichen we-„nig hat; daher also wegfällt, was etwann hier-„zur Defension des irrigen und unruhigen Schu-„sters Jacob Böhmens und anderer Schwärmer, „so ohne Geschicke und Beruf in geistliche Dinge „sich mengen, Lieder und Gebete schreiben, und „dadurch wollen angesehen seyn, hat sollen auf-„gesuchet werden".

(*b*) Er antwortet im 1sten Theile der Vind. cantion. ecclesiae evang. welcher 1711 zum 1sten und 1719 zum 2ten mal in Leipzig herausgekom-men ist, S. 2 auf den 1sten Entwurf: „Es wä-„ren Weiber-Küster und Schusterlieder in die „Kirche eingeführet worden. Wenn unstudirte „Leute auch gute und geistreiche Gedanken haben, „so kann ihnen nicht schlechterdings gewähret wer-„den, dieselben gemein zu machen, zumal wenn „sie nicht verdächtig seynd, und von der Kirche „approbirt worden. Ferner dienet diese Arbeit „einfältigen gemeinen Christen zu ihrem Troste, „wenn sie befinden, daß nicht eben ein großer „Theologus sondern auch ein Schuster das Wort „Gottes z. E. von der göttlichen Vorsorge so kräf-„tig vortragen kann".

(*c*) Er nennet es das überall bekannte und vortref-liche Lied, und fügt dem wagenseilischen Urthei-le diesen Ausspruch bey: „Dieses mögen sich die „stolzen Gelehrten, die geistreiche Lieder um der „geringen Dichter halben verachten, wohl merken".

Wernsdorf (*a*), **Lißel** (*b*), ja auch schon die Vorredner des alten nordhäusischen und schlesischen Gesangbuchs gethan haben, ja alle Verächter noch diese Sünde von vielen tausend bekümmerten Herzen, die sich daran laben, in der That und Wahrheit widerleget werden. Noch weniger ist es nöthig, wider den Canzler **Pfaff** (*c*) zu beweisen,

(*a*) In der zu Wittenberg 1723 vertheidigten Streitschrift *de prudentia in cantionibus ecclesiasticis adhibenda* schreibt er: *Non semper, quis scripserit, est videndum. Saepe etiam olitor fuit opportuna locutus. Aliquando etiam vulgo Saul deprehenditur in prophetis. Noricus ille ciuis Io: Sachsius homo fuit de plebe. At illo in carmine,* **Warum betrübst** ꝛc. *spiritum inesse, nemo, nisi vecors, negauerit.*

(*b*) S. 626. „sollte ich einem unbescheidenen Catho„licken eine Antwort geben müssen, wäre sie mit „aller Bescheidenheit kürzlich diese: die evangeli„sche Kirche hat noch niemals einen Schuster von „seinem Stocke, wie die römische einen Jäger aus „einem Walde und einen Laqueyen von seinen „Herrn genommen, und einen Priester daraus „gemacht".

(*c*) In der zu Tübingen 1731 vertheidigten *Commentatione Acad. de recta Theologiae Hymnodicæ conformatione* schreibt er S. 34. verächtlich also: *eminent quippe inter poetas nostros sacros (neque enim Io. Sachsium heic nominare connenit) Opitius* u. s. w. desgleichen S. 35. 36. bey der Frage, ob es gut sey, die Verfasser der Lieder anzuzeigen, fügt er als Beyspiele der Ursache

weisen, daß H. S. allerdings unter die heiligen Dichter unserer Kirche zu rechnen sey, und auch sein Namen ohne Bedenken zu seinem Liede gesetzet werden könne.

§. 10.
Von seinen Verbeſſerern.

Was endlich die Verbeſſerer dieſes Lieds anbetrift; ſo hat zwar der bekannte Super. zu Ellerich M. Damius daſſelbe ungeändert und unverſtümmelt in dem hohenſteiniſchen Geſangbuche (a) beybehalten; aber die Ausgeber des neuen nordhauſiſchen Geſangbuchs (b) haben

Urſache an, warum er ſie zu verneinen ſcheint, weil auch Witzſtadt, Schwenkfeld, H. S. und Weiber, Lieder gedichtet hätten. Welch eine Geſellſchaft dieſer Wiedertäufer für unſern rechtſchaffenen Glaubensbruder!

(a) Es iſt daſſelbe zu Ellerich und Bleicherode 1707 herausgekommen und in den U. N. S. 713. angezeiget worden; aber Serpilius, welcher die bereitserwähnte ſchriftmäßige Prüfung deſſelben zu Regenspurg 1710 herausgegeben hat, ſchreibt ausdrücklich S. 455, n. 535. „Hat Hr. Da„mius in H. S. Liede den Habacuc ſein ſauber „ſtehen laſſen, welches wohl nimmermehr geſche„hen wäre, wenn dafür von Chriſti Gnugthuung „oder Bezahlung für unſere Sünde etwas geſtan„den hätte''.

(b) Es iſt 1735 unter Veranſtaltung des Burgermeiſter Riemanns und der beyden Prediger Tebels und

Von seinem noch gewöhnlichen Liede.

haben, wider die Beyspiele ihrer Vorfahren, in ihrer Ausgabe ihm als einem alten und unschmackhaften Gesange keine Stelle vergönnt, sondern versprochen, dasselbe in einer neuen Kleidung wieder einzurücken und nach der heutigen Poesie zu verbessern. Allein die ganze Umkleidung ist unterblieben (*a*), und Wimmer (*b*) hatte nicht unweislich erinnert, es werde die Zeit und Erfahrung am besten lehren, wie die itzige Mode dem alten ehrlichen H. S. anstehen werde. Die vornehmsten Veränderungen hat die bekannte Stelle vom Habacuc (*c*) veranlasset,

weil

---

und Leßers daselbst herausgekommen, und es wird eine historische Nachricht in Gottschalds 3ten *Piece* allerhand Lieder *remarquen*, und im 1sten Bande der *Act. historico-ecclef.* S. 890. ertheilt, wo zugleich die dawider herausgegebenen Schriften nebst den Vertheidigungen angeführet werden, aus deren einer nachfolgende Worte merkwürdig sind. „Hr. Riemann entschuldiget sich „wegen Weglassung dieses Lieds also: Mit dem „11ten Warum betrübst 2c. dessen Inhalt mir „jederzeit recht wohl gefallen, hatte es seine besonde„re Absicht, und es wird dasselbe zu rechter Zeit „in einer neuen Kleidung nach der heutigen Poesie „verbessert sich wieder einfinden".

(*a*) In dem 1737 besorgten Anhange, S. 111.

(*b*) Im Comment. S. 127.

(*c*) M. Jer. Weber setzte unter den Text in seinem Gesangbuche nach Dan. 6. 22, nachfolgende Aenderungen: Sein'n Engel sand' er hin, der ih-

nen

248 Von seinem noch gewöhnlichen Liede.

weil dieses aus dem apokryphischen Buche hergenommene Exempel wegen der Ungewißheit der Geschichte nicht würdig schien, in diesem Gesange gedultet zu werden. Die übrigen Verbesserungen betreffen nur kleine Fehler des Druckes (*a*), oder der Geschichte (*b*) oder nur der Sprache (*a*),

nen ihre Rachen schloß, und half diesem Propheten loß. D. H. Müller ändert also in der geistlichen Seelenmusik: Hielt ihren Rachen zu: Und machte durch des Engels Hand all seine Feind zu Spott und Schand. M. Jo. Olearius bessert in der geistlichen Singekunst mit J. C. Olearii Beyfalle also: Der hielt der Löwen Rachen zu, daß Daniel kriegt Fried und Ruh. Der Ausgeber des reibersdorfischen Gesangbuchs zeigt an, daß einige lieber singen wollen: Und ließ ihn'n nehmen Grimm und Muth durch seine Wunder: Macht und Huth. Daß hingegen Dillherr in der Prophetenschule, Blumenberg im zwickauischen Gesangbuche, Schamelius in Vind. S. 104. P. 1. M. Weinrich, ja die Verfasser der U. N. 1727. S. 829. die Stelle vertheidiget und den alten Dichter entschuldiget haben, ist gleichfalls von Wimmern S. 141 und 142 angezeigt worden.

(*a*) Z. E. an statt ein Wittwe aus Sidonier Land heißt es in dem alten frankfurther Gesangbuche von 1569 desgleichen auch in des M. Julii Erklärung, aus Sodomer Land.

(*b*) Z. E. an statt, Vom König Pharao gefangen hart, setzt Back im Comment. über die Psalmen, unterm Pharao gefangen hart. Doch rechtfertigen Schamelius in Vindic. P. 3. S. 58.

Von seinem noch gewöhnlichen Liede. 249

che (a), und auch diese möchten nicht alle für nöthig, oder in der That für besser gehalten werden. Allein noch eins muß ich gedenken, daß sich zwischen der 5ten und 6ten Strophe in der Ausgabe meines nürnbergischen Gesangbuchs ein gewisser Vers vom Elia befindet, welcher auch noch in einem Nachdrucke von 1637, aber in neuern nicht mehr, beybehalten worden ist:

Auff daß du nit lidtst hungersnoth,
Da du folgst deinem lieben Gott,
Und richtst auß sein Befehl
Müßen die Raben Fleisch und Brodt
Dir allzeit bringen früh und spat.

Uebrigens weis ich dieses Hauptstück nicht besser zu beschlüssen, als wenn ich insonderheit diesem Abschnitte das Urtheil des schwäbischen

Q 5 Ver-

S. 30. und Winkler die ersten Worte nicht ungeschickt dadurch, daß insgemein die Thaten der großen Minister auf die Könige selbst zurücke fallen.

(a) In dem zu Hanover 1748 gedruckten Gesangbuche befinden sich. S. 530. folgende. v. 1. Vertrau doch, v. 2. er ist mein Vater, Herr und Gott, v. 3. wirst du dein Kind verlassen nicht, v. 4. doch ich vertraue meinem Gott, und werd ich gleich veracht, v. 5. zu der die — v. 6. da unter dem Wachholderbaum der Engel — bracht er — v. 9. half ihnen aus der Angst und Noth, v. 10. als du gewesen, v. 11. das alles, was — es sey Gold, Silber — währt hier — v. 13. Daß du mir solches kund gethan.

Vertheidigers (a) beyfüge, welchem ich überhaupt in Ansehung dieser Verbesserungssucht beytrete. Ich glaube, es ist in dieser kurzen Schrift geantwortet auf die leckerhafte Forderung einiger poetischen Christen, denen die alten Lieder von Luthern und andern Gottesgelehrten nicht mehr gut genug sind. Wenn sie anfangen werden, einmal die Ausdrücke derselben nicht nur zu lesen, sondern auch mit Nachdruck zu fühlen; so werden ihnen ihre poetischen Gesetze der Reinigkeit so abgeschmackt vorkommen, als trocken ihnen die ersten vorher geschmeckt haben. Ich möchte mich auch durch die Verbesserung derselben nicht um die Kirche verdient machen; denn die Alten haben so redlich von der Brust weg gesprochen; der Pöbel, dem nichts neues schmeckt, macht wenigstens aus einem jeden Worte einen Kirchenraub, wenn man ihm schon ein besseres sagt, das sich reimt.

Fünftes Hauptstück
Von seinen Verdiensten um die Meistersängerkunst.

§. 1.

Ich kehre nunmehr zu den Verdiensten H. S. zurücke, und habe von der letzten Gattung
dersel-

(a) Siehe die S. 21. gelobte Schrift.

derselben umständlich zu handeln, welche das bisherige Lob noch mehr erhöht. Es ist schon vorher in der Geschichte seiner Jugend gedacht worden, daß zu Nürnberg vorzüglich die Meistersängerkunst geblühet, und er sich derselben mit besonderm Fleiße ergeben habe. Nunmehr wollen wir insonderheit zeigen, wie er sich um die Blüthe dieser Kunst und ihrer Gesellschaft verdient gemacht habe. Ich erinnere vor allen Dingen, daß sein Leben in diejenigen Zeiten fällt, da diese Kunst verfallen war. Da meine Absicht weder erfodert, noch erlaubt, daß ich die Ursachen dieses Verfalls genau untersuche; so begnüge ich mich, nur zwo Meynungen gelehrter Männer davon anzuführen. Nach **Morhofs** (*a*) Urtheile ist in den kriegerischen Zeiten, da bey 23 Jahren kein Oberhaupt des deutschen Reichs war, die ganze Dichtkunst, welche vorher Könige, Fürsten, Grafen und Edle für ihre Zierde und Ergetzung gehalten hatten, auf einmal in die Hände des gemeinen Pöbels gerathen. Hiernächst ist die Meistersängerkunst sehr in Abnahme gekommen, weil man, nach **Wagenseils** (*b*) Anzeige, angefangen hat, den Layen in den Zeiten des herrschenden Pabstthums die Lesung der Bibel zu verbiethen, aus welcher

(*a*) Im Unterrichte. S. 306.
(*b*) Im oft gelobten Buche. S. 515.

welcher nach einem ihrer vornehmsten Gesetze die Materien ihrer Gesänge genommen werden sollten. Meinen Gedanken nach, kömmt auch noch dieses hinzu: Da im 15ten Jahrhunderte die Künste erst wieder aufzublühen anfiengen, und die deutsche Sprache so wohl in andern Schriften, als auch in den ältesten Uebersetzungen der heiligen Schrift die größten Mängel noch an sich hatte; so ist es wohl nicht zu verwundern, daß auch diese Kunst wenig Kenner und Verehrer aufzeigen konnte, und die gemeinern Dichter noch schlechtere Proben ihrer Geschicklichkeit ans Licht brachten. Indessen erfordert die Wiederherstellung einer jeden Wissenschaft ihre Zeit, und auch die deutsche Poesie mußte das günstige Alter erwarten, bis sie sich aus dem tiefen Verfalle nach und nach zu ihrer Hoheit erhoben hat. Genug H. S. hat das vorzügliche Lob, daß er als der vornehmste Dichter seiner Zeit die Meistersängerkunst wieder empor gebracht habe. Hatte nun derselbe zu seinem Meister Lust und Geschicke mitgebracht, und eine gute Kenntniß aus der Lehre auf die Wanderschaft mitgenommen; so kam der große Schulfreund mit einem noch reichern Vorrathe von Gesängen, die er in der Fremde theils gelernt(a), theils abgeschrieben hatte, zurücke, und trat ohne allen Zweifel alsbald mit so großem Ruhme als Hoffnung wieder in die Gesellschaft, worein er

(a) Siehe den Lebenslauf.

um die Meistersängerkunst.

er schon ehemals als ein Schüler aufgenommen war.

§. 2. Das erste unter seinen Verdiensten, welches sich theils wahrscheinlich schließen, theils mit Gewißheit beweisen lassen, bestund darinnen, daß er die Pflichten eines Gesellschäfters (*a*) von den geringsten bis zu den wichtigsten nach Vorschrift der Gesetze eifrigst erfüllte. Er half die Schule zu Nürnberg, wie zu München und Frankfurth verwalten, und hielt auch selbst, nach der bereits erklärten Redensart, daselbst Schule. Wenn die Gesellschaft zusammen kommen sollte, welches zu seinen Zeiten fleißiger als vorher geschah; so wird er erstlich nach der Pflicht des jüngsten Meisters die Mühe eines Umsagers gehabt, das ist, die Mitglieder der Genossenschaft eingeladen haben. Bey den wirklichen Zusammenkünften, welche er so gern als fleißig besuchte, hat er entweder die freywilligen Geschenke der Zuhörer an den Kirchthüren gesammlet oder in Gemeinschaft der gesammten Meister dem vorsingenden Mitgliede bald nachgesungen, bald als ein Merker, das ist, als einer der vier Vornehmsten und Vorsteher der Zunft, den Inhalt oder das Lied, oder den Reim oder den Ton des auftretenden Sängers aufs genaueste beobachtet, bald durch sein aufmerksames Stillschweigen den Gesang befördert

und

(*a*) Hiervon handelt Wagenseil S. 540.

und geehret. Zu einer andern Zeit hat er nach der Größe seiner Einsicht die um den Gewinnst singenden Glieder durch seinen Ausspruch entschieden, den Uebersinger mit der silbernen Kette umhangen und durch ihr Lob sowohl zur Vermehrung des Fleißes angereizet, als auch durch die Anzeige der Fehler zu ihrer Verbesserung unterrichtet. Nicht weniger hat er selbst bald als ein Dichter, bald als ein Sänger der Gesellschaft Proben seiner gedoppelten Geschicklichkeit zur Prüfung der Aeltern und zur Nachahmung der Jüngern vorgesungen. Und wie glaublich ist es, daß nicht nur die Ehre der Gesellschaft durch sein Beyspiel, sondern auch die Anzahl der Zuhörer nebst den Einkünften der Gesellschaft durch seinen Ruhm vermehret worden ist? Doch so geschäftig er sich in der Kirche bewies, so bemüht war er auch auf den Zechen oder Wirthshäusern bey den Zusammenkünften anderer Art. Bald prüfte er die Sitten und die Kenntniß der neuen Schüler, welche die Lehrer zur Aufnehmung darstellten; bald stellte er selbst seine eignen Lehrlinge dar, ob sie auch würdig wären, in die Genossenschaft aufgenommen zu werden; bald erinnerte er die Lasterhaften der wirklichen Mitglieder, daß sie sich künftighin ihres Namens würdig erweisen sollten; bald stieß er wohl gar die Uebelberuffenen aus der Gesellschaft, welcher sie zur Schande gereichten, heraus. Doch dieser Gedanke führet mich auf eine ne vorhergehende Bemühung, die den Mitgliedern, aller Beschwerde unerachtet, oblag, und gleichwohl mit Vergnügen von ihnen erfüllet wurde.

§. 3. Da sein Eifer für das Wachsthum seiner Kunst so groß war, so kann man sich leicht vorstellen, wie begierig er unter der nürnbergischen Jugend geschickte Lehrlinge selbst aufgesucht, und wie willig er diejenigen, die zu ihm das Vertrauen hatten, in seine Unterweisung genommen hatte. Seinem Unterrichte ist es vornemlich zuzuschreiben, daß, nach Voigts (*a*) und Wagenseils (*b*) Berichte, 1558 bey und über 250 Meistersänger in Nürnberg gewesen sind. Jener nennet ihn den itz zw vnser Zeit weit berühmpten Tewtschen Poeten, die übrigen Mitglieder seine itzigen Singer; dieser aber rühmt ihn als das Oberhaupt und den Patriarchen der gedachten Meister. Da dieses nun die bereits erwähnte Schule ist, in welcher seiner, als eines Schulmeisters, gedacht wird; so läßt sich leicht auf die besondere Art des Unterrichts schließen, und daher mit mehrerer Wahrheit bestimmen, daß die von ihm gehaltenen Schulen von den fleißigen Zusammenkünften zu verstehen sind, in welchen sich die Mitglieder nach dem Beyspiele und unter der Auf-

(*a*) Siehe die Dedication S. 934 in Tenzel.
(*b*) Ebendaselbst, S. 491.

Aufsicht ihres Lehrers geübet haben. Hieraus erhellet zur Gnüge, warum er an einem andern Orte *der Meister alter Meistersänger* (a) und zuerst wegen seiner Schüler, welche nicht nur Kinder, sondern auch schon Bürger waren, *von Morhofen* (b) ein *Bürgerschulmeister* genennet worden ist. Solchergestalt läßt sich leicht einsehen, wie es gekommen ist, daß sich diese beyden Schriftsteller auf die hernach falsch verstandene Weise von dem allgemeinen oder wenigstens vornehmsten Lehrer jener poetischen und musikalischen Gesellschaft ausgedrücket haben. Wer also diesen Fehler künftighin weder begehen noch fortpflanzen wollte, dürfte bey neuern Auflagen derer Gesangbücher, welche von den Dichtern der Gesänge kurze Nachrichten ertheilen, bey unserm H. S. an statt Schulmeister, entweder nur Meistersänger allein oder vornehmster Lehrer der Meistersänger setzen; so wäre doch die Kunst deutlicher angezeigt, welche ihn unter die Dichter und Lehrer erhoben hat. Doch wir sollten wieder auf seine Schüler kommen. Da aber nichts besonders daran gelegen ist, daß wir die Namen dieser sonst ehrlichen Handwerker wissen, so will ich mich begnügen, doch wenigstens einen und vieleicht einen der merkwürdigsten unter denen, die aus seiner Schule gekommen sind, zu erwähnen. Ein gewisses sehr sauberes

(a) Siehe Ebendaselbst. S. 491.
(b) Siehe am angef. Orte. S. 341.

beres Bild, welches ich bey dem Hrn. Prof.
Gottsched gesehen habe, meldet uns seinen
Namen und die Geschichte seines Lebens; daher
ich lieber die darauf befindlichen Worte selbst anführen will.

**Eygentliche Conterfectung des Ersamen
und sinnreichen George Hagers, Schuh-
machers und teutschen Meistersin-
gers seines Alters 80 Jahr.**

Dieser ist Georg Hager genannt
Den Meistersingern wohl bekandt
Seines Alters gleich achtzig Jahr
Den der Lust in der Jugend gar
Sehr trieb zu dem Meistergesang
Welchs er hat gelernt vorlang
Von dem Hans Sachsen hochgeacht
Der viele Thön und Lieder gemacht
Auch sonst noch mehr schöne Gedicht
Mit Fleiß wurd durch ihn zugericht
Welches durch das ganze Teutschland
Manchen Liebhaber ist bekant;
Also hat dieser auch gar schön
Gemachet siebenzehen Thön
Die den Meistersingern allein
Sind überall bekannt und gemein
Hat drinn viel Lieder dicht mit Fleiß
Sprüch und Comödi gleicher weiß
Gemacht, auch seiner Söhn fürwahr
Etlich darzu gezogen war,

R Er

Er ist durchzogen manche Stadt
Da es auch Meistersinger hat,
Gott zu Ehr, und der Kunst zu Lob
Wird er, weil er lebt, halten drob.

§. 4. So löblich nun diese bisher gedachten Verdienste waren, so hat er sie doch noch weit mehr durch andere Proben seines Eifers vergrößert. Es war ihm nicht genug, daß er der Gesellschaft als ein ansehnliches Mitglied nützte und immer mehrere Mitglieder erziehen halfs; er sorgte auch für schöne und viele Gesänge, daß die Singeschulen damit gezieret und gehalten werden konnten. Zu dem Ende trug er nicht nur die Werke anderer geschickten Mitglieder z. E. Webers (a) zusammen, sondern er verfertigte auch selbst Meistergesänge und Melodien, deren oben (b) gedacht ist. Diese Stücken, welche seinem ausdrücklichen Verbothe nach nicht in Druck zu geben waren, sondern in Handschriften der Gesellschaft hinterlassen wurden, machten 4275 aus, waren nach 275 Melodien gesetzt und wurden sowohl in seiner Vaterstadt als an andern Orten seinem Endzwecke nach gebraucht.

§. 5. Auch um die Einladung zum Besuche der Singeschulen hat er sich verdient gemacht. Wenn

--

(a) Siehe Wagenseil, S. 591.
(b) Siehe oben S. 128, 131 und 175.

Wenn der Tag erschien, da dergleichen gehalten werden sollten; so wurden, um die Liebhaber ihrer Uebungen davon zu benachrichtigen, 4 oder 5 Tafeln, und zwar 3 an unterschiedlichen Stöcken des großen Marktes öffentlich aufgehangen. Auf der einen von diesen letztern war ein Garten abgemahlet, worinnen etliche Personen herumgiengen, in der Höhe aber 6 Zeilen Verse dieses Inhalts stunden, daß vor Alters 12 Männer diesen Garten (er ist ein Bild der Singschule) wohl verwahret, die wilden Thiere hingegen ihn verwüstet hätten. Um nun eine Ursache anzuzeigen, was zur Erfindung dieses Bildes Anlaß gegeben habe, vermuthete Wagenseil (*a*), daß von dem ihm unbekannten Verfasser derselben Reime auf den Rosengarten zu Worms gesehen wäre, darinne die größten Helden mit einander gestritten hätten. Nun ist die Anwendung dieses Streites auf die poetischen Wettkämpfe gar gelehrt; allein ich läugne nicht, daß mir, so bald ich das obenerwähnte Gedicht zum ersten mal las, eben diejenigen Gedanken einfielen, welche Tenzel auf den nachfolgenden Seiten (*b*) vorgetragen hat. Ich achte nicht, schreibt er, daß die Meistersänger so weit gegangen wären, sondern halte dafür, daß H. S. mit dem oben angeführten Liede von den 12 Meistersängern zu Nürnberg Ursache

(*a*) Siehe S. 541.
(*b*) Siehe S. 431.

zu solchem Gemählde gegeben und dasselbe wohl gar erfunden habe. Dieses wahrscheinliche Verdienst wird noch ungemein durch die Anmerkung und Ermahnung vermehrt, welche dem Schlusse des 3ten Gesetzes unser Dichter beygefüget hat, um die Dauer der Gesellschaft bis in die spätesten Zeiten zuerhalten. Ich kann nicht umhin, aus dem gelobten Liede (a) seine eigenen noch itzt lehrreichen Worte anzuführen.

Das Thier, das den Garten verwüsten
            thät,
Das ist der Neid, der auf die Schul erwachte,
Daraus entspringt Zweytracht, Partheu
Von manchen unverschämten wilden
            Buben,
Dadurch die Schul hat sehr genommen
            abe.
Darum ihr Sänger darauf schaut,
Daß Neid und Haß nicht sey auf eurer
            Schule,
Und brecht nicht, was lang ist gebaut,
Besitzt mit Einigkeit der alten Stule,
Wer nicht dichtet, der singe sonst
Aus freyer Kunst
Ohn allen Neid und gar niemand verachte,
Welcher aber von Gottes Gnad

Zu

(a) Siehe 432.

um die Meistersängerkunst.

Zu tichten hat,
Der sey demüthig, treib damit keinen
Stolze.
Will dein Kunst mit, rühm dich nicht sehr,
Ein jede Kunst thut seinen Meister loben,
Ein jede Schul halt er in Ehr,
Auch ein jeder aus Lieb den Neid zudecke,
So giebt Gott mildiglich des Geistes Ga-
ben.

§. 6. Ferner ist wohl nicht zu zweifeln, daß er einer der Vornehmsten, wo nicht gar das Haupt derjenigen gewesen sey, welche die Tabulatur (*a*), oder das Verzeichniß ihrer Regeln und Gesetze, zum Nutzen der Gesellschaft verbesserten. Denn man sieht offenbar, daß sie in den neuern Zeiten nach der Reformation gemacht worden ist, weil unter den Gesetzen das erste befiehlt, daß man nicht anders als nach der hochdeutschen Sprache, wie sie in D. Martin Luthers Ue-bersetzung der heiligen Schrift befindlich, und in den Canzeleyen der Fürsten und Herren ge-bräuchlich sey; dichten und singen sollte. Her-nach wird bey Verluste der Meisterschaft nach-drücklich gebothen, daß niemand falsche Mey-nungen, das ist, abergläubische, schwermüthi-ge, unchristliche und ungeziemende Lehren, schäd-liche Exempel, und unzüchtige Worte vorbrin-ge,

---

(*a*) Siehe Wagenseils C. 5. S. 518. insonderheit von den Fehlern. S. 525.

ge, welche der reinen seligmachenden Lehre Jesu Christi, den guten Sitten und der Erbarkeit zuwider laufen.

§. 7. Doch so viel er auch durch solche Anordnungen der Gesellschaft Nutzen brachte, so viel machte er ihr, wie vorher dem Lutherthume, durch seinen christlichen und erbaren Wandel Ehre. Denn auser den allgemeinen Pflichten, wozu ihn das Christenthum schon an sich verband, bemühte er sich, der besondern Schuldigkeit Genüge zu thun, die ihm nach den Gesetzen der Gesellschaft noch stärker oblag. Wie bekannt machte er sich und andern die heilige Schrift? Wie sehr beförderte er unter dem gemeinen Volke durch seine Gedichte und Gesänge die Ehre Gottes, die Ausbreitung des Evangelii (a) und die Liebe zur Tugend? Wie viel trug er in einer freyen Reichsstadt

(a) Trefflich ist das Zeugniß Volgts in der Dedication, da er von seinen Bemühungen also zu urtheilen Anlaß nimmt: Itz zu unser gnaden Reichen Edveln Zeith der Offenbahrunge des heiligen Evangelii, Singt man uff den Rechten Singeschulen Gott zu Lobe, Ehr vnd Preiß, nichts Anderß, dann das der heiligen Bibelschen Schrift Alt vnd New Testamenth gemeß ist. Vnd ist onne Zweifel aus sunderlichen Radt Gottes also versehen, das man Gottes Wordt auch in solcher holtseeligen Kunst am Tag bringen sollte, damith keine Entschuldigunge von der vndankbaren Welt vorzuwenden were.

stadt durch das Band der Gesellschaft, zumal in so verwirrten Zeiten, zur Erhaltung der öffentlichen Ruhe bey? Wie nützlich beschäftigte er sich zu Hause bey müssigen Stunden? Wie kräftig reizte sein Beyspiel andere Mitbürger zur Nachahmung seines Fleißes? und wie stark wurden sie eben dadurch vor allerhand Ausbrüchen der Laster als den gewöhnlichen Folgen des Müßiggangs durch die bessere Anwendung der Abende zurücke gehalten?

§. 8. Allein er suchte auch in seinem Leben und nach seinem Tode der gedachten Gesellschaft bey aller Armuth nicht weniger durch seine Geschenke zu nutzen. Denn als das Gehänge, die oben erwähnte silberne Kette, womit die Uebersinger zur Belohnung ihrer Geschicklichkeit gezieret wurden, wegen seiner Länge zu beschwerlich und wegen seines Alters unbrauchbar geworden war; so schmückte man hernach weit bequemer die preiswürdigen Mitglieder mit einer Schnure, daran drey große silberne und vergoldete Schillinge gebunden waren. In diese Schnure nun hätte H. S. den mittlern und schönsten der Gesellschaft hinterlassen. Weil der König David auf der Harfe spielend darauf vorgestellet ward; so hatte die ganze Schnure davon den Namen bekommen. Ob sie nun gleich selbst nach hundert Jahren wieder ihrem Untergange nahe kam, und dieß Andenken unsers edelmüthigen Meistersängers

sängers durch den langen Gebrauch aufs neue abgenutzet war; so hat doch der oft gerühmte Wagenseil ihr Gedächtniß in seiner Schrift verewiget, und die Gesellschaft dafür mit einer silbernen Kette und vergüldeten Münze beschenkt (*a*).

§. 9. Ja indem ich dieses für die Ehre der Gesellschaft löblich bemühten Gelehrten gedenke; so komme ich zugleich zum letzten, aber ganz unbekannten Verdienste H. S. Da die Gesellschaft alle Gesetze und Anstalten ihrer Kunst sonst als lauter Geheimnisse ansah, und kein Gelehrter sie erfuhr, aus Furcht, daß man damit ein Gespötte treiben möchte; so ist es geschehen, daß zwar denselben ihr Name, aber ihre Beschaffenheit und rechte Einrichtung fast gar nicht bekannt war. Es bezeigte daher schon Harsdörfer (*b*) ein großes Verlangen, ihre Kunst kennen zu lernen, und erst ein holländischer Gelehrter, Gisbert Cuper (*c*), der Republick Deventer Bürger-

---

(*a*) Dieß erzählt Wagenseil umständlich S. 545.

(*b*) Im 4ten Theile der 1644 zu Nürnberg herausgegebenen Gesprächspiele. S. 13.

(*c*) Er beschreibt dieses in der Vorrede. S. 449. Hieraus ersieht man also, warum Wagenseil zu großer Verwunderung des Canzlers Ludewigs, (s. den 2ten Theil der Erläuterung der güldenen Bulle. S. 955.) sich mit den Meistersängern, ihren

Bürgermeister und des Collegii der Generalstaaten der vereinigten Niederlande wegen der Provinz Obernyssel Mitglied, veranlassete durch schriftliche Nachfrage den altdorfischen Lehrer, sich genauer nach denselben in Nürnberg zu erkundigen. Allein welchen Nachrichten und Schriften haben wir denn sein ganzes Buch, das ist das einzige und vornehmste in seiner Art ist, zu danken? Er sagt es selbst (*a*), daß er das meiste aus den Hand-

ren Gewohnheiten u. s. w. aufhält, die seinen Gedanken nach nicht der Mühe werth sind. Ob er aber von diesen Leuten ein großmächtiges Wesen und Aufhebens mache, ihre Gesänge überaus rühme und herausstreiche, da sie doch einem jeden, wer sie höre, mehr als lächerlich vorkommen, will ich nicht wider den Iohannem ab Indagine, als den Verfasser der Beschreibung der Stadt Nürnberg (s. S. 684.) genau untersuchen. Nicht alles gefällt allen, und was der eine verachtet, schätzt der andere. Mir scheint Wagenseil sich selbst deutlich genug erkläret zu haben, indem er auf seine der Gesellschaft geschenkte Münze diese Worte Virgils prägen ließ:

Pollio amat nostram, quamuis sit rustica,
Musam.

Auch dieses gereicht zu Wagenseils Vertheidigung, daß Tenzel bey der Beschreibung seines Buchs so lange mit Vergnügen verweilet habe, und noch am Ende sich also entschuldiget: „ es er„fordere die Zierde unsers teutschen Vaterlandes,
„ auch in den Unterredungen von den Meistersän„gern etwas ausführlich zu handeln.“ S. 440. 441.

(*a*) Außer der Vorrede S. 449. noch deutlicher S. 520. und 521.

Handschriften der nürnbergischen Gesellschaft bekommen, von den Mitgliedern dieser Stadt gehöret und aus Puschmanns Buche von dem teutschen Meistergesange entlehnet habe. Nun wissen wir aber, daß die meisten Handschriften von dem fleißigen Schuhmacher herrührten, die Mitglieder selbst von ihm als seine Nachkommen abstammten, ja Puschmann endlich, seiner eignen Anzeige nach (a), den vornehmsten Inhalt seiner Schrift, oder daß ich mich seiner eignen Worte bediene, mehrentheils den Bericht dieser Kunst von eben demselben erhalten hatte. Wer sieht nicht hieraus, daß der Wagenseilische Unterricht für eine späte Frucht der Bemühung H. S. zu halten sey, und von allen Liebhabern dieser Schrift auch um der letzten Ursache willen sein Andenken verehret werden sollte? Ja eben diese Verdienste, welche er sich um die Wiederherstellung der verfallenen Meistersängerkunst zu Nürnberg erworben hatte, konnten ihren Geschichtschreiber und Lobredner in den Stand setzen, diese besondere Abhandlung seinem schönen Werke von dieser freyen Reichsstadt beyzufügen (b).

§. 10. Wenn

(a) Ebendaselbst. S. 532.
(b) Er sagt am Ende der Vorrede, daß er es gethan habe, weil diese Kunst in derselben je und allezeit sehr im Schwange gegangen und noch üblich

§. 10. Wenn ich mich endlich über dieses noch erinnere, daß der so eifrig bemühte Bürger aus keiner andern Absicht, als allein zur Ehre Gottes, aus Liebe zu seiner Kunst und aus Eifer für das allgemeine Beste, nicht nur ohne Hoffnung irgend eines Lohns, sondern so gar mit Verachtung der Gelehrten, sich alle diese so viele und große Mühe gegeben habe; so nimmt meine Verwunderung nicht wenig zu, und ich glaube auch zuversichtlich, daß nicht unbillige Leser die gepriesenen Verdienste desto höher schätzen werden, je mehr zu seinen, wie zu unsern, Zeiten die eigennützige Denkungsart herrschte. H. S. vergnügte und begnügte sich an der Vorstellung der beobachteten Pflicht; er erfreute sich über den Beyfall seiner so tugendhaften als verständigen Zeitgenossen; hiernächst hielt er das Lob der spätern Nachwelt, womit er sich nach Art aller edlen Seelen, vornehmlich der Dichter, trotz einem Homer, Virgil, Horaz, Ovid und andern schmeichelte, gleichwohl für die beste und rühmlichste Belohnung seiner Mühe (a).

Ob

lich sey, welche durch ihren Bürger den redlichen H. S. nachdem sie ziemlich in Abnahme gekommen war, wiederum empor gebracht worden.

(a) Z. E. in dem bereits S. 118. angezeigten Gedichte verräth er sich, da er die Vernunft auf die Anzeige des Dichters, daß er nicht wisse, was ihn zur Verfertigung immer mehrerer Gedichte antriebe, also redend einführt:

Daß

Ob und wie er nun seines Wunsches gewähret worden sey, wird uns der Rest derjenigen Nachrichten und Urtheile lehren, welche ich noch zum Ende dieser Schrift beyfügen werde.

Sechstes Hauptstück
Von Hanns Sachsens Abbildungen nebst den Aufschriften und Künstlern.

§. 1.

Unter die Kennzeichen der Hochachtung, welche man für seine Person bezeigte, rechne ich insonderheit, daß berühmte Mahler seiner Vaterstadt sich mit seiner Abbildung beschäftigten, welche gar oft bald in Holzschnitten, bald in Kupferstichen theils einzeln, theils in ganzen Büchern herausgekommen, ja auf die späte Nachwelt erhalten worden ist. Auch hiervon will ich, so viel ich weis, anführen.

§. 2. Der

> Daſſelbig iſt der Wohn,
> Das dir ſoll kommen von
> Deim Gedicht rhumb vnd ehr
> Vnd dergleich nutzes mehr
> Wie ſolchs vaſt all poeten
> Zu Lohn entfangen theten
> So dardurch vberkamen
> Ein vntödtlichen namen
> Schaw darvon reitzet dich
> Zu deim Gedicht warlich.

§. 2. Der erſte, welcher H. S. dieſe Ehre anthat, iſt nach des ſeligen Prof. Chriſts mündlicher Anzeige Jobſt Amman (a), ein großer Künſtler in ſeiner Art, und die Ausgabe des 3ten Theils ſeiner Gedichte veranlaſſete 1561 dieſe Abzeichnung. Auf dem Titelblatte, welches damit gezieret iſt, ſtehen zugleich nachfolgende Reime, die ohne Zweifel einen andern Meiſterſänger zum Urheber haben.

Dieſe Abconterfaction
Zeigt Hanns Sachſen von Nürnberg an
Schuhmachern, der viel ſchöne Gedicht
Und weiſe Sprüch hat zugericht
Nach Art der edlen Poeterey
In deutſcher Sprach luſtig und frey
Auch durch Meiſtergeſang mit Fleiß
Auf geiſtlich und weltliche Weiß
Welches dann gute Mittel ſind,
Dadurch gemeiner Mann und ſein Kind
Mögn

(a) Fabricius nennet ihn nur im 3ten Theile ſeiner Geſchichte S. 195 und 199. Doppelmayer aber in der hiſtoriſchen Nachricht von den nürnbergiſchen Mathematicis und Künſtlern S. 207 und 208. Chriſt in der Anzeige und Auslegung der Monogrammatum. S. 84 und 245 desgleichen der Verfaſſer des allgemeinen Künſtler-Lexici, welches erſt 1763 zu Zürich herausgekommen iſt, S. 12. handeln weitläuftiger von ihm. Das Urtheil Chriſts wird dadurch wahrſcheinlicher, weil derſelbe von Zürich nach Nürnberg um das Jahr 1560 gekommen iſt.

Mögn Schrift und Weisheit erfahrn
Tugendlich darnach zu gebarn
Gott zu Ehr und dem Nächsten zu Nutz
Damit Tugend erhalt im Schutz,
Welchs alles ist gnugsam bewist
Darum bleibt sein Lob aufs gewist.

§. 3. Ein anderer Holzschnitt, welcher auch gemahlt ist, findet sich in einem oben gedachten Theile seiner Gedichte, außer den itzt angeführten Versen steht in einem vor sich habenden Buche 5876 Gedicht. Ætt 68 Jahr. 1563. ferner unter dem Bilde der Namen des vermuthlichen Verfertigers, Johann Bitz, und zu allerunterst der Ort, wo man dieses Bildniß bekommen konnte, nemlich zu Nürnberg bey Hanns Weygeln Formschneider (a).

§. 4. Noch ein anderes Bildniß (b) vom 1567 Jahre, welches theils als ein Kupferstich, theils als ein Holzschnitt bekannt ist, verdienet angemerkt zu werden. Die Ueberschrift steht zu beyden Seiten, das Bild aber selbst darzwischen.

HANS SACHS TEUTSCHER
POET ZU NÜRNBERCK.

Unten

(a) Diese Nachricht meldet mir Hr. D. Riederer. Von Weigeln handelt auch Doppelmayer S. 207. und der Züricher S. 605.

(b) Auch diesen beschreibt mir der itzt gedachte Gönner.

Unten lauten die beygefügten Verse also:
ZU. NÜRNBERCK. BRACHT. ich.(a)
 FÜR. MANCH. GTICHT.
Die auf Poetisch sind zugericht,
Zu spielen singen und zu lesen
Von geistlichen und weltlichen Wesen
Doch alles deutsch lustig und schön
ES. HAT. IMS. KEINER. GLEIC.
 GETHON.

In den Büchern, welche vor ihm liegen und worein er schreibt, steht 5876 Gedicht. H. S. Aetatis 73. Hiernächst liegen noch auf beyden Seiten zwey Blätter, auf das eine ist geschrieben,

Auf daß nichts böses draus erwachs,
 das wünscht

und auf das andere

Uns allezeit Hanns Sachs. Amen. Br

§. 5. Und

(a) Dieses darüber gesetzte Wörtgen, welches erst hernach hinein geflickt worden ist, und hernach die Veränderung eines andern Worts in der letzten Zeile der Unterschrift verursachet hat, daß einige an statt IMS VNS gelesen haben, ist ein deutlicher und mir unerwarteter Beweis, daß diese Verse nicht von ihm, sondern von einem andern und zwar großem Verehrer seiner Zeit herrühren müssen. Es erhellet also hieraus, daß unser Dichter dieser Zeilen wegen unschuldig einen Platz unter den gelehrten Narcissen gefunden habe, wovon der Hr. Rector Biedermann zu Freyberg

§. 5. Und noch ein anderer Holzschnitt von eben diesem Jahre nebst gleicher Anzeige der Gedichte und des Alters wird in der Bibliothek zu Zwickau gefunden, worauf unser Greis also redend eingeführet wird:

Also war mein Gestalt ganz und gar,
Da ich noch ein Schuhmacher war.

§. 6. Nach diesem hat ihn ein anderer Mahler von nicht geringerer Geschicklichkeit Andreas Herneysen (a), kurz vor seinem Ende auf einem Bogen sehr schön abgezeichnet. Die Gelegenheit zu dieser Abbildung mag beygefügtes Gedicht selbst erzählen, welches, allem Vermuthen nach, zur besondern Ausgabe seines so genannten Valete oder Lebenslaufs gehöret.

Hanns Sachsens Spruch, damit er dem Maler
sein Valete dedicirt.

Als ich mit Frewd in Uberfluß
  Den Spruch meinr Valete beschluß,
Des tags kam eben zu mir gleich
  Der weit berümbt vnd kunstreich
Maler, der in Nürnberg der Stat
  Andreas Herneysen sein Namen hat,
Der

berg ohnlängst ein Programma geschrieben hat. Doch wird es meinem hochgeneigten Gönner leicht seyn, einen andern Beweis auch schon in andern Worten dieser Lebensbeschreibung, zu finden.

(a) Dieses Künstlers gedenket der Züricher nicht.

Der so geschwind ist mit der Hand
  Mit sinnreichigkeit vnd Verstand
Der mit hoher Bitt vnd beger
  Mir saget, wie er kommen wer
Vom Allersbach dem Gefürsten Abt
  Bey dem het er ein bestallung gehabt,
Ein Chor zu malen künstlich fleissig
  Um hundert gülden darzu dreissig
Sampt einem beykauff seiner Frawn
  Dabey wern gewest drey herrn auf Trawn
Sampt als vnkosts vnd zerung frey
  Farb, vnd was man sonst darfft darbey,
Der erst, Herr Hans hew in teufel
  Der ander, der Kellner on zweifel
Mit nam Herr Michel Fruchtinger
  Der dritte aber war der Richter
Andres Rotenbeck hieß mit nam.
  Die beschlüssen das geding allsam
Wie vor begriffe mit kurtzen wortn,
  Nach dem fragt sein Gnad an den ortn
Ob zu Nürnberg gestorben wer
  Hanns Sachs der Dichter, wie dann er
Gehört het vor etlichen Jarn
  Het doch gwisen Grund nie erfarn.
Drauf hat er seiner Gnad antwort gebn
  Hanns Sachs der Dichter thet noch lebn
Deß wollt er seiner Gnad zeugniß bringen
  Seiner Handschrift vnd zu den Dingen
Bat der Künstler meiner Zeugniß eben
                          S   Das

Das ich noch wahrhaftig thet leben
Dem gfürsten Abt seiner Gnaden,
 Das er seiner Sorg würd entladen.
Nun het ich gleich des tags vollendt
 Den Spruch, mein Valete genendt
Der gfiel dem Künstler also wol
 Das er gleichsam der freuden voll
Mich bat, im solchen Spruch zu schencken
 Drob thet ich mich nit lang bedencken
Und mein Valete fewer new
 Aus gutwilliger Lieb und trew
Ich diesem Hernersen dedicir,
 Welchs er zu dank annahm von mir
Als mein allerlezes Gedicht
 Im höchsten Alter zugericht
Drum solt er mein arbeit und wesn
 Vorgedachten Abt lassen lesn
Da wird mir Hans Sachs zeugniß gebn
 Das ich noch bin gewiß im Lebn
Als lang der ewig Gott mich wil
 Der allein weiß meins Endes Zil
Da er verwechselt diß irdisch
 Leben, gibt vns ein himmlisch
Da ewig Frewd vns blüh vnd wachs
 Durch Jesum Christum wünscht H. S.

 Danksagung des Malers für das Valete.

Vnd ich Endres Hernersen hab
 Mit danckbarn Gemüth für solche gab
Obgemelten Herrn Hans Sachsen alt

nebst den Auffschriften.

So viel mir müglich sein Gestalt
Abconterfeit, da er alt war
    Zwey Monat und 81 Jar
Bracht uns zum newn Jahr zum Geschenk
    Weil ich aber war ingedenck
Das viel Leut auch in nah und ferrn
    Verlangt zu sehen diesen Herrn
Und nit zu im können kommen
    Hab ich zu ehren diesen frommen
Mein willig Dienst auch darzu than
    Und in im Truck lassen ausgan.
Weil er selbst sagt an seinem Siechbett
    Das ihm das Bild gleich sehen thet
Bit darneben beid Mann und Frawen
    Den diß Bild fürkömbt zu schawen
Mit sampt seinem Valete gut
    Weil ihr thun aus treuherzigen mut
Wöllens zu Danck aufnemen zwar
    Zu einem glückseligen newen Jar.
Wer aber wolt sein gmüth und Herz
    Abgemaldt schawen, der sech an schmerz
In mit fleiß in sein Büchern an
    Da wird er recht Contrefet han
Und dieses Gmehl vollendet wurdt
    Nach unsers Herrn Christi geburt
Da man zelt tausend fünfhundert Jar
    Und sechs und siebenzig fürwar
Am newen Jarsabend genendt
    Gott verley im ein seeligs end
Und ein frewdenreiche urstend.

Cum gratia et priuilegio Caesareae Majestatis.
Gedruckt zu Nürnberg, durch Katharinam Gerlachin und Johans von Berg Erben. MDLXXVI (*a*).

§. 7. Eben dieses Bild ist hernach oft gebrauchet worden, sein Andenken zu erhalten, und die Liebhaber solcher Alterthümer verehren es, wie die Gemählde der großen Gelehrten, welche nicht nur dasselbe Jahrhundert aufgeklärt, sondern auch insonderheit das Werk der Reformation befördert haben. Je schneller aber sein Ende nach desselben Verfertigung erfolgte, desto verschiedener sind die Reime, welche sich darunter befinden. Die eine Aufschrift ist also kurz vor seinem Tode, vieleicht noch von ihm selbst, abgefaßt (*b*):

Zwey Monat ein und achtig Jahr alt
War ich Hans Sachs in der Gestalt
Von Andreas Herneysen abgemahlt
Ein Kind war ich auf der Welt gebohrn
Zum Kind bin ich auch wieder worn
Denn all meine Kräfte hab ich verlohrn.
Gott

(*a*) Dieses Gedicht, welches Hr. Prof. Gottsched besitzt, besteht aus einem einzigen Foliobogen, und gehöret ohne Zweifel zur ersten besondern Ausgabe des Valete. Doch kann ich die im Lebenslaufe angezeigte Jahrzahl 1567 mit dem Inhalte des 1576 verfertigten Spruchs und der dafür von einem andern gemachten Danksagung nicht recht vereinigen.

(*b*) Ebenderselbe und Hr. Schöber besitzen es.

nebst den Aufschriften.

Gott bescher mir ein seeligs End
Und nehm meine Seel in seine Händ
Geb mir auch eine fröliche Urstend.

Die andere Aufschrift, welche die Zeit seines Todes bestimmt, lautet also (*a*):

Also war ich Hans Sachs gestalt,
Gleich ein und achtzig Jahre alt,
Zehen Wochen, darzu fünff Tag
Da ich von hin schmerzlich mit Klag
Durch die allmächtig Gottes Wahl
Ward gefordert aus dem Jammerthal
Und von den lieben Engeln bloß
Getragen in Abrahams Schoß,
Leb nun in Freuden, deß mich vergewist
Mein lieber Heyland Jesus Christ
Im sechs und siebenzigsten Jahr
Der neunzehende Jenner war.

§. 8. Im fünften und letzten Theile seiner Gedichte, welcher 1579 nachfolgte, steht wohl eben derselbe Holzschnitt, obgleich ins kleine gebracht, zur Zierde, aber ohne Denkschrift, doch mit dem Zusatze:

Contrefactur und eigentliche Gestalt
   Hans Sachsens fürnehmsten teut=
    schen Poetens, seines Alters 81.

§. 9. Nach

(*a*) Siehe das 4te Buch von 1578: wo sie sich unter dem Titel befindet.

§. 9. Nach seinem Tode hat ihn der berühmte *Boissard* gewürdiget, sein Bildniß unter die größten Männer derselben Zeit mit diesem Lobspruche zu beehren (a):

Musas Teutonicam videor docuisse latinas
  Linguam, plectro vti dum voluere meo.

Diese Ehre ist desto größer, weil sie ihm ein so gelehrter Ausländer erwies, der ihn vielleicht auf seiner Reise 1551 (b) persönlich in Nürnberg kennen zu lernen, Gelegenheit gehabt hatte.

§. 10. Desgleichen ist ein Kupferstich von *Lucas Kilian* (c) vorhanden, darauf sein Bild auf einem Täfelein zu oberst im Winkel gestochen ist: es befinden sich dabey so wohl ein kurzer Denkspruch:

sic humiles animas respicit orbe Deus

als auch nachfolgende lateinische Verse:

Ex sutore Deus vatem magnumque poetam
  Fecit, vt hinc discas, mira patrare Deum.

Non

(a) Siehe dessen Bibliothec. Chalcographicam lit. H. n. 4. S. 6.
(b) Siehe Jöchers Gelehrten Lex. u von desselben Leben und Schriften den IV Tom. Obseru. Select. insonderheit S. 36.
(c) Von diesem Künstler, welcher zu Augspurg nebst seinem Bruder Wolfgang bis 1637 den ersten Rang hatte und starb, handelt auch der Züricher neuererlichst, das Bild aber selbst beschreiben *Wetzel*, *Schöber* und das *Universallexicon*.

nebst den Aufschriften.

*Non Deus acceptat perſonam ex gentibus vllam,
Saepe etiam ſutor verba benigna tulit.*

Auf einem Buche, welches der vorgestellte Dichter in der Hand hält, befindet sich die Anzeige des Künstlers, **Lucas Kilian** *ſculpſit.* Oben darüber ist gedruckt: **Eygentliche Contrefactur deß Sinnreichen vnd weitberühmten Hansen Sachsens, fürnemmen Teutschen Poetens, Seines Alters ein vnd achtig Jahr.** Unten sind die schon angeführten Verse zu lesen: **also war ich ꝛc.** und zu unterst ist ein Zettelchen aufgeklebt, darauf steht:

**In Verlegung Lucas Kilians, Kupferstechers im Jahr 1623
Bey Stephan Michelspachern im Jahr 1617.**

§. 11. Auch **Johann Gottfried Zeidler**(*a*) hat ihn nachgezeichnet, in Holz schneiden lassen und 1690 an der Seite der größten Gelehrten mit nachfolgenden Versen beehret. Oben steht:

*Johannes Saxo Poeta rhythmis Germanicis
excellens ſutor Norimbergenſis.*

(*a*) Siehe das zu Wittenberg 1690 gedruckte Theatrum eruditorum minus, welches unter 100 Bildnissen der berühmtesten Gelehrten unter dem Buchstaben S. S. 86. auch dieses enthält.

Unter dem kleinen Bilde aber stehen diese etwas spöttischen Worte:

Hanc faciem Saxo gessi crepidarius autor:
  Ne mirare, vltra quod sapiam crepidas.
Tot crepidas ego vix feci, quot carmina vates
  Mille libris docto composui numero.
Si rudis interdum, sic excusauero culpam,
  Quod rude vix corium vena venusta decet.

§. 12. Noch werden einige andere Bildnisse von ihm erwähnt, die wenigstens ihres Orts wegen hier angemerkt zu werden verdienen. Des redlichen H. S. Bildniß, schreibt Wagenseil (a), ist auf der 4ten von denenjenigen Tafeln, welche an den zum Singschulen bestimmten Tagen an öffentlichen Plätzen aufgehenkt wurden, zu sehen, und wurde an dem äußern Thore, wodurch man zu der Catharinenkirche geht, angemacht. Da nun auf der ersten ein Garten, gleichsam als ein historisches Sinnbild der Gesellschaft, auf der andern der König David, wie er auf der Harfe spielt, und auf der dritten die Geburt Christi abgemahlt steht; so kann man aus dem Inhalte des 4ten Gemähldes leicht erkennen, daß die Genossenschaft durch diese Erfindung und den Gebrauch ihn für das vornehmste Mitglied dankbar erkläret habe.

§. 13. Des-

(a) Siehe S. 541 und 542.

§. 13. Desgleichen wurde sonst ein gedoppeltes Bildniß von ihm in seiner letzten Wohnung, das eine in der untern, das andere in der obern Stube gezeigt. Unter dem ersten sind die Worte gedruckt:

In diesem Hauß wohnt ich Hans Sachs,
Gott geb, daß Glück und Heil drin wachs.

Und dieses ist nach dem Berichte Litzels, welcher 1731 durch Nürnberg reisete, und Wills Zeugnisse, welcher jene Erzählung bestätiget, noch itzt zu sehen. Hingegen unter dem andern war eine kurze, doch nicht vollkommen richtige Nachricht von seiner Geburt, Tode und Alter.

§. 14. Auch in der Neuen Bibliothek ist sein Bild in 8. mit der Unterschrift H. S. Teutscher Poet zu Nürnberg vorgedruckt, und dieses ist bisher das gemeinste gewesen, welches die Sammler solcher einzelnen Stücken besessen haben (*a*).

§. 15. In den neuern Zeiten hat ihn Friedrich Rothscholz zu Nürnberg in 4. (*b*) nachbilden lassen, worauf die Aufschrift also abgefasset ist: *Hans Sachs Norimb. Sutor, Poeta et Phonascus famigeratissimus, nat.* 1494 *d.* 5. *Nov. den. a.* 1576 *d.* 19. *Jan. ex collectione F. R. N. Knorr Fecit.*

§. 16. Noch

(*a*) Siehe das 28. St. des 3ten Theils.
(*b*) Siehe P. 2 Iconum.

§. 16. Noch ein Gewählde darf ich nicht mit Stillschweigen übergehen, weil es nicht nur eine sonderbare Seltenheit, sondern wohl gar das einzige in seiner Art ist. Auch so gar das Kleidgen, welches er mit auf die Welt brachte, hat einem ungenannten Künstler Anlaß gegeben, sein Bildniß darauf zu entwerfen, und dieses Werk so wohl der Natur als der Kunst ist von Zacharias Götzen, Rectorn zu Osnabrück, der Sammlung seiner Seltenheiten nicht nur beygefüget, sondern auch zur Erhaltung seines Andenkens umständlich beschrieben worden (a). Dieses Bürdlein (also wird es genennet) hat vor 100 Jahren M. Johann Riedner, Rector erst bey

(a) Im Museo Goetziano, welches bey den an ihn geschriebenen und zu Wittenberg 1716 gedruckten Briefen berühmter Männer als ein Anhang steht, befindet sich S. 269. nachfolgende Beschreibung: Amnion, h. e interior membrana, qua Hans Sachs, sutor et poeta, in utero inclusus obtectus fuit, ita laborata, vt imaginem eius justae magnitudinis ad pectus vsque summa arte factam repraesentet. Hoc naturae et artis opus omnes, quotquot vident, rarissimis rebus anteferunt. Subscripti sunt rhytmi sequentes:

Zwey Monat ein vnd achtzig Jahr alt ꝛc

Da diese Reime schon angeführt sind, so gedenke ich nur, daß an statt Kräfte Künste und an statt Urstend, welches die Auferstehung in der altdeutschen Sprache bedeutet, Verstand fälschlich gelesen wird. Darauf folgen noch die oben angemerkten Nachrichten.

bey der Aegidien und hernach bey der Lorenzer=
Schule besessen, aber wegen Gleichheit des Na=
mens und zum Zeugnisse sonderbarer Gewogen=
heit Conrad Sachsen, Rathsschreibern zu
Nürnberg, geschenkt. Weil nun sein Anherr
George Sachs, welcher 1553 getrauet ward,
unsers Dichters Zeitgenosse gewesen war, so schätz=
te er dieses Geschenk desto höher, schrieb die nö=
thigen Nachrichten darauf, und hinterlies es sei=
nem Sohne, Johann Conrad Sachsen,
welcher den Urheber dieses Geschenks dankbar
unter jene Nachrichten setzte, und seinem Schwie=
gersohne, dem berühmten Hrn. Götzen, ein neu=
es Geschenk damit machte. Bey der Ankündi=
gung dieser beschriebenen Sammlung würdigen
die gelehrten Verfasser der zu Leipzig fortdauren=
den Monatsschrift dieses Kunststück eines be=
sondern Andenkens (a). Uebrigens ist mir der
itzige Besitzer derselben so wenig, als das Schick=
sal der ganzen Sammlung bekannt.

§. 17. Was das gegenwärtige Kupfer betrift,
welches nach Herneysens Abbildung gestochen
und von dem Hrn. Verleger dieser Lebensbe=
schreibung zur Zierde vorgesetzet ist, so bedarf es
weder einer weitern Anzeige, noch meines Lobes.

(a) Acta Eruditorum. Suppl. Tom. VI. S. 10.
S. 479.

Siebentes Hauptstück
Von seinen Verehrern.

§. 1.

Doch nicht nur für seine Person hat man so viel Hochachtung bezeigt, sondern auch seine Gedichte, Gaben und Tugenden sind von Gelehrten in seinem Leben und auch von einigen Neuern nach seinem Tode so wohl erkannt als gerühmet worden. Ist es nun allerdings ein wahres Lob, von belobten Männern gerühmet zu werden; so gehören auch diese Lobsprüche unter die Belohnungen, welche ihm noch zu unsern Zeiten Ehre machen. Ich werde bey ihrer Anführung der Ordnung der Zeit folgen, ob ich gleich nicht läugne, daß einige sein Lob so sehr, als andere seinen Tadel, übertrieben haben.

§. 2. Der bereits erwähnte Puschmann, sein dankbarer Schüler, soll der erste seyn, dessen Zeugniß ich anführen will (*a*). „Der sinn„reiche H. S. schreibt er, hat viele schöne und „liebliche Historien der alten und neuen Ge„schichtschreiber und Poeten an den Tag gege„ben, daraus man sich gegen Gott und die Welt „recht verhalten lernet".

Des=

(*a*) Siehe Wagenseil S. 375. wo diese Worte aus desselben Berichte eingerücket sind.

Von seinen Verehrern.

Desgleichen sage er in einer Comödie, die er zum Gedächtniß desselben verfertiget hat (a), daß er seine Verse und Reymen fast in Zahl und Maaß der Sylben, wie H. S. gepflogen, gedichtet habe, gesteht aber, daß ihm ein so sinnreicher Verstand, wie sein Lehrer gehabt, und eine solche lange Uebung mangele. Doch nicht allein dieser ungelehrte Meistersänger, sondern auch belobte Gelehrte seines Jahrhunderts beehren ihn mit gar herrlichen Lobsprüchen. So nennet ihn Jacob Schopper (b) den Virgil seiner Zeit, und George Rem (c) den teutschen Euripides; Simler (d) urtheilt von ihm, daß er, außer der Beschreibung aller Stände, vieles andere schön in deutschen Reimen poetisch geschrieben habe. Auch ein gewisser

(a) Sie handelt von dem Patriarchen Jacob, Joseph und seinen Brüdern, ist zu Görlitz 1592 gedruckt und so wohl in Gottscheds Vorrathe S. 127. als in dessen Sprachkunst S. 549. umständlich beschrieben.

(b) In einer Schrift, welche unter dem Titel descriptio et Historia Germaniae zu Frankfurth am Mayn 1582 in Folio herausgekommen, aber wie Will in dessen Lebensbeschreibung S. 57. und die Erfahrung mich gelehret hat, rar ist.

(c) Serpilius führet diesen Lobspruch, ich weis nicht, aus was für einer Schrift an.

(d) In der Bibl. S. 412.

ser Andropediacus (a) der Verfasser einer merkwürdigen Schrift, der Singschule, rechnet ihn noch vor dem Flore der durch Opitzen verbesserten Poesie unter die berühmten Meister seiner Kunst mit diesen Worten:

Unter denen Hans Sachse zwar
Ein Schuhmacher von Nürnberg war,
Der hat viel artlicher Gedicht
Nach Meister Gesanges Kunst gericht,
Und solche Kunst geübet zwar
Biß in sein ein und achtzigst Jahr.

§. 3. Ob nun gleich seit Opitzens Zeiten eine immer größere Verbesserung der deutschen Dichtkunst erfolget ist, so haben doch die Geschichtschreiber dieser Kunst und auch andere Liebhaber seiner Gedichte in ihren Werken löbliche Urtheile von ihm hinterlassen. Böcler, der große Lehrer der Geschichte zu Straßburg, schloß ein Gedicht, welches er auf Johann Küffers 1640 erhaltenes Doctorat gemacht hatte, mit diesem Lobe unsers Dichters (b):

Aber wie ich vorgedachte,
Meine Reime sind zu schlecht

Auf

(a) Siehe den Vorrath S. 189, wo von dieser Geschichte der Meistersänger, welche in Gestalt einer Komödie 1630 zu Nürnberg gedruckt ist, Nachricht gegeben wird.

(b) Siehe Feilers Epist. 22. Cent. III. S. 284. woraus es Serpil und Wetzel angeführet haben.

Auf des alten Sachsen Recht,
Den ich gleichwohl nicht verachte.
Schlechte Wort und gut Gemüth
Ist das rechte deutsche Lied.

Von Hoffmannswaldau gedenket seiner in der Vorrede zu seinen Gedichten (*a*), welche eine kurze Geschichte der deutschen Dichtkunst enthält, mit folgendem Lobspruche: „In abge„laufener hundertjähriger Zeit hat ein ehrlicher „Bürger zu Nürnberg H. S. sich vorgethan, „und in einem großen Werke allerhand Spiele, „Gesänge und dergleichen, unter dem Namen „eines Meistersängers, in das Licht gestellt. „Dessen Kopf und Art nach Beschaffenheit der „Jahre, darinnen er gelebet, ich gar nicht ta„dele; und würde er, wenn er bessere Wissen„schaft von gelehrten Sachen und genauere An„weisung gehabt hätte, es vielen, die nach sei„ner Zeit geschrieben, und manche ungereimte „Dinge uns sehen und hören lassen, weit her„vor gethan haben.".

Morhof, der mit größerer Weitläuftigkeit, als Hoffmannswaldau, die Geschichte dieser Kunst hernach beschrieben hat, sagt rühmlich genug von ihm (*b*): „Man muß sich wundern, „daß ein Handwerksmann, der lateinischen und „griechi-

(*a*) Sie führen den Titel: C. H. v. H. teutsche Uebersetzungen und Gedichte.

(*b*) Im Unterrichte S. 341.

„griechischen Sprache unkundig, so mancher-
„ley Sachen hat schreiben können, die nicht oh-
„ne Geist sind". Er setzt nicht nur Hoff=
manns Urtheil bey, sondern billiget auch
Schoppers Lobspruch, daß er so viel Werks
von ihm mache, weil er den Titul des deutschen
Virgils nicht unbillig führen könne.

Der schon oft erwähnte Wagenseil fügt zu
den bereits angeführten Lobsprüchen noch dieses
allgemeine Urtheil auf der Seite, wo er von
ihm insonderheit gehandelt hat (*a*) hinzu: „Es
„finden sich unter seinen Gedichten viele Sachen
„von guter Erfindung, auch so vernünftig aus-
„gearbeitet, daß sie damals nicht besser seyn
„können, und wegen des herrlichen Nachdrucks
„und Verstandes so überall sich zeiget, vielen,
„so neuerlich geschrieben worden, mit Rechte
„vorzuziehen seyn; nur daß die Reimung nicht
„von der Richtigkeit war, welche sie in diesem
„Seculo erlanget. Solchemnach sind seine Ge=
„dichte auch von fürnehmen gelehrten Leuten sehr
„geliebet worden; und von gemeinen Leuten wird
„sein Andenken nicht minder, als des Homeri,
„Virgilii, Ovidii und Horatii von den Ge-
„lehrten, so lange die Welt steht, verehret
„werden".

Selbst J. P. Ludwig, welcher doch kein
großer Freund der Meistersänger überhaupt gewesen

(*a*) S. 517. des oft gelobten Buchs.

Von seinen Verehrern.

wesen zu seyn scheint, schreibt (a) gleichwohl von ihm: de egregio sui temporis poeta, Io. Saxone sordidae artis homine et omnis doctrinae ignaro gloriari potest Germania, de insigni oratore a natura facto non potest.

§. 4. Was das merkwürdigste ist, selbst in diesem Jahrhunderte haben bey noch mehr gereinigter Dichtkunst gelehrte Männer dieses Meistersängers mit Ehren erwähnt.

Christian Thomasius vergleichet ihn gar mit dem Homer (b) in folgenden Worten: „Nos vt hi „storiam sacram merito fabulis et Platonis et Ho„mericis praeferimus et Homerum (fremant li„cet poetae et paedotribae ac qui philologorum „honestum nomen adhuc male vsurpant) non ali„ter consideramus, quam Coryphaeum aliquem „phonascorum Noribergensium, der Meistersän„ger et adeo Joh. Saxonem iure meritoque suo ti„tulum Homeri Germanici sibi vindicare puta„mus, Homerum autem si absque adulatione „rem consideramus; nihil sua virtute conue„nientius praetendere posse arbitramur, quam „vt vocetur Graecorum Saxo, der griechische „Hans Sachs". Desgleichen schreibt er an einem andern Orte also von ihm (c): „Wenn sich
„jemand

(a) Ju dissert. de Idyllis Satyricis S. 10.
(b) Siehe dessen disp. de morum cum iure scripto contentione §. 15. S. 17.
(c) Siehe seine Anmerkungen zu Melchiors von Ossa Testamente, S. 118.

T

„jemand darüber machen wollte, und den Text
„des Joh. Sachsens so wohl aus seinen ernst-
„haften Reimen, als aus seinen Comödien, Fa-
„beln und guten Schwänken zum Grunde legte
„und auf dem Rande mit des Homeri seinen
„Versen erklärte, würde meines Erachtens sehr
„durchdringen: denn Homerus war so wohl ein
„Meistersänger als H. S. (vid. Huetius de
„orig. Fab. Rom. S. 86.) Ja ich bin versichert,
„daß, wer H. S. und Homerum ohne Vor-
„urtheil lesen wird, wird mehr Artigkeit und iu-
„dicium in H. S. als im Homero antreffen".

Bey Anführung dieses Urtheils kann ich nicht umhin, so gleich Wetzels noch höher getriebenes Lob beyzufügen. Nachdem er schon sein Gut-achten über diese Gedicht also ausgedrückt hatte, „es wären hin und wieder artige Gedanken darin-
„ne, so sagt er, daß ihm jene thomasische Benen-
„nung nicht, wie es scheinen möchte, zum Nach-
„theile gereiche, weil, obschon dessen Reimart
„der heutigen Poesie sehr einfältig klinge, solche
„doch nach damaliger Art die beste, auch bey
„ihm selbst die alte teutsche Redlichkeit gewesen
„wäre".

Nicht nur Omeis bestätiget Morhofs und Wagenseils Urtheile (*a*), sondern auch der öfters

(*a*) In der III. Vorbetrachtung von der teut-schen Poeterey andern Zeit, S. 32.

ters genannte Litzel machet den Anfang seines Beweises mit diesen Worten: "H. S. der al-"te und jedermann bekannte Nürnbergische Poet, "ist eine Zierde nicht nur seiner Vaterstadt, son-"dern auch des ganzen Frankenlandes. Ich "will hier nicht erst sein Lobredner werden. "Theologen, Juristen und andere große Män-"ner haben sein Lob schon längstens in Schriften "ausgebreitet. Sie halten ihn für einen trefli-"chen Poeten seiner Zeit, und sie haben recht. "Denn ob sich schon seine Reimen, nach der "heutigen Art, nicht allezeit reimen; so sind "doch seine Gedanken, als eines ungelehrten "Schusters, bisweilen sinnreicher, als die Ge-"danken mancher neuern Gelehrten, die sich "für Poeten ausgeben". Hierauf wendet er auf ihn die bekannte Worte an, womit der alte Ennius vom Ovid so schön als kurz be-schrieben wird:

Ennius ingenio maximus, arte rudis (a).

Hr. Prof. Gottsched rühmet an ihm in der critischen Dichtkunst, daß er "kein übles Ge-"schicke zur Nachahmung der Natur und zur

"Eco-

(a) Auf diese Vergleichung zielet ohne Zweifel der sel. Past. Müller im 1sten Th. seiner Einleitung S. 39 s. "H. S. vor den Ennius der Deutschen "zu halten ist dem Ennius und den Deutschen zu "viel Schande, und dem poetischen Schuster zu viel "Ehre: dennoch habe ich irgendwo diesen critischen "Irrthum gelesen".

„Beobachtung der Charakter gehabt, aber in
„den finstern Zeiten nur nicht die Regeln der
„Wahrſcheinlichkeit gewuſt hätte": und in der
Lobrede auf Opitzen ſagt er (a): „Nur
„H. S. war der große Geiſt, den Germanien
„damals bewunderte, und den man trotzig ge=
„nug den Homer der Deutſchen zu nennen
„pflegte".

Hr. Paſt. Dunkel vermuthet in der Vorrede
zu dem 2ten Theile des 1ſten Bandes ſeiner Nach=
richten, daß man den beyden Meiſterſängern,
H. S. Vater und Sohne gleiches Namens, die
Stäte, welche er ihnen unter den Gelehrten einge=
räumet habe, nicht misgönnen werde, ohner=
achtet ſie kein öffentliches Amt bekleidet haben:
weil der erſtere ein Vater nicht nur anderer
Schriften, ſondern auch vornehmlich einer un=
geheuren Menge von Gedichten geweſen, und von
den Gelehrten vorlängſt hochgeſchätzet worden ſey.

§. 5. Allerneuſt rühmet und entſchuldiget Hr.
Prof. Will ſeinen Landsmann in der Beſchrei=
bung ſeines Lebens dergeſtalt: „Was den Ruhm
„dieſes Mannes anbetrift, ſo iſt es unbillig,
„wenn einige Neuere an ihn zum Ritter wer=
„den wollen. Es iſt wahr, daß er nach unſerm
„itzigen Geſchmacke rauh und kaum ohne Lachen
„zu leſen iſt. Allein deswegen kann er doch ein
„vor=

(a) S. 204. in der zu Leipzig 1749 beſorgten Samm=
lung der von ihm gehaltenen Reden.

Von seinen Verehrern. 293

„vortreflicher Poet seiner Zeit gewesen seyn. Er
„war in der That sutor ultra crepidam, und er
„bringt unserm Nürnberg gewiß keine Schande,
„indem ganz Deutschland keinen Dichter seines
„gleichen von damaliger Zeit aufzuweisen hat.
„Wenigstens findet sich niemand, der zu seiner
„Zeit so viel gedichtet, und in so verschiedenen
„Werken des Geschmacks gearbeitet hat. Er
„überlieferte Uebersetzungen, Fabeln, Erzählun-
„gen, Trauerspiele, Lieder, schrieb auch in prosa
„und in Religionssachen, und muß dabey ein
„wohl belesener und in der heiligen Schrift und
„Geschichte wohlerfahrner Mann gewesen seyn.
„Die Hochachtung, die er in seinem Leben unter
„Hohen und Niedern, und selbst unter den Ge-
„lehrten hatte, war ungemein groß. Einige
„Stellen in seinen Büchern, die man heut zu
„Tage Grobheiten und Unfläterenen heisen wür-
„de, muß man auf die Rechnung der platten
„und noch sehr rauhen Sitten seiner Zeit
„schreiben„.

Endlich hat gar ein ungenannter Gelehrter in
Schwaben kein Bedenken getragen, die schon
angeführte Ehrenrettung des H. S. ans
Licht zu stellen. Seine Vertheidigung ist mit
Einmischung der vornehmsten Lebensumstände
also abgefaßt: „Die schlechtesten Gedichte nen-
„net man meistens Hanß Sachsen Verse.
„In diesem Urtheil liegt Unwissenheit, Unge-
„rechtigkeit und Undank. Hanß Sachse war

T 3 „zu

1532. zum Lobe eben dieser Stadt (*a*) verfertiget hatte; so beklagte er sich nicht nur in der Zuschrift an den Rath (*b*) über den schlechten Geschmack derselben Zeiten, darinne auch die ungelehrten Laien und zwar mit Beyfalle Bücher schrieben, sondern er sticht auch in eben derselben Vorrede (*c*), desgleichen im Anfange seines Gedichts

(*a*) Es ist Vrbs Norimberga carmine Heroico illustrata überschrieben, erst in 8. besonders gedruckt, hernach in seinen Opp. Farrag. S. 632. auf 4 Bogen eingerückt, ingleichen in den Opp. Pirkheimer. S. 142. seq. und in Wagenseils Comment. de ciu. Norimb. S. 393. seq. aufs neue gedruckt worden.

(*b*) Seine Worte lauten S. 394. des letzten Nachdrucks also: „Quis non videat, hodie passim „nullo iudicio, summa i pudentia libros edi, „nec edi solum, sed etiam probari, et quo „quisque sit ineptior, eo citius inuenire lec„torem? Haec scribo — — eo quod indig„nor, indoctissimis etiam idiotis idem licere, „quod aequum fuerat, doctis tantum permitte„re. — Abstinebo nominibus, quae recensere „infinitum sit".

(*c*) Er fähret S. 395. also fort: „Ego, quamuis „stomachatus eram, valde ridiculosa quaedam „scripta circumferri, non tamen adeo sum ea „indignitate commotus, vt ob hoc ipse me ad „scribendum conjicerem, qui probe intellige„rem, tales libros, nec si legantur, adferre „quicquam gloriae, nec, si contemnantur. exi„stimationis aliquid detraher posse, sed ma„gis animatus exemplo honesto doctissimi quon„dam

Von seinen Verächtern.

dichts (a) augenscheinlich den guten H. S. mit seinen Verehrern an. Er schätzte ihn zwar nicht der Ehre werth, daß er seinen Namen genannt hätte; allein wer die angeführten Umstände und Nachrichten mit einander vergleichet, ja, daß ich auch dieses nicht verschweige, wer sich itzt die Mühe nimmt, das lateinische (b) wie das deutsche Gedicht des Lesens zu würdigen; derselbe wird wohl leicht, wie ich, auf eben diese Gedanken gerathen, daß er auf den Beyfall, mit welchem jenes Lobgedicht und andere Werke solcher Art aufgenommen wurden, gezielet habe. Doch so wenig jemanden in den Sinn kommen wird, des heffischen Poeten Lob durch eine ungeschickte Vergleichung zu vermindern

oder

„dam viri ac elegantissimi poetae, Conradi
„Celtis, Vrbis Vestrae dignitatem gloriamque
„versibus illustrandam mihi desumsi".

(a) Er lautet S. 398. also:
 denique si quaedam vulgaribus edita chartis
 Sordida, et in triuiis praeconia nata videntur
 A populoque legi, laudatu digna feruntur;
 Cur mea mensuras memorantia carmina laudes
 Credere laudatis metuam? — —

(b) Wagenseil sagt schon zu seiner Zeit in der Vorrede zur neuen Auflage dieses Gedichts S. 394. „ex manibus et adeo notitia hominum fere „abiit". Mit desto größerem Rechte urtheile ich nun also, da dieses Werk selbst unter die seltenen Bücher zu gehören anfängt, und die eignen Schriften jenes obgleich vortreflichen Dichters noch seltener vorkommen.

oder seine Beschwerden überhaupt zu misbilligen, so dient gleichwohl zur Entschuldigung des teutschen Dichters und seiner Verehrer, daß H. S. vor ihm und nur für diejenigen schrieb, welche doch ienes, obgleich schönere, Werk weder lesen, noch verstehen konnten.

§. 2. Unter diejenigen Kunstrichter aber, welche, wie mit mehrerer Geschicklichkeit, also auch mit größerem Glücke die Poesie, sowohl durch Beyspiele als durch Regeln zu verbessern wirklich anfiengen, ist vornehmlich der berühmte Opitz zu rechnen: dennoch ist keiner, der ihn getadelt hat, so gelinde, als derselbe mit ihm verfahren. Es war bey seinem Vorhaben, von der teutschen Poeterey und zu besserer Fortpflanzung unserer Sprache etwas aufzusetzen, nicht anders möglich, als daß er die Fehler der Meistersänger aufdeckte und dargegen die Liebhaber der Dichtkunst mit den wahren Schönheiten bekannt machte. Allein wie großmüthig handelt er an seinen irrenden Vorfahren? Wie gründlich und zugleich bescheiden trägt er die Regeln der Dichtkunst vor, ohne jedoch die vor ihm beliebten Dichter durch schimpfliche Schmähworte lächerlich zu machen; oder irgend einen mit Namen zu nennen. Er verwundert sich, wie sonderlich die Deutschen seit der Zeit, da die griechische und römische Sprache wieder hervorgesuchet wäre, bey der großen Menge entstan-

standener Poeten so lange Gedult tragen und
das edle Pappier mit ihren ungereimten Reimen beflecken können. Die Worte und Sylben in gewisse Gesetze zu bringen und Verse zu schreiben, wäre das allerwenigste, was man an einem Poeten suchen müßte. Daß von langer Zeit her die wahre Poesie zu üben, in Vergessenheit gestellt worden, wäre leichter zu beklagen, als die Ursache davon anzugeben; wiewohl auch nur ohnlängst *Petrarcha* und *Ronsard* in ihrer Muttersprache die Dichtkunst getrieben hätten. Er setzt eines der vornehmsten Hindernisse ohne Scheu darinne, indem er es für eine verlohrne Arbeit hält, wenn sich jemand an die deutsche Poeterey machen wolle, der nebst dem, daß er ein Poet von Natur seyn müsse, in den griechischen und lateinischen Büchern nicht wohl durchtrieben sey und von ihnen den rechten Griff erlernet habe; alle andere Lehren könnten sonst bey ihm nichts verfangen. Ferner diejenigen, welche Kaiser und Potentaten in die Komödien eingeführet hätten, irreten, wie solches den Regeln schnurstracks zuwider liefe. Er tadelt weiter diejenigen, welche die Sprache solcher, wo falsch geredet würde, in die Schriften mischten, und bestraft aufs neue die Thorheit, die innerhalb kurzen Jahren wieder eingerissen wäre, ausländische Wörter zu gebrauchen (und gleichsam auszuwerfen); desgleichen die Epitheta hinter ihre Substantiua zu setzen, nicht von allen Dingen

gen auf einerley Weise zu reden; sondern zu niedrigen Sachen schlechte, zu hohen ansehnliche, zu mitttelmäßigen mittelmäßige und weder zu große noch zu gemeine Worte zu gebrauchen. Er preiset ferner die genaue Beobachtung der Reime an, daß das zärtliche Ohr nicht beleidiget werde; und rathet als etwas ganz neues an, die Sylben niedrig und hoch nach ihrer Größe auszusprechen, wie sie die Versart mit sich bringt, auch die lateinischen Wörter richtig auszusprechen, desgleichen die Reimen der ersten Strophe auf vielerley Art nach Belieben zur Vermehrung der Annehmlichkeit zu schränken, nur daß sich die folgenden darnach richteten. Uebrigens lobt er an andern Poeten, welche dergleichen Regeln nicht beobachteten, den Willen und die Bemühung, der Nachkommen Gunst aber könne er nicht verheisen. So gelehrt hat **Opitz** die Eigenschaften der bessern Poesie in dieser kleinen Schrift gezeigt, welche von allen Dichtern und Kunstrichtern noch heut zu Tage gelesen und nachgeahmt zu werden verdient: so wahrhaftig aber hat er auch H. F. Gedichte beurtheilt, und zugleich sein Schicksal geweisaget. Nur wäre zu wünschen, daß die Nachkommen dieses Vaters der deutschen Dichtkunst mit gleicher Mäßigkeit dieses ihres Vorgängers gedacht hätten. Allein je mehr die neuern Dichter geglaubet haben, daß sie in dem goldnen Alter der Poesie lebten und schrieben, desto weiter

ter sind sie in der Verschmähung ihres Großvaters, daß ich so rede, gegangen. Die Geschichte dieser Kunst lehret, daß zwar H. S. Ansehen schon im Anfange des vorigen Jahrhunderts zu sinken angefangen habe; aber erst die alte Art der Knittelverse durch die hernach erfolgte Einführung der opitzischen Dichterey völlig gefallen sey. Doch war man nicht so billig, daß man die Verbesserung nutzte, sondern man machte sich ein Vergnügen, die alten Meistersänger in ihrer Asche zu stöhren. Schon ein *Andreas Gryphius*, oder vielmehr *Daniel Schwenter*, jener Lehrer der altdorfischen Akademie, und *Christian Weise*, dessen Ruhm doch selbst in den folgenden Zeiten einen großen Abfall gelitten hat, gedenket ihrer und seiner besonders in scherzhaften Lustspielen, welche unter dem Titel Herr *Peter Sqventz* und *die zweyfache Poeten = Zunft* bekannt sind, auf solche Art, daß sie ihn unter dem Scheine des Lobes getadelt haben. Da in dem ersten eine Gesellschaft, welche ein gewisses Spiel ausführen wollte, über den Titel streitet; so sagt Mstr. Lollinger, der vorgestellte Leineweber und Meistersänger, um seine unvollständige Kenntniß der theatralischen Regeln zu verspotten: „Der alte berühmte deutsche Poet und Meister„sänger H. S. schreibt, wenn ein Spiel traurig „ausgeht, so ist es eine Tragödie, weil sich nun „hierinne 2. (nehmlich *Pyramus* und *This=*
„*be*)

„be) erstechen; so geht es traurig aus, Er-„go" (a). Und da in dem zweyten Stücke eine andere Compagnie mit Gewalt seyn wollender Poeten sich einen vornehmen Schutzherren erwählen wollte; so wird ein erdichteter Jrus, oder Zunftmeister der Tannzapfen=Zunft also redend eingeführet, um eine gewisse Gewohnheit jener ältern Zeit mit ihm lächerlich zu machen: „ich bleibe bey H. S. denn mein Herz im „Leibe lacht mir, wenn ich sehe, wie er sein Ge=„dicht so artig beschlüßen können":

Daß Glück und Seegen auferwachs,
Einen guten Abend wünscht uns Hanns
Sachs (b).

§. 3. Noch mehr hat man in dem itzigen Jahrhunderte in einer gewissen Streitigkeit ihn zu beschimpfen gesucht, davon ich etwas umständlich handeln muß. Wernicke, ehemals königlich dänischer Staatsrath und Resident zu Paris, hatte in seiner Jugend die lohensteinische Erbsünde an

(a) Siehe S. 725. der von seinem Sohne 1698 neu herausgegebenen Gedichte A. Gryphii; Was aber die Geschichte dieses Schimpfspiels anbetrifft, davon können die Vorrede S. 716. ferner Gottscheds Vorrath S. 217. und Wills Lex. von S. 657. des 3ten Th. nachgelesen werden.

(b) Siehe den 10. Auftritt dieses auf eine neuere poetische Gesellschaft gemachten Stücks, welches als ein Anhang zu dessen reifen Gedanken 1683 hinzu gefüget ist.

an sich genommen, aber er legte sie nicht nur ab, sondern bezeigte auch seine Verachtung desselben dergestalt, daß er deswegen ein Vorläufer der poetischen Reformation genennet worden ist. Auf diesen Tadel des damals herrschenden Geschmacks schrieb L. Postel, ein Rechtsgelehrter zu Hamburg, ein Sonnet; an diesem Vertheidiger der getadelten Schreibart suchte sich Wernicke durch ein Heldengedicht (a), welches nach dem Exempel des Mack Flecknoe (b), auf eine heroisch komische Art abgefasset war, zu rächen. Dieses Gedicht war H. S. überschrieben, mit einer Vorrede und dunkeln Erklärungen begleitet, und zur Entdeckung der ganzen Absicht der Vers aus Virgils Ekl. V. darunter gesetzt:

Fortunate puer, tu nunc eris alter ab illo.

Der Inhalt dieser Schmähschrift auf Posteln lief nach der Erdichtung Wernickens ohngefähr dahinaus; Hanns Sachs,

der

(a) Er gab es erst selbst zu Altonau heraus, hernach ward es wieder aufgelegt, desgleichen 1749 als ein Anhang zu Wernickens poetischen Versuchen in Ueberschriften beygefüget, und nochmals mit Anmerkungen und Erläuterungen in der Schweiz in das 1ste Stück der Sammlung critischer poetischer und anderer geistvollen Schriften, welche zu Zürich von 1741 herauskamen, eingerücket.

(b) Dieses soll eine strenge Satyre gegen den Shad und andere englische Dichter seyn, welche Johann Dryden gemacht hat, s. S. 568. des gottschedischen Handlexic.

— — der lang in Deutschland
herrschte,
Und nach der Füße Maaß hier Schuhe
macht und versehte,
Der in der Dummheit Reich und Haupt-
stadt Lobelan
Den ersten Preis durch Reim ohn allen Streit gewann,

dachte in seinem Alter auf einen Nachfolger, der ihm am meisten gleich wäre. Stelpo, das ist, Postel schien ihm dieser Ehre am würdigsten zu seyn, und er ließ ihn in dem Zuchthause zu Hamburg unter einem Zulaufe allerhand Pöbelvolks krönen. Nachdem er ihm noch mancherley Regeln gegeben hatte, so soll er taumelnd auf ein Fallbret untergesunken seyn, und sein Schurzfell (ey welch ein trefflicher Einfall! ich dachte wohl, daß auch noch die Bibel verspottet werden müßte: denn ohne diese Anspielung auf den Mantel des Propheten wäre diese Satyre nicht witzig genug gewesen,) sein Schurzfell, sage ich, mit vielen Seegenswünschen dem Stelpo hinterlassen haben. Unter den dunkeln Erklärungen führet er an, daß er ein berühmter Schuster und Pritzschmeister in Deutschland gewesen sey, welcher mit Verwunderung nicht allein Schuhe, sondern auch Füße zu machen gewußt habe. Desgleichen werden nachfolgende Verse als eine sehr sinnreiche Nachahmung seiner Dichtungsart hinzu gefügt:

Ein

Von seinen Verächtern.

Ein feines Knäblein Hans Sachs war,
Der Gänse Federn braucht und auch zu-
  gleich Schweins Haar,
Der zwar durch seine enge Schuh den
  Leuten Leichdorn machte,
Doch war deren keiner nicht,
Der, wenn er seine lange Vers las mit
  dem Angesicht,
Daß er des Schmerzes ungeacht nicht
  leicht darüber lachte.

Noch meldet er am Ende, daß H. S. auf dem Dudelsacke, wie Stelpo auf dem Clavier, zu spielen gewußt habe. Doch nicht sowohl H. S. gemisbrauchter Namen, als vielmehr die geschändete Ehre der schlesischen Dichter, Lohensteins und Hoffmannswaldaus, reizte den unter der Benennung Menantes verborgenen D. Hunold, eine lustige Komödie heraus zu geben, welche den Titel, der thörichte Pritschmeister, oder schwermende Poet führte (a). Da

(a) Sie kam 1704 heraus, und hatte noch folgende Nachricht auf dem Titel, daß zugleich eine Critique über eines Anonymi Uberschriften, Schäfergedichte und unverschämte Durchhechlung der Hoffmannswaldauischen Schriften aus sonderbarer Veranlassung allen Liebhabern der reinen Poesie
  zu

Da er glaubte, daß diese Ernennung Postels zu H. S. Nachfolger für seine Helden in der Dichtkunst eine ahndungswürdige Beschimpfung wäre, so schrieb er dieses prosaische Lustspiel in der Absicht, Wernicken selbst, oder wie er darinnen genennet wird, Wecknarrn zum Nachfolger H. S. zu bestimmen. Auf die letzt führte er seinen Geist mit jenem redend ein, er brachte ihn zur Erkenntniß seines Irrthums, und krönete ihn selbst unter tollen Umständen mit diesem Seegenswunsche:

Ich seegne dich, sey dumm,
Im lästern sey nicht stumm,
Was gleich ist, mache krum,
Und frage nichts darum.

Wer einige Anmerkungen über das Heldengedicht lesen wollte, dürfte nur die greifswaldischen critischen Versuche (a) zur Aufnahme der deutschen Sprache und die hällischen

zu gefallen ans Licht gestellet sey. Siehe Gottscheds Vorrath S. 274. Was den Vorwurf eines Pritzschmeisters anbelanget, so hat ihn nicht nur Hr. Prof. Will widerlegt, sondern auch schon Wagenseil S. 488. weitläuftig den Unterschied zwischen den Spruchsprechern und Meistersängern gezeigt. Doch wer spotten will, fragt nichts nach der historischen Wahrheit.

(a) Siehe das 5te Stück, S. 522. wo die schweitzerische Sammlung angezeiget ist.

lischen Bemühungen zur Beförderung der Critik und des guten Geschmacks (*a*) nachsehen; meine Absicht ist sowohl bey jenes Gedichtes, als bey dieses Schauspiels Erwähnung erreicht. Ich überlasse dem Urtheile der Leser selbst, wem diese Schriften zu größerer Beschimpfung noch bey den spätesten Nachkommen gereichen werden.

§. 4. Was die neueste Geschichte der deutschen Dichtkunst anbetrift, so ist es nicht anders zu vermuthen, als daß sich auch hier Spuren seiner Verachtung finden. Nur die Art und Weise ist sehr unterschieden. Hr. Straube, ein geschickter Dichter, hatte den Einfall, dem berühmten Hrn. Prof. Kästner zur Erhaltung der Magisterwürde in einem Scherzgedichte Glück zu wünschen. Was schien ihm aber scherzhafter zu seyn, als daß er sich für einen Nachkommen des alten Meistersängers ausgab und seine Schreibart nachahmte? Je mehr er sich Mühe gegeben hatte, sie zu erlernen, desto mehr verdient wenigstens die Aufschrift seines auf einem Bogen gedruckten langen Gedichts, hier gelesen zu werden.

(*a*) Siehe das 1ste Stück, welches 1743 herauskam und darinne gleichfalls jene geistvolle Schriften recensiret wurden, S. 62.

Von seinen Verächtern.

Noch Christi Gpurth do man het
    gschrieben
Siebtzenhundert dreyssig sieben
An ein Tage der da war
Der ein vndtzweinzigst Februar
Herr Abraham Gotthelf Kästner
    Ward der fürnemblichst Magister
    Der Weltwaißheit rühmblichst ge-
        macht
Zu Leipzigk mit grossem Pracht
Dazu ward ihme gratulirt
Jnn schönen Versen tieff ausstudirt
Mit viel Arbeit vndt Vngemachs
Durch ein Vrenckel des Hans Sachs.

Der sel. Past. Müller, welcher sich durch die Uebersetzung der popischen Critik und durch einen gleichen Versuch einer Critik über die deutschen Dichter (*a*) bekannt gemacht hat, befand für gut, die Meistersänger und ihr Oberhaupt mit Stillschweigen zu übergehen, und aus den Zeiten, darinne H. S. lebte, nur Pfinzingen, den Verfasser des Theuerdanks, Luthern

    (*a*) Sie kamen erst 1737 an der Uebersetzung der schwiftischen Kunst zu kriechen, hernach in den critischen Beyträgen, und endlich nebst dem popischen Werke zu Dreßden 1747 heraus.

thern und Melanchthon mit Ruhme anzuführen (a). Hr. Prof. Bodmer, dessen Schriften sich mit den Werken seiner Gegner in meinem Bücherschranke aufs friedfertigste vertragen, ohne jemals eine neue Bücherschlacht anzufangen, hatte schon vor Müllern eine poetische Historie unter dem Titel Charakter deutscher Gedichte (b) entworfen, aber die gemeinen Dichter nebst dem nürnbergischen Schuhmacher keiner Erwähnung seiner Absicht nach werth geachtet, indem er von Branden und Fischarten sogleich nach des Erasmus Verdiensten um die Wiederherstellung der Künste auf Opitzen fortgeht. Doch in der neuesten Ausgabe ward seiner doch noch gedacht. Denn was er vorher von Mstr. Klingsohren (c) geurtheilet hatte, traf

(a) Siehe S. 95. der letztern Ausgabe.

(b) Sie kamen zuerst zu Zürich 1734, hernach im 25ten Stücke der critischen Beyträge, 1738 und endlich in J. J. B. critischen Lobgedichte und Elegien zu Zürich 1747 heraus.

(c) In der Leipziger Ausgabe hätte er ihn unter die fahrenden Sänger oder Rhapsodisten gerechnet, aber der Rest seiner Poesie, welcher aus der alten teutonischen Handschrift von Hofliedern sich noch findet, giebt seinem Urtheile nach nicht zu, daß wir ihn mit H. S. und den Meistersängern von seiner Zunft vermengen dürfen.

traf nun nach besserer Einsicht Lohenstein und H. S. Er schrieb also (a):

Als seine dunkle Sprach in kieslinghar-
ten Tönen
Auf dem Parnaß erklang, erschracken
die Camönen,
So sehr, als vor der Zeit, da der von
Nürnberg kam,
Und einen Ueberfall des Berges über-
nahm.

Doch so leicht sich diese, obgleich nachtheiligen Urtheile vergleichen und zum Theil gar rechtfertigen lassen, so weis ich doch nicht; ob nicht ein ungenanntes Mitglied der deutschen Gesellschaft zu Königsberg in H. S. Unterdrückung sowohl, als in Opitzens Erhebung zu weit gehe, wenn er, obwohl mit gefälliger Schönheit, aber nicht, wie mir dünkt, mit vollkommner Wahrheit die Schicksale der schon vor ihm verfallenen, aber erst fast nach hundert Jahren und doch nicht völlig

(a) Siehe die Züricher Ausgabe S. 33 und 34. nebst der Anmerkung, welche Hr. J. G. Schultheiß darunter gesetzet hat. Hiermit ist auch das 7te Stück der schweizerischen Sammlung von der Poesie des 16ten Jahrhunderts, oder wenigstens das 10te Stück der Greifswaldischen Versuche, zu vergleichen.

völlig verbesserten Dichtkunst also zu beschreiben
anfängt (a):

Geh, dringe freyer Blick, in jene graue Zeiten,
Wo Dichter ohne Zahl um ihren Vor-
zug streiten.
Hans Sachse, dessen Haupt mit einem
Lorber prangt,
Und andre neben ihm, die diesen Schmuck
erlangt.
Jedoch, wie kläglich war damals die
Poesie,
Man dichtete mit Zwang, es kostete
viel Müh,
Eh man den kahlen Reim, den große
Angst erzwungen,
Ins Sylbenmaaß gebracht, und doch
hieß es gesungen.
So jämmerlich verfiel der edlen Dich-
ter Schaar,
Als dazumal Hans Sachs der deut-
sche Maro war;
Die Dichtkunst winselte; Apollo hört
ihr Flehen,

Und

(a) Siehe die 1ste Sammlung ihrer eignen Schriften, die 1754 heraus kam, S. 297.

Und plötzlich ließ er sie ein neues Zeichen
    sehen.
Hans Sachsens Ansehn fiel, als Opitz
    sich erhob,
Sein Glanz verdunkelte der Meister=
    sänger Lob.
Sie wurden plötzlich stumm; der Lorber,
    so sie schmückte,
Verwelkte, weil man ihn auf eine Schei=
    tel drükte,
Der sein viel würdiger als wohl Hans
    Sachse war;
Die Dichtkunst fiel durch ihn, und
    Opitz stellt sie dar.

§. 5. Endlich darf ich doch nicht vergessen, daß allerneust gewisse Gelehrte in Schriften, welche ich nicht angemerkt habe, ihn den unsterblichen Schuster, noch seiner den unsterblichen Schuhflicker, und am allerfeinsten den poetischen Schuster schmutzigen Andenkens genennet haben. So urtheilen itzt von einem Manne, den Luther so herausstrich und Melanchthon so hoch schätzte, nach zwey Jahrhunderten Kenner der Wissenschaften und insonderheit der Geschichte unserer Poesie. Was soll ich erst von dem Pöbel sagen, der ihn im
Leben

Leben unmäßig erhob, und itzt kaum dem blosen Namen nach kennet? Ja was ist kläglicher und zugleich wahrhafter, als daß dieser berühmteste Dichter seiner Zeit selbst in den Schulen insgemein nicht einmal gekannt, und gleichwohl eben daselbst durch die Vergleichung der elendesten Anfänger dieser Kunst mit ihm aufs ärgste beschimpfet wird? Solchergestalt traf ein, was nicht nur **Opitz**, sondern schon die **Vernunft** vorher ihm (a) geprophezeyet hatte. Denn auf die gemachte Hoffnung der eingebildeten Unsterblichkeit führte er sie selbst also redend ein:

> Solchs aber fehlet dir,
> Wahrhaft das glaube mir,
> Drum besser, du verschonst
> Dein selb, du alter mon,
> Weil doch ohn Danck vnd Lohn
> Dein tichten ligt zu Grund.

Neuntes Hauptstück
Von der Anwendung dieser Geschichte.

Da ich nun solchergestalt H. S. Leben beschrieben habe; so vergönne mir, Geneigter

---

(a) Siehe das auf S. 118 und 268. bereits angeführte Gedicht.

ter Leser, daß ich am Ende die ganze und unter der Hand fast zu weitläuftig gewordene Geschichte kürzlich zu guten Betrachtungen noch anwende. Erstlich lehret uns das Beyspiel dieses gemeinen und so fleißigen Schriftstellers, was für eine vorzügliche Kraft die Poesie vor andern Wissenschaften, und die Druckerey vor der Schreibekunst habe, sowohl Schriften auszubreiten und zu erhalten, als auch dem Namen ihrer Verfasser Ruhm und Dauer zu verschaffen. Wären seine Werke in ungebundener Schreibart abgefasset gewesen; so hätte sie vielleicht kein Buchhändler gedruckt und verkauft (a); und hätten seine Gedichte durch die Hände der Abschreiber gehen sollen, so wären sie ohne Zweifel schon längst untergegangen, und wir würden, wenn es hoch käme, kaum noch seinen Namen wissen, und einige Stücken, als Ueberbleibsel, besitzen. Allein die Reizung der Dichtkunst hat ihn im ganzen Deutschlande bekannt gemacht, und die Vortheile der Buchdruckerey haben sein Andenken erhalten. Wir erkennen aber auch aus den Schicksalen dieses ehemals von Greisen bewunderten und itzt von Kindern verspotteten Dichters, nicht nur, was für ein großes Glück es sey, in Zeiten zu schreiben, wenn die Sprache und die Regeln durch den Fleiß gelehrter Kenner zur vollkommenen

Rich=

(a) Also urtheilet wenigstens Heumann in Consp. Hist. Lit. C. III. §. 25.

dieser Geschichte.

Richtigkeit gebracht sind, sondern auch, wie leicht es sey, wenn man zu viel und zu lange singt, wie des beliebten Hrn. Prof. Gellerts Nachtigall auch der Lerche drohet (a), sich um die Ewigkeit zu singen. Homer und Virgil sind nicht nur unsterblich, sondern sie werden auch mit Hochachtung gelesen. H. S. lebet zwar noch, aber seine Verse werden, wie sein Name, verachtet. Indessen bekräftiget auch diese Beschreibung, was für ein helles Licht die Geschichtkunde in dem Reiche der Gelehrsamkeit anzündet, indem sie uns längst verstorbene Männer seines gleichen nicht nur nach den herrschenden Meynungen des unwissenden Pöbels und der partheyischen Gelehrten, sondern nach der wahren Beschaffenheit ihrer Tugenden so wohl als ihrer Mängel kennen lehret. Ueber dieses ist auch noch ein Tag vorhanden, wo alle Schriftsteller und Künstler vornehmlich wegen der Anwendung ihrer Gaben und wegen der geheimsten Absichten und verborgensten Wirkungen ihrer Werke, ohne Ansehen der Personen und des Standes, unpartheyisch gerichtet werden sollen. Wohl allen denen, welchen daselbst von dem weisesten und gerechtesten Kunstrichter, ob auch nicht wegen der eiteln Schönheit des äußerlich angewandten Putzes und wegen der künstlichen Erweckung eines gelehrten Vergnügens, doch wegen

(a) Siehe die 1ste Fabel des 1sten Theils.

gen des wahren Werthes der innerlichen Güte, und wegen der obgleich oft einfältigsten Beförderung so wohl der göttlichen Ehre als des allgemeinen Nutzens Lob wiederfahren wird! Ich hoffe immer, daß H. S. wegen seines gerühmten Lobliedes der göttlichen Vorsehung allein eine Belohnung erhalten möchte, welche alle Lorberkränze der auch von Kaisern gekrönten Dichter unendlich übertreffen wird; und daß ihm von den vielen tausend betrübten Herzen, welche dadurch erquickt worden sind, eine übereinstimmende Danksagung zugeruffen werden möchte, darüber er alle Verachtung der Welt vergessen kann.

Anhang.

Anhang.

ELOGIVM
REVERENDI VIRI
IOHANNIS SACHSEN
NORINBERGENSIS.

Darinnen begriffen seine Geburtt Leben vnd Ende, auch die anzal aller seiner Geticht, die er an Gesprechen, Spielen vnd Liedern, Geistlich vnd Weltlich; iu allen seinen Büchern geschrieben.

In dreyen vntterschiedlichen Liedern vnd Tönen, gleichen einem Meisterlichen Hordt.

1. In der Morgenweis Hans Sachsen ein ge. 3tes
2. In dem Abentton Conr. Nachtigals, ein ge. 5tes Liedt.
3. In der Traumweis D. Müglings ein ge. 7tes

In fal der Nott jedes Liedt allein zu singen.

Getichtet durch
Adam Puschmann zu Görlitz
Ad honorem Io. Sach. Preceptoris sui.

Anno 1576. Im Monat Juny.

E

Bey dem Abdrucke dieses Elogii kann ich nicht umhin, vorher zu erinnern, daß eben dasselbe beweise, was Morhof S. 5. sagte, daß nichts so schlecht sey, welches nicht aufgehoben zu werden verdiene, und was Puschmann von sich selbst gestund (s. die S. 285. angezeigte Comödie) daß ihm ein solcher sinnreicher Verstand, wie H. S. gehabt habe, und eine so lange Uebung fehlete. Gleichwohl habe ich für gut befunden, das Gedicht lieber ganz abdrucken zu lassen, als nur einzelne Stellen hier und da zum Beweiß daraus anzuführen. Es ist nicht nur eine Probe der Meistergesänge, dergleichen nicht so gar viele bekañt sind, und eines meisterlichen Hortes, welches vieleicht so viel als ein Meisterstück seyn soll (s. Wagenseil S. 554.) sondern es enthält auch die ganze Geschichte seines Lebens, und ist um so viel mehr merkwürdig, weil der Verfasser sein Schüler und Zeitgenosse gewesen ist. Von wem ich das Stücke selbst erhalten habe, ist bereits S. 11. angezeigt. Da aber beyde Abschriften in einigen Stellen und einzelnen Worte von einander abweichen, so bin ich der letzteren mehr gefolget, weil das Original von der Hand eines andern Schülers H. S. herrühret, und auch offenbar dunkle Stellen verbesserte. Nun ist mir zwar, obwohl zu spät, eingefallen, daß ich auch dieses Elogium in Zwickau gesehen habe, aber die größte Gewisheit des Textes möchte wohl am besten aus der Urschrift Puschmanns selbst zu ersehen seyn, wovon ich aber so wenig, als von seinem Dichter sonst weis. Indessen vertritt auch dieser Abdruck schon die Stelle, und in der Erzählung der Geschichte stimmen beyde Abschriften überein. Uebrigens so lächerlich diese Lieder itzt klingen, so hoffe ich doch, daß die Kenner der ältern Geschichte der Poesie zu allerhand Anmerkungen darinnen Anlaß bekommen werden.

Der

Der Erste teil des Horttes.

Ein ge. 3. tes Liedt.

Darinnen begriffen seine Geburt vnd zum teil sein Wandel bis zu absterben seiner ersten hausfrauen.

In der Morgenweis Hans Sachs.

1.

Mitt Lust so wil jch singen,
Vnd ein gedicht fürbringen,
Drey lider vnd thön fort,
Die gleichen einem Meister Hort,
Den Man schön singt vnd blümett,
Von dem Wandel vnd Leben
 Herrn Hans Sachßen gar eben,
 Zu Nürnberg ein Poet,
 In deutzscher Sprach mich recht verstet,
 Wie sein Gedicht das rümet.
Als Man zehlt Vierzehn hundert
 Vier vnd Neunzig ermundert
 Den fünften Novembriß
 Hannf sachs geboren wart gewiß.
 Als Er nun Alt set werden
 Sieben jar auf der Erden,
 Ging in die Schule er,
 Darinn lernet er ohn Beschwer

F 2 Gute

Gute Sitten vnd Tugent
In seiner früen Jugent,
Bis ins funffzehend jar,
Da kam er zu eim Handwerck dar,
Und lehrnet in den Sachen
Gar fleisig das schuhmachen
Zwey jar lang, darnach hat
Er durchwandert manch Land vnd statt
Fünff Jar lanng, wie sich zimet.

2.

Weil Er in seiner Jugent
 Lernt gutt Sitten vnd tugent
 Auch weng Lateinisch sprach
 Liebt jm das Studiren hernach
 Und fieng an mit verlangen,
Balt ins Handwercks Lehr Jaren
 Meister Gsang zu erfahren,
 Sein erster Meister hies
 Lonhart Nunnenbeck on verdries
 Vbt sich in Meistergsangen.
Als er nun thete wandtern
 Von einer Stat zur andern,
 Er hin gen München kam,
 Da sang er auch mit Lobesam,
 Vnd fieng auch an zu dichten,
 Thet sich gar fleißig richten
 Nach der Tabulatur,
 Die man auch braucht zu Nürnberg pur.
Als er nun alt tet werden

Zwan-

Zwanzig jar ohn Beschwerden
Gleich als Man zehlen thet
Funffzen Hundert vierzehn, verstet,
Ticht Er sein Erst Lied schone
Ins Marmers langen thone
Von der Trinität mehr,
Gloria Patri Lob vnd Ehr
Thut der erst reim anfangen

3.

Als man aber erwählet
Funffzehen Hundert zehlet
Vnd Neunzehen Jar fein,
Machet er das Meisterstück sein
Zu Nürnberg anzuschauen.
In denselben Jar eben
Er sich in ehstant geben
Thet, am Tag Egidj
Hielt er sein Hochzeit, wisset ie,
Mitt seiner ersten Frauen.
Dieselbig war genennet,
Kungin Kreuzrin erkennet,
Die jm hernach gebar
Sieben Kinder, mercket fürwar,
Die alle sind gestorben,
Zeittliches Dots verdorben,
Das Sechzichst Jar hernach
Am Sechzehenden Marci schwach
Ist sein ersts Weib verschieden,
Mitt der Welt gar zufrieden,

Der Gott ewig verley
Ein frölich aufferstevng frey
Sampt all gläubigen Seelen.
Hie thet ich euch erzelen
Sachsen Leben ein theil
Von seiner Jugent bis zum Heil
Seins ersten Weibs in Drauen

Der ander teil des Horttes.

Ein ge. 5. tes Liedt.

Darinnen begriffen die Heurat seines Andern Weibes, Auch die Inventirung vnd Anzal aller seiner Geticht vnd Bücher, so er An seinen Getichten beschrieben bis zu Ende seines Lebens.

In abentton Nachtigals.

1.

Als Hans Sachsen thet sterben
Zu Nürnberg sein erst weib,
Da thett Er ihm erwerben
Ein anders für sein Leib
Ein vnd sechzig man zehlet
Am zwelfften Augusti.
Dieselbig war genennet

Bar=

Barbara Harſcherin
Die Er treulich erkennet,
Dergleichen ſie auch jhn,
Darnach er ihm fürſtellet
All ſeine gedicht hie,
Die er All thett ſummiren
Was fant im Inventiren
Vier vnd dreiſig Bücher
Darunter fand aufgſundert
Sechzen zum Meiſter Gſang
Wir tauſend vnd zwey hundert
Fünff vnd Siebzig der meng,
So viel meiſter thön zieren
Dritthalb Hundert ohngefehrt

2.

Noch mehr ſand Er darneben
Achzen der Bücher ſein
Von Sprüch vnnd ſpilen eben
Vieler Scribenten fein
So philoſophey Dichten
Hiſtoriographi
Die ſein vnter einander
Geiſtlich vnd Weltlich klar,
Geiſtlicher Sprüch allſonder
Sind hundert und eilff gar,
Der Geſchichtſchreiber geſchichten
Sind an der Zal alhie
Funffzig und auch drey hundert,
Vnd auch fünff ausgeſundert

Der Fabel sind in Sum
Von gar höfflichen schwencken
Sind bey hundert, darzu
Sechs vnd Sechzig zu dencken
Nüzlich glosirt, hör du,
Deß sich mancher verwundert
Ob der summ vmb vnd vmb.

3.

Vnter den grosen Summen
 Der Spiel vnd Sprüch gar viel
Fant Er, hab ich vernummen,
 Zwey Hundert vnd Acht Spiel,
 Der geistlichen nur waren
 Ein vnd Funffzig ohngfer,
Der Geschicht Schreiber gedichten
 Aller Spiel zusam seyn
 Fünff vnd Sechzig Geschichten,
 Vnd der Fastnacht Spiel fein
 Waren da zu erfaren
 Zwey vnd Virzig bisher.
Diese Spiel vnd Sprüch eben
 In der summa thut geben
 Siebenzehen Hundert
 Diese All lies Man drücken
 In drey Bücher man find
 Bey fünffthalb hundert Stücken
Vngedruckt on Gloß sind
 Von den so wirt darneben
 Das Viert Buch vnbeschwert.

4. Die-

4.

Diese Stück all erzelett
  Sint Summa Summarum
  Sechs tausent auserwehlet
  Vnnd Sechshundert in Sum,
  Auch dazu Sechs vnd Dreisig,
  Die Er all dicht allein
In zwey vnd Funffzig Jaren
  Sein lezt Meister Lied leis
  Tichtet er wol erfahren
  In der Kurz Amsel Weis
  Puschmans von Görlitz fleißig
  Der erst Reim secht an sein:
Matteus thut anzeigen
  Des drey vnd zwanzigst eigen
  Dis lezt Lied dicht er sehr
  Anno sechzig und sieben
  Am achten Decembris,
  Darinn Christus der Lieben
  Gluckhenn gleich wird, der ließ
  Sich auch von niemant schweigen,
  Wenn man verfolgt sein Lehr.

5.

Zulezt bey Jm abnamen
  Kraft Ghör vnd sinnreich Gmüt,
  Vnd wenn Leut zu Jhm kamen,
  Saß er am Tisch in Güt
  San kindisch, tett stillschweigen,
  Wen Man jhn fragen war

Vnd allzeit vor ihm hette
   Bücher, sonderlich die
   Bibel ansehen tette,
   Auch wer vor ihm stunt hie.
   Als sich sein Zeit thet neigen
   Auf ein vnd achtzig Jar
Ins Jenners zwanzigsten
   Sechs vnd Sechzig jars Fristen
   Da verschied Er in Gott.
   Dem wolle Gott dort geben
   Ein fröliche Urstend
   Vnd das ewige Leben,
   Gott helff auch an dem end,
   Ein ieden frommen Christen
   Behüt vor der Höllnot.

Der dritte teil des Horttes.

Ein ge. 7. bents Liedt.

Ein Traum von Nürnberg vnd Hans Sachsen daselbst, Sampt beyderley Erklärung.
   In der Traumweis Müglings.

1.

Als man schrieb vmb Weinachten
   Gleich Sechs vnd Siebenzig,
   Mich da aufwachen machten
   Die Nachtraben frostig,

Das

Anhang.

Das ich nicht mehr kunt schlaffen,
  Mich traffen
  Der Gedancken sehr viel.
Da kam mir für mein Wandern
  Und was ich trieb darinn
  Mir viel ein unter andern
  Wie viel Lieder vorhin
  Hans Sachs macht geistlich Geschichte,
  Gedichte,
  Fabeln, Gespräch vnd Spiel.
Vnd was für frum
  Vnd Nuz draus kum
  Jedermann, der sich def annum,
  Indem entschlieff ich wiederum,
  Morgens da fiel mir zu in sinn
  Ein frölich traum so viel.

2.

Mich daucht, ich reist Ausrüstig,
  Vnd kam ins Meyens Zeitt,
  In ein stat groß, schön, lustig
  Von schön Heußern bereit,
  Wie Wonung der gedürsten
  Reichsfürsten.
  Mitten in dieser Stat
War ein hoher Berg grüne,
  Darauf ein schöner Gart,
  In Freuden wart ich küne,
  Weil darin gepflantzet wart
  Mancher Baum voller Früchte

Ge-

Gezüchte.
Pomerantzen, Muscat,
Mehr fand ich fein
  Auch Rofinlein,
    Mandeln, Feygen, allerley rein
    Wol schmeckend Frücht, alſ groß vnd klein
    Der genoße viel Volcks gemein,
    Das darin spatzirt hat.

3.

Mitten im Garten stunde
  Ein schönes Luſtheuſlein,
Darin sich ein ſal funde
  Von Marmor pflaſtert fein
  Mit schön lieblichen Schilden
  Vnd Bilden,
  Figuren frech vnd kün.
Rings herum der Sal hatte
  Fenſter geschnitzet aus,
Durch die man all Frücht thete
  Sehen im Garten draus.
  In dem Sal ſtund ohnecket
  Bedecket
  Ein Tisch mit seiden grün
Am selben saß
  Ein Alt Man, was
  Grau vnd weis, wie ein Taub dermas,
  Der het ein großen Bart fürbas
  In ein schönen großen Buch laſ,
  Mit gold beſchlagen schön.

4. Das

4.

Das lag auf ein Buld eben
  Vor ihm auf dem Tisch sein
  Vnd an Bancken darneben
  Viel großer Bücher fein
  Die alle wol beschlagen
  Da lagen,
  Die der Alt Herr ansach.
Wer zu dem Alten Herren
  Kam in den schönen Sal,
  Und ihn grüsset von ferren,
  Den sach er an dismal,
  Sagt nichts, sondern tett neigen
  Mit schweigen
  Gegen ihm sein Haupt schwach,
Dan sein Red vnd
  Gehör begunt
  Ihm abgehen auch Sinnes Grund.
  Als ich nun da in dem Sal stund,
  Vnd sein alt lieblich Angesicht rund
  Anschauet, hört hernach.

5.

Diese gros Statt vnd Garten
  Ein finstre Wolck bezug,
  Daraus blitzt in mein Warten
  Ein feuer Stral, vnd schlug
  Ein Donnerstral erbittert,
  Es zittert
  Alles an dieser stet.

Ob diesen harten knallen
  Erschrack hart der alt Herr,
  Thet in ein Anmacht fallen,
  Bald ein Platzregen ferr
  Ein Wasserflut tet geben,
  Die eben
  Sehr großen Schaden thet,
Zwen Tag hernach,
  Der alt Man schwach
  Starb, dem gab ichs grabgleit hernach,
  Mein Herz mit weinen laut durchbrach
  Drob mich mein Weib auffweckt, da sach
  Ich, das mir getraumbt het.

6.

Des Traumes Deutung Summen
  Ich nicht ermessen kunt,
  Biß mir hernach thet kummen
  Zeitung von Nürnberg, vnd
  Wie ein groß Flut vnd Wasser
  Gar nasser
  Zu Nürnberg gewest wer.
Die het thon großen schaden
  Den achtzehenden in
  Jenner must man beladen
  Auf dem Marck schiffen grün.
  Oder mit Rossen schwemmen
  Mit Gremen
  Ueber den Fischmarck her;
Das bedeut rein
  Die gros Stadt sein

Den

Den Garten, Berg vnd Lustheuſlein
Und das Waſſer ſo nicht war klein,
Das ſach ich alles im Traum mein
Eben auf die Zeitt zwar.

7.

Des jars in zwanzigiſten
   Januari ſtarb der
   Erbar, wol weis, ir Chriſten,
   Sinnreich Scribent ohngfer
   Ein poet hochperümte
   Geplümte
   Hans Sachs zu Nürnberg ſchon,
Des Haupt Har vnd Bart munter
   War, wie ein Taub ſchneweis,
   Der bedeutet beſunder
   Den alten Man mit Fleis,
   Den ich ſach im Traum eben,
   Dem geben
   Wölle Gott ewgen Lohn
Für die Müh ſein,
   So er allein
   Dicht Gott zu Lob vnd Ehren rein,
   Zu troſt vnd Lieb den Nächſten ſein.
   Gott wöll, daß wir auch allgemein
   Trachten nach der Ehrnkron.

Verbesserte Druckfehler.

Seite 35. auf der 1sten Zeile 19ten
— 52. — — 1sten — großen
— 55. — — 1sten — der
— 63. — — 2ten — geschickt
— 147. — — 15ten — welches b. G. der 1539 — Bürgerlust 1548 am 27. Jan. verfertiget war, und I. 4. 820 bis 24. zu lesen ist.
— 147. — — 24ten — Schönbartslaufen
— 180. — — 3ten — der Anmerkung (*b*) Scheinpart v. d. e. D. für Schönpart. In dem vorausgesetzten Register der 1sten Ausgabe steht auch wirklich das letzte Wort.
Seite 245. — — 4ten — Stunde
— 289. in der Anmerkung (*a*) Idylliis
— 301. auf der 16ten Zeile gedenken.

www.ingramcontent.com/pod-product-compliance
Lightning Source LLC
Chambersburg PA
CBHW030000240426
43672CB00007B/767